디지털 시대의 컨버전스

* 이 학술총서는 정부(교육과학기술부)의 재원으로 한국연구재단의 인문한국지원사업 지원을 받아 발행되었음(NRF-2007-361-AL0015).

탈경계
인문학
학술총서 9

디지털 시대의 컨버전스

| 이화인문과학원 편 |

이화여자대학교출판부

디지털 시대의 컨버전스

펴낸날 1판 1쇄 2011년 6월 20일
엮은이 이화인문과학원
펴낸이 최민숙 | **펴낸곳** 이화여자대학교출판부
주소 서울특별시 서대문구 이화여대길 52(우 120-750)
등록 1954년 7월 6일 제9-61호
전화 02) 3277-2965, 362-2966(편집)
02) 3277-3164, 362-6076(영업)
팩스 02) 312-4312 | **전자우편** press@ewha.ac.kr
인터넷서점 www.ewhapress.com
디자인 정혜진
찍은곳 한영문화사

ISBN 978-89-7300-921-3 94600
ISBN 978-89-7300-834-6(세트)

값 16,000원

| 발간사 |

〈탈경계인문학 학술총서〉는 이화인문과학원이 수행하고 있는 한국학술진흥재단 인문한국(HK) 지원사업인 '탈경계인문학의 구축과 확산'을 위해 기획된 출판 사업이다. 이화인문과학원은 기존의 인문학이 오늘날의 사회문화적 변화를 해석하고 새로운 비전을 제시하는 데 한계가 있음을 비판적으로 성찰하면서, 새로운 인문학의 방향으로 '탈경계인문학'이라는 개념을 제안했고, 한국학술진흥재단 2007년 선정 인문한국연구소로서 '탈경계인문학'을 구축하고 확산시키는 프로젝트를 수행하고 있다.

오늘날 우리는 그 어느 때보다 문화적 경계들이 빠르게 해체되고 재편되는 변화의 시대를 살고 있다. 국가를 넘나드는 사람들의 언어와 문화 간에는 다양한 교차와 혼종이 이루어지고 있으며, 디지털 기술에 기반을 둔 매체의 발전은 시간과 공간의 제약을 뛰어넘어 새로운 언어와 상상력의 공유를 가능하게 하고 있다. 이런 변화의 주체 역시 '중심'에서 '주변'의 다중성으로 확대됨으로써, 이제 기존의 경계를 넘어서는 탈경계적 문화 변동은 우리 삶의 중요한 근간이 되었다.

탈경계인문학은 이러한 시대적 문화 변동 과정에서 탈경계 문화 현상 속의 인간과 인간의 관계를 탐구하는 학문으로서, 구체적으로는 세계, 인간, 언어의 측면에서 지구지역성glocality, 젠더gender, 다매체multimedia에 대한 연구를 촉진하며 소통 · 공존 · 융합을 추구하는 인문 지식을 생산하고 있다. 방법론적으로는 대립과 갈등을 야기하는 '경계짓기'를 반성적으로 성찰하고, 인문학과 타학문, 학문과 일상을 잇는 모델을 개발하는 것을 목표로 한다.

이를 위해 탈경계인문학은 인문학 내 여러 학문 분과들의 유기성을 강화할 뿐만 아니라 인접 학문들, 즉 사회과학 분야, 예술 분야, 나아가 자연과학 분야의 학문들과도 유기성을 강화해 나가고 있으며, 기존의 인문학 연구 대상을 확장시켜 문화 전반을 연구 대상으로 삼고, 주변자와 소수자의 다양한 시각을 확보하여 탈경계의 지점들을 연구하고 있다. 또한 빠르게 변화하는 매체 환경에 대응하고 인간과 기술의 조화로운 발전 방안을 모색하고 미래 인간학 모형을 개발하고 있으며, 나아가 인문 지식의 현실성과 실용성을 강화하고 대중화와 현장화를 추구함으로써 학문과 삶을 연결해 나가고자 한다.

이러한 목표를 가지고 진행되는 탈경계인문학 연구의 성과를 학술총서로 출간하되, 이 학술총서는 매년 세 권의 책을 10년 동안 출판할 계획이다. 해마다 출판되는 세 권의 책은 각각 탈경계인문학의 핵심 주제인 '지구지역성', '젠더', '다매체'를 주제로 다루며, 각 주제는 10년 동안 연구를 발전시켜 나가면서 10권의 책으로 완성될 것이다.

〈탈경계인문학 학술총서〉가 새로운 인문학의 방향을 제시할 뿐 아니라 창조적이며 미래 지향적인 인문학을 선도하고 학문적 완성도를 발전시켜 나갈 수 있기를 기대하며, 〈탈경계인문학 학술총서〉 출판에 참여해 주신 모든 연구자의 노고에 감사드린다.

2009년 7월

이화인문과학원장 오정화

| 차례 |

발간사 5

서문 10

제1부 컨버전스의 역동적 원리

디지털 컨버전스와 지능의 외화外化 _ 이화인문과학원 다매체 연구팀 17

1. 들어가는 말 17
2. 매체의 층위와 컨버전스의 핵심 원리로서 디지털화 18
3. 층위 간의 상호 작용에 따른 문화 변동 26
4. 이 모든 것의 의미는? 컨버전스의 향방에 대한 전망 30
5. 자아 개념의 변화와 남아 있는 문제들 39

컨버전스 원리에 관한 사유: 영화의 물질 · 약호 · 의미 층위와 디지털화 _ 이수진 45

1. 컨버전스와 영상 문화 45
2. 영화의 물질 · 약호 · 의미 층위 47
3. 영화에서 발견되는 층위 간의 결합성 52
4. 디지털화의 유연성 57
5. 디지털화와 영화 61

현실과 가상의 컨버전스: 뉴 미디어 아트의 공간들 _ 전혜숙 67

1. 들어가는 말 67
2. 실제와 가상에 대한 논의들 69
3. 미술 속 가상 현실 76
4. 나오는 말 91

미디어 컨버전스와 참여 문화 _ 천현순 96

1. 들어가는 말 96
2. 미디어 컨버전스와 참여 문화 97
3. 독일에서 팬 영화의 등장과 전개 과정 105
4. 실례 분석: 팬 영화 〈롤리겟돈〉 109
5. 나오는 말 115

제2부 인간과 기계, 매체와 매체의 컨버전스

포스트휴먼과 '인간-기계의 컨버전스' _ 조윤경 119

1. RAP의 그림에서 출발하며 119
2. 인간과 기술적 상상력 124
3. 포스트휴먼과 기술적 상상력의 체현 128
4. 증강된 인간과 증강 현실, 그리고 '증강된' 상상력 132
5. 인간–기계의 컨버전스가 가져오는 '포스트'의 시대 136

컨버전스와 그로테스크한 신체 _ 정현규 140

1. 들어가는 말 140
2. 인간 창조와 휴머니즘의 불안: 자동 인형 142
3. 신체 컨버전스 1: 프랑켄슈타인 148
4. 신체 컨버전스 2: 하이테크 프랑켄슈타인 152
5. 나오는 말 157

기계와 융합된 미술가의 신체 : 스텔락의 '사이보그 퍼포먼스' _ 전혜숙 161

1. 20세기 후반의 신체 미술과 스텔락 161
2. 스텔락의 '사이보그' : 신체의 기술-생물학적 융합 164
3. 연장된 신체로서 〈제3의 팔〉 169
4. 신체 작용의 분열: 에이전트와 모바타 174
5. 인간과 기술의 융합에 대한 전망 180

영상 매체의 판소리 끌어안기 : 임권택의 〈춘향뎐〉을 중심으로
_ 이수진 184

1. 들어가는 말 184
2. 판소리 영화 〈춘향뎐〉 186
3. '영화 속의 판소리' 액자 구조 189
4. 소리, 이미지, 인물 움직임의 삼위일체: 구성 요소들의 조화 196
5. 〈춘향뎐〉의 독창적 문체와 융합 205

문화적 기억과 매체의 고고학: 흔적에서 네트까지 _ 김수환 209

1. 기억의 문제화: 문화학적 주제로서 기억 209
2. 문화적 기억: 기억의 심층과 표면 211
3. 디지털 기억: 흔적 비유의 시작과 끝 215
4. 디지털: 가상적 지표성 혹은 '간격'의 상실 220
5. 소셜 미디어 시대: 네트워크와 기억 225

찾아보기 229
저자 소개 234

| 서문 |

디지털 시대의 컨버전스

'컨버전스convergence'가 문화 변동의 핵심어로 자리잡고 있다. 그 중에서도 아이폰을 필두로 한 스마트폰이 이러한 컨버전스의 경향을 선도하고 있는 것처럼 보인다. 기존에 개별적으로 존재하던 매체들이 하나의 기기로 융합되는 양상은 우리의 삶을 근본적으로 뒤바꾸고 있다. 전화와 카메라는 말할 것도 없고, 문서 작성기, 음향 기기, 컴퓨터, 동영상 재생기와 촬영 기기에 이르기까지 융합의 양상은 다각적이며 총체적이다. 이에 따라 이를 소비하는 개인의 위상에도 변화가 필연적일 수밖에 없게 되었을 뿐만 아니라, 더 나아가 인간 자체 아니 인간 이후의 인간posthuman에 대한 질문 역시 다양한 방면에서 제기되고 있다.

이번에 기획된 3차 연도 〈탈경계인문학 학술총서〉에는 위와 같은 시대적 변화를 담아내기 위해 '디지털 시대의 컨버전스'라는 대주제가 설정되었다. 좀 더 세부적으로는 제1부에서 '컨버전스의 역동적 원리'라는 제목으로 컨버전스의 원리적 측면을 담으려고 했다면, 제2부에서는 이러한 원리들이 '인간과 기계, 매체와 매체의 컨버전스'라는 측면에서 어떻게 개별적으로 표출되고 있는지 살펴보려고 했다.

먼저 제1부에서 이화인문과학원 다매체 연구팀이 공동으로 기획 · 집필한 "디지털 컨버전스와 지능의 외화外化"는 2010년 6월 24, 25일 양일간에 걸쳐 개최된 국제학술대회('디지털 시대 미디어 컨버전스의 원리')에서 논의된 내용을 종합한 것이다. 이 글에서는 디지털 매체의 융합 원리를 고찰하는 동시에 디지털 컨버전스가 정보 전달이나 이해 및 수용 방식에 어떤 감각적, 인지적, 문화적 변화를 가져오는지 고찰한다. 또한 이를 바탕으로 디지털 융합 현상의 향후 전개 방향을 전망하면서, 그것이 인간과 세계의 관계에 대한 우리의 인식에 어떠한 변화를 가져올지 살펴본다.

이수진의 "컨버전스 원리에 관한 사유: 영화의 물질 · 약호 · 의미 층위와 디지털화"는 위의 공동 논문에서 논의된 사안 중 특히 'Meanware'의 의미를 기호학적으로 천착한 글로서, 여러 매체를 넘나드는 내용물의 컨버전스를 논의하는 데 가장 적절한 예라고 할 수 있는 영화를 들어, 컨버전스를 가능하게 한 선결 조건이 무엇인지, 동적 원리로 디지털화를 꼽는 이유는 무엇인지, 영화가 다양한 미디어를 넘나들게 될 때 발생하는 변화는 무엇인지 그리고 디지털화가 도입된 영화 매체 내부의 변화는 무엇인지에 대해 살피고 있다.

전혜숙의 "현실과 가상의 컨버전스: 뉴 미디어 아트의 공간들"에서는 가상성에 대한 개념 정리로부터 시작해 가상 현실을 기반으로 하는 뉴 미디어 아트의 종류와 특징들, 거기에서 발생하는 신체 및 감각의 문제들, 그리고 그를 통한 물질과 비물질의 문제들을 다룬다. 멀리는 '플라톤의 동굴'로부터, 르네상스 이후 원근법에 의한 회화적 일루전, 19세기에 발명된 사진 기술과 영화의 발전 등과 함께 우리의 곁에 늘 있어 왔던 '가상성'에 대한 논의가, 뉴 미디어를 통한 가상 현실 기술의 발전과 더불어 현실과 가상의 컨버전스가 전면적으로 이루어지는 과정에서 어떤 의미를 갖는지 논구된다.

천현순의 "미디어 컨버전스와 참여 문화"는 다양한 매체가 융합되는 상황에서 사용자의 문화가 어떻게 변화되는지를 살펴보고 있다. 디지털 기술을 기반으로 한 컴퓨터와 인터넷의 등장으로 기존에 서로 독립적으로 존재하던 개별 미디어들이 서로 수렴되고 융합되는 이른바 '컨버전스 현상'은 단순히 개별 미디어들 간의 통합만을 의미하지는 않으며, 미디어 콘텐츠를 생산하고 유통하는 생산자와 수용자 사이의 경계에도 영향을 미친다. 특히 미디어 수용자의 태도에 일대 혁신이 이루어지고 있는데, 오늘날 미디어 수용자들은 이전과는 달리 주어진 미디어 콘텐츠를 단순히 받아들이고 소비하는 주체로서가 아니라, 이를 자신의 방식에 따라 변형해 새로운 형태로 만들어내는 또 다른 생산자로서 인식되고 있는 것이다.

제2부의 각론에서 조윤경은 "포스트휴먼과 인간-기계의 컨버전스"란 제목으로 기존의 휴머니즘 담론을 대체할 새로운 인간학적 지향점이 어떻게 표출될 것인지를 다룬다. 그리고 기술의 인간화, 인간의 기계화가 가속화되는 오늘날, 포스트휴먼이라는 증강 인간과 이를 둘러싼 증강 현실을 살펴보면서, 기술적 상상력으로 인해 상상력 또한 '증강'되었는지 질문한다. 이러한 기술적 상상력 논의를 통해 궁극적으로 인간, 세계, 상상력이 새롭게 탐색되고 의미가 부여된다.

정현규의 "컨버전스와 그로테스크한 신체"는, 18세기에서부터 시작해 현재에 이르기까지 인간 창조와 관련된 상상이 어떤 식으로 형상화되었으며, 그 중에서도 신체 컨버전스가 그로테스크와 맺는 관련성이 무엇인지에 주목해 논의를 전개한다. 프랑켄슈타인의 괴물이 지닌 짜깁기된 신체는 불완전한 신체로서 심리적인 거부감이 문제가 되었다면, 스텔락 식의 그로테스크한 신체 융합이 가져오는 결과는 열린 몸, 개방된 몸, 확장될 수 있는 몸에 대한 시각적 면역을 키우는 경계 확장의 시도로 파악할 수 있다.

전혜숙의 "기계와 융합된 미술가의 신체 : 스텔락의 '사이보그 퍼포먼스'"는 사이보그 퍼포먼스의 선도적 예술가인 스텔락의 기계-신체 융합 프로젝트의 의미를 살피고 있다. 근본적으로 욕망을 나타내는 신체의 이미지들은 거침없이 절단되고 접합됨으로써 유기적인 통일체로서 몸에 대한 믿음과 숭배를 잃어버리게 되었다. 이러한 과정에서 기계로 대체된 인간의 몸 혹은 새로운 생물체로서의 사이보그가 새로운 의미로 부상되는 것은 당연하다 할 것이다. 몸을 증식시키고, 분해하고, 몸의 일부분을 고립시키는 포스트모던 미술가의 몸에 대한 다양한 전략과 함께 스텔락의 사이보그 퍼포먼스 또한 신체에 대한 새로운 이해와 퍼포먼스에 대한 지평을 확장하는 방식으로 받아들여질 수 있다.

이수진의 "영상 매체의 판소리 끌어안기 : 임권택의 〈춘향뎐〉을 중심으로"에서는, 영화 〈춘향뎐〉이 판소리와 영화 두 예술 장르, 혹은 서로 다른 두 매체 간의 넘나듦을 근간으로 하는 탈경계적이고 트랜스trans-적인 작품이라고 설정하고 있다. 이 영화에서 시각적 리듬과 청각적 리듬의 컨버전스를 통해 새로운 의미가 창발創發, emergence되는 과정은, 영상에 부응하기 위한 소리의 사용 또는 서사적 상황에 감정 이입시키기 위한 음악의 사용이라는 '관습을 뛰어넘는 시도'이며, 시각과 청각이 서로 소통하면서 이루어내는 조화에 새로운 가치를 부여하고, 그 힘을 배가하는 창의적인 시도다.

김수환은 "문화적 기억과 고고학: 흔적에서 네트까지"라는 글에서, 디지털 매체 시대는 네트워킹의 시대이며 기억은 외부의 매체가 아니라 인간과 인간들 '사이', 곧 '네트'에 보존된다고 주장한다. 이 때의 기억은 표층과 심층 혹은 의식과 무의식이라는 '개체적' 차원의 오래된 메타포에서 벗어나 전혀 새로운 비유, 즉 '복잡계적인' 네트워크의 차원으로 접근한다. 네트의 기억은 인간 정신의 심층과 표층 사이의 (수직적) 관계보다는 오히려 뇌의 (사용되거나 사용되지 않는) 여러 부분 사이의 복잡한 (수평적) 연결 및 교차의 이미지를 떠올리게 한다.

이처럼 다방면의 논의를 통해 분명해지는 것은 컨버전스가 앞으로도 계속 진행될 현상이라는 점이다. 따라서 컨버전스 현상이 위의 논의로 다 망라될 수는 없겠으나 다양한 양상을 가지는 컨버전스의 본질을 이해하는 데 있어 위의 글들이 시의적절한 기여가 될 수 있기를 기대해 본다.

2011년 5월

저자를 대표하여

정현규 씀

제1부

컨버전스의 역동적 원리

디지털 컨버전스와 지능의 외화外化 _ 이화인문과학원 다매체 연구팀

컨버전스 원리에 관한 사유:
영화의 물질 · 약호 · 의미 층위와 디지털화 _ 이수진

현실과 가상의 컨버전스:
뉴 미디어 아트의 공간들 _ 전혜숙

미디어 컨버전스와 참여 문화 _ 천현순

디지털 컨버전스와 지능의 외화外化

이화인문과학원 다매체 연구팀*

1. 들어가는 말

우리 시대의 규정 기술defining technology(Bolter, 1984)이라 할 수 있는 컴퓨터의 등장은 우리 삶의 근본적인 모습을 뒤바꾸어 놓고 있으며, 그 중심에는 디지털 컨버전스가 자리잡고 있다. 사실 컨버전스란 디지털 기반의 컴퓨터 미디어에만 적용할 수 있는 개념은 아니다. 가령, 우리는 그림책을 문자와 그림의 컨버전스로, 영화를 영상과 소리의 컨버전스로 이해할 수도 있다. 하지만 현재 일어나고 있는 디지털 컨버전스 현상은 비단 매체적 차원뿐 아니라 우리 문화의 전반적 변화를 야기하는 총체적 차원의 컨버전스이며, 그 양상이나 규모면에서 과거의 컨버전스와 구분되는 새로운 면모를 보이고 있다.

* 주저자는 신상규이며, 김은령, 김재영, 이수진, 전혜숙, 정현규, 조윤경, 천현순(가나다순)이 기획과 집필에 함께했다.

헨리 젠킨스Henry Jenkins는 컨버전스를 다양한 미디어 플랫폼에 걸친 콘텐츠의 결합과 흐름, 그 생산 및 소비와 관련된 사회 · 경제적 상호 작용, 그리고 이로부터 파생되는 미디어 수용자들의 행위 양식의 변화를 총괄하는 현상으로 간주하면서, 이를 기술적 융합, 경제적 융합, 사회적 및 유기적 융합, 문화적 융합, 지구적 융합이라는 다섯 가지 측면으로 구분하고 고찰한다.[1] 우리는 이 글에서 그 중에서도 기술적 융합과 문화적 융합의 차원에 초점을 맞추어, 디지털 매체의 융합 원리를 고찰하는 동시에 디지털 컨버전스가 정보 전달이나 이해 및 수용 방식에 어떤 감각적, 인지적, 문화적 변화를 일으키는지 질문하고자 한다. 또한 이를 바탕으로 디지털 융합 현상의 향후 전개 방향을 전망하면서, 그것이 인간과 세계의 관계에 대한 우리의 인식에 어떠한 변화를 가져올지를 살펴볼 것이다.

2. 매체의 층위와 컨버전스의 핵심 원리로서 디지털화

컨버전스 현상을 이해하기 위해 우리는 '무엇이 융합되는가?'와 '융합을 통해 어떠한 일이 일어나는가?'의 질문을 던질 필요가 있다. 우리는 다음 세 가지 개념적 층위를 구분하고 그 관계를 살펴봄으로써 이들 질문에 답하고자 한다. 그리고 이를 통해 디지털 컨버전스가 과거의 아날로그 컨버전스와 어떤 점이 다르며, 또 이것이 문화 변동에 어떤 영향을 끼치는지를 살펴볼 것이다.

1 젠킨스는 컨버전스를 단순히 기술적인 현상으로 간주하는 견해에 반대하며, 이를 산업적(미디어 산업 내의 인수 합병), 문화적(문화권을 넘나드는 미디어 콘텐츠 간의 복잡한 이동 현상), 사회적 변화(생산자와 소비자의 경계가 허물어거나, 소비자 간에 일어나는 상호 작용, 참여 문화)와 관련지어 설명하고 있다(젠킨슨, 2008: 17-36).

1) 물리적 층위physical layer : 하드웨어(칩), 컴퓨터 네트워크, 전선, 케이블, 라디오 주파수의 물리적 인프라, 필름, 종이, 캔버스, 악기 등

2) 코드-논리 층위code-logical layer : 언어적 기호 층위에 해당. 기호의 조작과 관련된 코드code, 프로그램, 프로토콜, 문법 등이 소속된 구문론syntax의 층위다. 디지털화가 이루어지는 정보의 분절 및 수적 재현의 층위인 디지털 층위digital layer도 코드-논리적 층위에 해당한다.

3) 내용 층위contents layer : 메시지나 의미의 층위. 개인의 감각 수준에서 소리(음향), 영상, 문자 등을 지각하고 그것이 나타내는 의미를 인식하는 경험적 층위experiential layer와, 그런 것들이 조합되어 콘텐츠로 생산, 소비, 유통되는 방식에 해당하는 삶의 양식forms of life으로서의 문화적 층위cultural layer를 포괄한다.

각각의 매체나 매체적 경험은 위와 같은 세 가지 층위로 구성되어 있다. 이들 층위는 존재론적 층위라기보다, 문제 분석과 이해를 위한 개념적 층위로 제안된 것이다.[2] 간단히 말한다면, 1)의 물리적 층위는 하드웨어 수

2 세 가지 층위에 대한 구분은 여러 사람에 의해 제안되었다. 우리가 채택한 층위에 대한 명칭은 벤클러와 레식에게서 빌려온 것이다. 하지만, 그 내용이나 성격에 대한 규정은 독자적이다. 다른 구분들은 다음의 표를 참조하라.

Benkler와 Lessig	Liestøl	Bell	Hayles
physical layer	hardware	material stories	what it is
code-logical layer	software	symbolic stories	what it means
contents layer	meaningware	experiential stories	what it does

출처: Liestøl, 2007: 167-170; Benkler, 2000: 561-563; Lessig, 2001: 23.

준의 물리적 토대에 해당하고, 3)의 내용 층위는 개인이나 사회의 수준에서 일상적으로 경험하는 미디어의 내용이 될 것이다. 2)의 코드-논리 층위는 물리적 층위와 내용 층위를 매개하고 연결하는 일종의 '사이-층위inter-layer'로서, 우리는 이를 디지털 컨버전스의 핵심 층위로 본다.

디지털 컨버전스와 관련해 먼저 우리는 물리적 층위와 내용 층위 각각의 내부에서 일어나는 컨버전스를 말할 수 있다. 물리적 층위에서 발생하는 컨버전스의 경우, 당장 눈에 띄는 것은 과거에는 독립적인 장치였던 통신 기기, 음악 재생기, 동영상 재생기 등이 하나의 기기로 묶인 아이폰과 같은 휴대 기기다. 여기서 발견할 수 있는 컨버전스는 단순히 다양한 용도의 기기가 하나로 묶여 있다는 사실에만 있지 않다. 이러한 컨버전스가 가능한 것은, 반도체 칩 집적 기술의 발달에 힘입어 과거에는 외부적인 배선으로 연결되어 있던 트랜지스터나 콘덴서, 다이오드, 저항과 같은 다양한 전기 전자적 장치들이 하나의 칩 안에 융합될 수 있었기 때문이다.[3] 만일 물리적 층위에서 일어나는 이러한 컨버전스가 없었다면, 현재 우리가 경험하고 있는 디지털 컨버전스는 현실적으로 불가능했을 것이다. 물리적 층위에서 일어난 칩 컨버전스는 아이폰과 같은 통합 장치가 가능하기 위한 조건이다.

내용 층위에서 일어나는 컨버전스는 상이한 매체적 기반에 입각한 콘

3 세계 최초의 전자식 컴퓨터라고 할 수 있는 에니악Eniac은 1만 9,000여 개의 진공관을 이용하여 만들어졌다. 전력이나 열, 크기 등의 제약 조건 때문에, 진공관을 이용해서는 '로켓을 달나라까지 조정하거나 전 세계의 모든 도서관을 연결하는' 고성능 컴퓨터를 만들 수 없다. 트랜지스터의 등장은 전력이나 열, 크기와 관련된 설계 제약의 문제를 해소시켜 주었지만, 그러나 다시 '엄청난 수의 장벽tyranny of numbers' 문제를 야기했다. 앞서 말한 고성능 컴퓨터를 만들기 위해서는 5만~500만 개의 트랜지스터와 비슷한 수의 저항기, 다이오드, 콘덴서가 필요한데, 열과 전력의 문제가 없다고 하더라도 이렇게 많은 부품을 하나의 회로에 물리적으로 연결할 수 있는 방법이 없기 때문이다. 그 해결책이 바로 이러한 장치들이 수행하는 역할을 하나의 칩 안에 집적시킨 반도체 집적회로의 등장이다. 자세한 논의는 『디지털 세상의 지배자 칩*The Chip*』(T. R. Reid, 김의동 옮김, 바다출판사, 2003)을 참조하라.

텐츠들이 자유롭게 결합하는 내용물의 컨버전스다. 물론 영화나 그림책과 같은 경우에서 볼 수 있듯이, 상이한 매체 내용 간의 컨버전스는 비단 디지털 컨버전스에 국한해 일어나는 현상은 아니다. 하지만 과거에 일어났던 매체 간의 컨버전스는 물리적 신호들을 직접 결합해 이루어지는 물리적 층위의 컨버전스였으므로 그 유연성이나 가능한 범위가 매체들이 입각한 물리적 구조에 의해 철저히 규제되는 컨버전스였다. 가령 그림책의 경우라면 문자와 그림을 구성하는 물리적 형태의 기호를 종이라는 물리적 바탕에 함께 인쇄하며, 영화는 아날로그적으로 만들어진 영상 필름에 소리 정보를 담은 자기적 신호를 물리적으로 결합한다.

이는 이들 아날로그 매체에서 각각의 매체와 연관된 내용 층위가 그것이 구현되는 매개물의 물질성, 즉 물리적 층위에 강하게 종속되어 있기 때문이다. 즉 아날로그 매체의 경우 음성, 텍스트, 영상은 각각의 성격에 적합한 고유한 매체를 통해서만 구현, 저장되고 전달될 수 있으며, 그 결과 각각의 매체들은 다른 매체들과 나름의 독립성을 유지하며 존재한다. 가령, 저장이라는 측면에서 텍스트는 종이, 음성이나 영상은 녹음 테이프나 필름, 그림은 캔버스와 같은 특정의 물리적 형태를 띤 구조를 요구한다. 그러므로 이들 매체 간의 컨버전스는 그들이 공유하는 물리적 층위의 공통점을 기반으로 이루어진다.

이들 전통 매체에서 코드-논리 층위는 내용 층위를 해당 매체의 물리적 층위에 적절한 방식으로 매개하고 번역하는 층위다. 이들 매체에서 우리가 전달하고자 하는 어떤 정보, 이야기 혹은 심미성은 그 매체의 특정한 물리적 속성을 조작함으로써 구체화된다. 이는 내용 층위에서 표현하고자 하는 생각이나 경험, 욕구와 같은 것들이 어떤 형태로든 매체가 갖는 물리적 성질로 매개되고 번역됨을 의미한다. 그런데 이러한 번역이 임의적인 방식으로 이루어질 수는 없으며, 각 매체의 물질적 특성이나 전달하고자 하는 내용에 비추어 그에 필요한 기법이나 수단이 발전하고 규범화되며 그 나름의 고유한 문법성을 획득하게 된다. 코드-논리 층위에 위치하는 것은 이와같이 내용 층위와 매체의 물리적 층위를 매개하는 규칙들이다.

그런데 오늘날 일어나는 매체 간의 컨버전스는 과거와 같은 물리적 층위의 결합이 아니라, 사이-층위인 코드-논리적 층위를 기반으로 일어나는 현상이다. 즉, 오늘날의 디지털 컨버전스는 그 본질에 있어서 단순히 컴퓨터(하드웨어)의 출현과 같은 물리적 층위의 사건이거나 내용적 층위에서 일어나는 매체 간의 결합이라기보다, 사이-층위인 코드-논리 층위의 문법에서 일어나는 획기적 변화를 반영하는 현상이다. 코드-논리 층위는 이제 더 이상 내용 층위를 특정의 매체적 물질성에 적합하도록 번역하고 매개하는 규칙의 층위가 아니라, 그 자체가 다양한 매체적 정보를 융합하는 층위로 그 성격이 바뀌게 된다. 이러한 층위 성격의 변화를 가져온 원동력이 바로 '디지털화'다.

디지털화는 텍스트, 사진, 음악, 비디오와 같은 모든 매체적 정보를 0과 1이라는 이진수의 조합으로 환원하는 것이다. 이는 매체적 정보를 특정한 물질성에 중립적인 일종의 수적인 정보로 환원하고, 다시 그것을 다양한 방식으로 복제하고 새롭게 재조합할 가능성을 열어 준다. 그 결과, 디지털화는 과거 매체가 물리적 층위와 강하게 결합되어 있던 고리를 해체하고 일종의 완충 지대를 만들어 놓음으로써, 매체의 물질적 종속성을 완화하는 동시에 매체 간의 자유로운 변환뿐 아니라 새로운 혼종적 매체의 가능성을 열어 놓는다. 즉 코드-논리 층위가 소위 디지털적인 성격을 획득함에 따라서, 과거와는 다른 새로운 미디어new media가 출현했을 뿐 아니라 과거의 아날로그적 매체에 대해서도 다양한 융합과 변용을 허용하는 포괄적이고도 강력한 변화를 야기한 것이다.

내용 층위와 물리적 층위의 관계는 일종의 구현realization 관계다. 어떤 심미적 경험을 위한 내용은 물리적 토대의 개입을 통해서만 현실화될 수 있다. 그런 의미에서 과거 특정의 물질적 토대는 특정 내용의 경험을 가능하게 하기 위한 토대인 동시에 제약 조건이었다. 그런데 디지털 층위라는 새로운 사이-층위inter-layer의 개입으로 이제 이러한 상관 관계가 변화했고, 우리는 내용 층위를 특정의 물적 토대에 대한 구속으로부터 자유로운 방식으로 디지털 층위로 변환하며, 이를 다시 다양한 물리적 토대를 통해 현실화할 수 있게 된다. 특정한 경험 내용을 위해 더 이상 특정의 물리적 토대가 필요하지 않게 되는, 말하자면 복수의 물리적 토대에 기초해 동일한 경험이 구현 가능한 일종의 복수 실현 가능성이 성립하는 것이다.

가령 영화나 그림의 예를 살펴보자. 이것들의 내용 층위는 필름이나 캔버스와 같은 그것의 물리적 층위에 '달라붙어' 있다. 이러한 매체에서 코드-논리 층위는 기본적으로 내용 층위를 물리적 층위에 옮기는 번역의 규칙이며, 그 결과물을 변용하거나 재조합하는 규칙이 아니다. 화가나 영화감독에 의해 그것의 내용 층위가 일단 물리적 층위에 새겨지고 나면, 그것의 변용 가능성은 불가능하거나 상당 정도로 제약받게 된다. 그 때문에 이들의 경우 원본과 복제본의 구분이 중요하며, 그것이 불타거나 물리적 훼손을 입게 될 경우 그 내용 층위(혹은 그 상당 부분)도 함께 사라지는 결과를 가져온다. 이는 그만큼 내용 층위와 물리적 층위의 결합이 굳건함을 의미한다.

그러나 디지털 층위의 개입에 따라 이러한 상황이 바뀌게 된다. 매체의 내용은 수적인 데이터 형태의 파일로 변환되며, 다양한 물리적 장치나 재생 프로그램을 통해 재현될 수 있다. 또한 다양한 편집 프로그램을 통해 자유롭게 편집되고 재구성될 수 있으며, 그것의 복제는 거의 무제한적으로 이루어진다.[4] 니콜라스 네그로폰테Nicholas Negroponte의 지적대로, "디지털은 본질적으로 유연성"을 기반으로 하며, "비트의 가치는 대부분 중복해 사용될 수 있는 가능성에 따라 결정된다(네그로폰테, 1995: 44, 75). 우리에게 이미 익숙해진 '멀티미디어'란 개념은 오디오, 비디오, 데이터 비트의 혼합으로서, 이는 그 바탕에서 보면 어떤 것에서 다른 어떤 것으로 자유로운 변환과 이질적인 비트들의 결합을 지향하는 것이다. 바로 이러한 일이 코드-논리 층위에 새롭게 도입된 디지털의 도움으로 가능해졌다.

이는 내용 층위가 궁극적으로는 물리적 층위를 통해 구현되어야 하지만, 그것의 작동 논리는 물리적 층위와 독립적인 나름의 자율성을 가지고 있음을 함축한다. 과거에 물리적 층위는 그것 위에 구현 가능한 경험의 범위나 그 방식에 대해 강력한 제약 조건으로 작용했다. 디지털화는 내용 층위에 속하는 콘텐츠를 일종의 디지털 데이터로 변환시켜 줌으로써, 내용 층위에서 이루어지는 작업을 매체의 물리적 토대에서 오는 제약으로부터 상대적으로 자유롭게 해 주며, 동시에 내용을 물리적 층위로 번역하는 데 사용되는 매체 고유의 문법을 따를 필요가 없도록 만들어 준다. 그러나 내용 층위에서 이루어지는 작업이 모든 종류의 문법에서 자유로워지는 것은 아니다. 비록 특정의 물리적 토대와 연관된 문법을 따를 필요는 없지만, 이제는 디지털 층위에 고유한 우리가 소위 프로그램(소프트웨어)이라고 부르는 내재적 문법을 따를 수밖에 없다. 그리고 이러한 문법의 변화에 힘입어, 과거와는 다른 새로운 형태의 매체나 콘텐츠의 가능성이 담보되는 것이다.[5]

다른 한편으로 내용 층위가 물리적 층위로부터 전적으로 자유롭게 되

4 레프 마노비치Lev Manovich는 디지털화의 이러한 과정을 '수적 재현', '모듈성', '자동화', '가변성' 등의 개념으로 설명하고 있다(마노비치, 2007: 71).

는 것은 아니다. 디지털화의 모든 과정은 그러한 작업을 효과적으로 수행할 수 있게 해 주는 컴퓨터라는 특정의 물리적 구조를 요구하며, 디지털 층위의 문법이나 디지털화의 수준도 결국은 현재의 하드웨어 기술 수준의 제약을 받을 수밖에 없다. 또한 아무리 디지털화된 정보라 하더라도 특정의 경험이나 미적인 체감을 위해서는 여전히 그것은 어떤 방식으로든 물리적 방식으로 재현되어야 한다. 즉 그것이 텍스트나 음악, 영상과 같은 최종적 형태로 우리에게 경험되기 위해서는 결국 다시 아날로그로 변환되어야 한다. 우리 인간의 감각 수용기가 작동하는 방식이 아날로그이기 때문에, 우리의 경험은 그에 적절한 물리적 재현을 요구한다. 어떤 문화적 경험의 성립을 위해 필요한 기술이 물리적 층위에서 현실적으로 구현되지 않으면 그것은 단순한 상상적 가능성에 머물게 된다.

그런데 거꾸로 이러한 물리적 층위에서 일어나는 하드웨어의 발전은 또한 상당 부분 내용 층위에서 발생하는 문화적 필요에 따라 견인된다. 가령 종이나 캔버스, 필름을 발명하도록 이끈 기본적인 동인은 이들과 연관된 매체적 경험을 좀 더 효과적으로 가능케 만들려는 인간의 필요였다. 이러한 점은 오늘날의 경우도 크게 다르지 않다. 컴퓨터나 통신에서 현재 일어나고 있는 많은 변화는 단순히 하드웨어와 관련된 기술 수준이 아니라, 사용자의 다양한 요구를 충족하기 위한 애플리케이션의 필요에 따라 추동되고 있다. 말하자면, 사용자 경험에 대한 모종의 요구가 먼저 선행되고, 그것을 디지털화하기 위한 소프트웨어적 필요에 따라 하드웨어의 발전이 제어되고 그 방향성이 결정되는 것이다.

5 그런 점에서 디지털 컨버전스의 또 다른 얼굴은 문화나 경험의 내용 층위에서 발생하는 다이버전스divergence다. 즉, 융합으로서의 컨버전스는 어떤 획일화를 지향하는 수렴으로 귀착되는 것이 아니라, 디지털 컨버전스를 통해 그 이전에는 불가능했던 새로운 가능성(새로운 장르, 기능, 문화)의 발산으로 이어진다.

3. 층위 간의 상호 작용에 따른 문화 변동

특정 물질성에 입각한 매체의 출현이나 그에 수반해 발생하는 새로운 문법(코드와 논리)의 도입은, 내용 층위에서 특정한 방식의 문화 현상을 촉발하고 보편화할 수 있는 강력한 기제로 작용한다. 앞서 지적한 것처럼, 매체적 경험에 대한 우리의 필요에 따라 이를 충족하기 위한 물질적 토대가 새롭게 마련되기도 하지만, 역사적 경험으로 볼 때 대개의 경우 주목할 만한 층위 간의 결정 관계는 그 반대의 방향으로 이루어졌다. 매체의 물질성이나 그에 수반하는 문법은, 그것 위에 성립할 수 있는 경험이나 문화 가능성의 범위에 대한 단순한 제약 조건으로 그치는 것이 아니라, 특정 의식이나 행동 양식, 문화의 출현을 추동하는 강력한 동력으로 작용한다. 즉, 모종의 물리적 층위와 그에 입각한 문법이 갖추어지고 나면, 어떤 방향으로의 문화적 변화가 상당 부분 불가피해 보인다는 것이다. 물론 그러한 변화의 방향이, 물질성이나 매체의 문법에 기초해 쉽게 예측될 수 있다는 말은 아니다. 새로운 매체성에 입각한 문화의 변화는 때로 당시의 관점에서는 전혀 예측할 수 없는 창발적 양상으로 진행된다.

이러한 층위 간의 결정 관계를 가장 잘 보여 주는 예가 문자 매체의 출현에 따른 인류 문명의 변화다. 인류의 매체사에서 일어난 가장 획기적인 사건인 문자의 출현은 입이나 귀의 신체적 수단에 의존하는 구술(음성) 언어를 시각적 대상으로 변화시키는 것으로, 그 근본적 성격은 코드-논리 층위에서 일어난 변화다. 문자와 관련해 물리적 층위를 구성하는 대상들은 나무나 바위와 같은 자연물로부터 점차 가죽이나 천, 종이로 발전했고, 그것들의 일차적인 역할은 우리의 의식이나 생각을 시각화된 언어를 통해 외부에 저장하는 것이라 할 수 있다. 자신의 생각을 외부에 저장하기 위해 인류가 가장 먼저 사용한 방식은 아마도 오래된 동굴 벽화의 예에서 볼 수 있듯이 그림을 그리는 일이었을 것이다. 그러나 문자가 도입됨으로써 외부의 기억 수단에 획기적인 변화가 일어났다. 그러한 변화의 가장 중요한 양상은 그림이나 문자의 사용과 관련된 각 문법의 차이에서 발견할 수 있다. 그림의 코드-논리 층위가 마음속의 이미지를 외부의 대상에 외화시키는 규칙이라면, 문자의 코드-논리 층위는 개념적 생각을 시각화하는 방법이나 규칙으로 이루어져 있다. 코드-논리적 층위에서 일어난 이러한 변화는 우리의 생각을 좀 더 세밀하게 저장할 수 있게 되었음에 그치는 것이 아니라, 우리가 생각하는 방식이나 언어적 메시지를 구성하고 그 의미를 전달하는 방식과 같은 내용 층위에 속하는 변화도 규제한다. 즉, 문자와 관련된 코드-논리적 층위의 변화에 따라서 내용 층위의 변화가 강제될 수밖에 없다.

문자가 등장하기 이전인 구술 문화에서의 인지 방식은 대상과의 직접적인 접촉을 전제하고 일상적인 생활 세계와 밀접하게 연관되어 있었다. 따라서 이러한 문화에서는 추상적이고 분석적인 개념 범주conceptual category가 발달할 수 없었고, 대부분의 지식은 일상 생활 속에서 이루어지는 인간의 구체적 행동과 연관된 것이었다. 그런데 문자를 기초로 쓰기라는 코드-논리 층위가 더해지면서, '생활 경험으로부터 일정한 거리를 두고 지식을 구조화'할 수 있게 되었다. 쓰기와 이에서 한 발 더 나아간 인쇄는 "끊임없이 움직이고 있는 소리를 정지된 공간으로 환원하고, 소리로 된 말 그 혼자만이 존재할 수 있는 살아 있는 현재로부터 그 말을 분리시키는"(옹, 2006: 129) 역할을 한다. 글쓰기의 시각적인 기록은 말하기보다 훨씬 정교한 구조나 지시 체계를 산출하며, 이는 구술적인 발화의 잠재력으로는 도저히 이룰 수 없는 정확함을 가능케 한다. 게다가 경험적 패러다임의 변화도 일어나는데, 말하기의 청각적 체험은 새로운 감각 체험, 즉 시각적 체험으로 변화한다. 문자 문화의 시대에는 말로 한 발언보다 쓰인 텍스트에 더 가치를 부여하고, 말의 구술적인 실체보다 글의 시각적인 추상 개념을 더 선호하게 된다. 또한 글로 쓰인 텍스트는 새로운 사고 방식을 형성토록 하는데, 기하학적인 도형, 추상적인 카테고리에 의한 분류, 형식 논리적인 추론이나 절차, 정의 등의 항목이 사고에서 중요한 역할을 하게 되는 것이다.

인쇄 기술의 등장이나 타자기, 그리고 컴퓨터 워드 프로세서의 등장은 문자 매체와 관련해 물리적 층위에서 일어난 후속적인 변화다. 그리고 이러한 물리적 층위의 변화는 다시 글쓰기의 과정과 관련된 코드-논리 층위의 변화를 촉발하며, 결과적으로 인간의 의식이나 지식 체계, 그리고 문화의 변동을 가져온다. 프리드리히 키틀러Friedrich A. Kittler는 1900년대에 나타난 타자기의 등장은 단순히 글쓰는 수단이나 과정의 변화만을 초래한 것이 아니라, 인간의 사고 자체에도 영향을 끼쳤다고 보고 있다(Kittler, 2003: 215-248). 1900년대에 등장한 초기 타자기는 오늘날의 타자기와는 달리 자신이 쓰는 글을 직접 보면서 타이핑을 할 수가 없었다. 이는 곧 눈과 의식의 분리를 의미하는 것이었다. 자신이 쓰는 글을 보지 못하면서 글을 쓰게 되면 글쓰는 행위와 의식 사이에 간극이 생겨서 글이 비논리적이고 파편화되기 마련이다. 이는 타자기의 구조를 통해서도 알 수 있는데, 타자기에서 알파벳 문자들은 표준화된 배열에 따라 분산되어 있어서 손과 글자를 분산시킨다. 즉 손은 '여기'에 나타나는 반면, 글자는 '저기'에 나타난다. 그 결과, 이전의 글쓰기가 내면에서 우러나는 방식이었다면 이제 타자기를 통한 글쓰기는 '전보 형식'과 같은 비논리적이고 파편화된 글쓰기의 방식으로 바뀌었다고 키틀러는 설명한다.

'구텐베르크 은하계'의 종말을 초래한 전자 매체의 등장은 우리의 인지 방식과 의식 구조를 또다시 바꾸어 놓는다. 문장의 완결성이 결여된 '전보 형식'의 불완전한 글쓰기의 문법은 컴퓨터라는 디지털 매체의 등장에 따라 그 성격이 좀 더 분명히 드러난다. 필사를 통한 문자적 텍스트의 생성은 기본적으로 머릿속에서 어느 정도 완결된 내용을 종이에 복사하는 과정이다. 이 때 글을 써나가면서 허용되는 수정의 범위는 매우 제한적이며, 완전히 새롭게 시작하지 않는다면 그러한 수정은 선형적으로 이루어질 수밖에 없다. 물화된 텍스트의 수정이라는 측면에서 보자면, 타자기의 경우도 이와 크게 다르지 않다. 그러나 컴퓨터를 통한 글쓰기는 다양한 생각의 실마리들을 일단 컴퓨터의 화면에 옮겨놓고, 그 내용을 자유롭게 추가, 편집, 복사, 수정하는 방식으로 브레인스토밍brainstorming과 피드백feedback이 병렬적으로 함께 이루어진다.[6]

디지털 매체는 하이퍼미디어hypermedia라는 새로운 문법의 도입을 통해 글을 읽는 독자의 경험도 바꾸어 놓는다. 인쇄된 책은 물리적인 책 자체의 연속적인 구성에 따라 문장, 절, 페이지, 장으로 이루어진다. 물론 독자는 무작위로 책을 펴 볼 수도 있고, 눈에 닿는 대로 아무 데나 읽을 수 있지만, 기본적인 내러티브는 물리적으로 규정된 선형적 일관성이라는 폐쇄적 구조를 벗어날 수 없다. 하이퍼텍스트hypertext는 이러한 텍스트의 내재적인 논리나 이야기의 구조 자체를 변화시킨다. 특히 디지털 네트워크 기반의 하이퍼텍스트는 그것에 포함되어 있는 다양한 링크와 더불어 물리적으로 분리되어 있는 송신자와 수신자의 간격을 좁힘으로써, 수신자로 하여금 참여의 감각을 창조하도록 유도한다. '상호 작용'이라는 개념어가 중요한 키워드가 되는 것이다. 이를 피에르 레비Pierre Lévy의 말을 빌려 다시 표현하면, "디지털은 미디어의 기록 및 전파 능력을 고스란히 간직하면서, 신체적 기술의 문맥에 대한 감수성을 되찾게" 만들어 준다(레비, 2002: 71). 이제 텍스트의 생산과 소비는 상호성에 입각한

6 자유로운 수정이 허용됨으로써 그 생산물에 해당하는 텍스트는 오히려 더 높은 수준의 선형적 논리성이나 정합성을 띠게 되는 것은 매우 역설적이다.

여러 사람의 협력적 노력을 통해 매 순간 갱신되고 어디로 진행될지 예측할 수 없는 역동적 담론의 성격을 띠게 된다. 이 때의 텍스트 구조는 가변적이고 비선형적이며, 저자가 결정할 수도 있지만 독자 스스로가 정할 수도 있다.

이렇게 보면 전자 매체의 소통 형태는 구술 문화의 소통 형태를 다시 수용하는 것처럼 보인다. 다만 이러한 구술성口述性과 상호 소통성의 수용은 구술적 소통보다 풍부하고 구조적으로도 다양하게 이루어진다. 옹Walter Ong은 이러한 전자 매체 시대의 구술성을 "이차적 구술성"(옹, 2006: 204)이라 부른다. 실제로 전자 매체 시대에 시학과 리듬, 대중 음악에서의 어구 반복 등은 구술적 교육 방식에서 자주 사용되는 반복 어구와 유사하며, 이미지에 호소하는 기억술 역시 전자 매체 시대에 전성기를 구가하고 있다. 하지만 이러한 전통은 문자적 특성과 혼합되면서 새로운 구조를 생산해낸다. 따라서 "이 구술성은 그 본질에서는 한층 의도적이고 스스로를 의식하는 구술성이며, 쓰기와 인쇄의 사용에 끊임없이 기초를 두고 있는 구술성이다. 쓰기와 인쇄는 이 구술성의 요구를 제조하고 기능을 발휘하는 데는 물론이고 그것을 사용하기 위해서도 없어서는 안 되는 것이다"(옹, 2006: 206).

4. 이 모든 것의 의미는? 컨버전스의 향방에 대한 전망

이상에서 우리는 매체와 관련해 컨버전스의 구조 및 그 층위 간의 상호작용을 살펴보았다. 그런데 디지털 컨버전스의 함의는 새로운 미디어의 출현과 같은 매체 차원만의 문제가 아니라, 좀 더 큰 틀에서 사유될 필요가 있다. 이러한 논의는 가령 다음과 같은 허버트 마셜 매클루언Herbert

Marshall McLuhan의 지적처럼, 언어를 시각화하는 새로운 코드-논리의 등장이 서구 문명에 어떤 변화를 가져왔는지를 추적하는 방식으로 이루어질 수 있을 것이다.

> 연속성을 논리라고 생각하는 서구적 편견에 숨어 있는 진정한 원인은 사실 모든 것에 침투하는 알파벳이라는 테크놀로지 속에 있다. [……] 심리 및 사회 조직의 보편적 형태로서 결합된 선형 연속을 완성한 것은 알파벳 문화뿐이다. 모든 종류의 경험을 각각 획일적 단위로 나누어서 더 빨리 변화할 수 있는 형태(응용 지식)를 낳은 것이 인간과 자연에 군림할 수 있었던 서구의 힘의 비밀이다. 서구의 공업화에 관한 계획은 무의식적으로 극히 호전적인 것이 되었으며 서구의 군사 계획이 극히 공업적으로 된 것은 이 때문이다. 어느 쪽이든 획일적이고 연속적인 것으로 모든 상황을 변경시키고 제어하는 알파벳의 기술이 만들어낸 것이다. 이 경과는 그리스와 로마 시대에 이미 볼 수 있었는데 인쇄 기술의 발전이 갖다 준 획일성과 반복성이 이러한 현실을 가속화시켰다. 알파벳은 공간적으로나 시간적으로 시각을 확장하고 그것이 문화의 획일성을 추진하는 것이므로 문명은 문자 위에 구축된 것이라 할 수 있다(매클루언, 2008: 98-99).

우리는 이와는 조금 다른 측면에서 인간과 기계, 주체와 도구 사이의 상호 작용이나 그 관계를 중심으로 디지털 컨버전스의 함의를 짚어보고자 한다. 디지털 컨버전스의 아이콘으로 간주되는 아이폰을 먼저 살펴보자. 아이폰에서 우리가 발견할 수 있는 컨버전스는 무엇인가? 우리는 아이폰이라는 기기를 이용해, 과거 같으면 여러 가지의 기기를 필요로 했을 다양한 일들을 수행한다. 가령 나는 아이폰으로 통화를 하거나 메시지를 전달하며, 영화나 음악을 감상하고, 사진을 찍는 동시에 뉴스 검색도 하며, 연락처를 포함한 다양한 개인적 기록을 보관한다. 그런 점에서, 아이폰은 분명 다양한 하드웨어들의 컨버전스이며, 그 속에는 음악이나 영상과 같은 매체나 통신, PDA, 사전과 같은 다양한 애플리케이션 간의 컨버전스가 있다.

그러나 더욱 심층적 의미의 컨버전스는 '나'라는 사용자와 아이폰이라는 기기의 컨버전스로 보인다. 아이폰과 같은 스마트폰을 나의 인지 과정(지능)에 대한 일종의 외화로 간주할 경우, 거기에는 인지적 주체와 나의 인지적 활동을 보조하거나 대신하는 기기 사이에 성립하는 주체와 도구 사이의 컨버전스가 있다. 불과 몇 년 전과는 달리, 우리는 이제 전화번호나 수많은 일정을 거의 외우지 못한다. 필요할 때면 스마트폰의 검색 버튼을 누르면 되고, 일정도 나의 머릿속이 아니라 스마트폰 속에 저장해 두기 때문이다. 물론 과거에도 우리는 수첩과 같은 저장 매체를 이용했다. 그러나 여기에는 연속성과 차이점이 존재한다. 연속성이라 함은 우리의 인지적 활동의 많은 부분이 외부의 도구에 의존한다는 사실이고, 차이점은 그 외부의 도구가 더 이상 수동적 의미의 도구가 아니라 점점 더 능동적으로 '스마트(똑똑)'해지기 시작했다는 점이다.

우리는 자신의 인지적 활동의 상당 부분을 도구를 통해 수행한다. 인간이 외부의 도구를 활용해 자신의 인지적 활동을 보조하도록 한 것은 어제 오늘의 일은 아니다. 어떤 의미에서 인류의 문명적 힘의 근원은 지식(지능)의 외화(도구의 사용) 및 협업에 있다고 해도 과언이 아니다. 문자라는 매체가 갖는 힘은 우리가 가지고 있는 여러 생각(지능)을 종이와 같은 외부의 물체에 새겨서 대상화할 수 있게 해 준다는 것이다. 이는 구술적 전승에 의존하던 방식과는 전혀 다른 차원에서 지식의 축적이 가능하도록 할 뿐 아니라, 복수의 사람들이 타인의 생각을 공유해 지식의 활용에 대한 협업이 가능하도록 만들어 준다. 요컨대 구술 문화 시절 우리의 생각은 말과 몸짓으로만 전달되면서 그 내용은 우리의 두뇌 안에 저장되어 있었다. 이 때 한 사람이 사유할 수 있는 지식의 범위는, 구술적 접촉의 도움을 빌려서 본인 스스로 생각할 수 있는 내용에 한정된다. 그리고 그 사람의 존재가 끝나는 순간, 그가 가졌던 생각의 대부분도 함께 사라진다. 즉, 그 사람의 생각(지능)은 그 사람의 현존과 밀접하게 연결되어 있다. 그러나 문자가 등장하면서 우리가 가졌던 생각은 좀 더 영구적인 생명을 얻게 된다. 우리가 없거나 그 현존이 지워지더라도 그 생각(지능)은 다른 이들에게 전달할 수 있게 된 것이다. 인쇄술의 발달에 힘입은 외화된 지식의 대량 복제와 유통은 이러한 과정을 훨씬 광범위하고 보편적인 것으로 만들었다.

종이와 펜을 이용한 지식의 외화가 끼치는 영향은 비단 지식의 축적과 유통에만 한정되지 않는다. 앞선 논의에서 볼 수 있었듯이, 이는 인간의 사고 구조 자체를 바꾸어 놓는다. 우리가 글을 쓰는 과정은, 어떤 의미에서 자신의 머리에서 일어나는 생각의 흐름을 밖으로 투사해 대상화하는 과정이다. 이를 통해 우리는 마치 자신의 생각을 비디오로 관찰하고 분석하듯이 대상화할 수 있다. 그리고 이러한 과정을 통해, 우리의 생각은 머릿속에서만 진행되었을 경우 결코 가능하지 않았을 엄밀성이나 분석성, 추상성의 수준에 도달하게 된다. 그런 의미에서 현재의 과학과 같은 지식이 보여 주는 체계성이나 추상성은 도구를 이용한 생각의 외화라는 과정 없이는 결코 가능하지 않았던 일이다. 결국 지식의 거대한 체계화나 축적 및 성장은 우리의 인지적 활동을 펜이나 종이와 같은 도구를 통해 수행함으로써 가능해진 결과다.

그런데 지금까지 우리가 인지적 활동에 사용된 도구들은, 그것들이 우리의 사고 구조에 끼친 간접적 영향을 논외로 한다면, 대부분 수동적인 저장소 이상의 역할을 하지 않았다. 그러나 디지털 층위가 개입됨으로써,

이제 이들 도구는 문자 그대로 우리가 수행하던 인지적 과정의 일부를 대신하기 시작했다. 종이로 수식을 써서 수 계산을 하는 과정과, 주판과 전자계산기를 이용한 과정을 비교해 보면 그 의미가 더 분명해질 것이다. 종이에 손으로 적어서 계산을 할 경우, 실질적인 계산 과정은 모두 우리의 머릿속에서 이루어진다. 주판의 경우, 우리의 머리가 담당하는 부분은 줄어들고 상당 정도의 계산 과정이 주판의 물리적 구조에 구현된 문법 층위로 전이된다. 전자계산기라면, 우리는 수식을 입력하는 최소한의 조작만을 수행하고, 실제의 계산 과정은 전자계산기의 디지털 층위에서 모두 이루어진다. 우리 스스로가 계산을 수행할 필요가 전혀 없게 된 것이다. 말하자면, 디지털 컨버전스를 통해 도구의 역할이 훨씬 '스마트'해진 것이다. 스마트폰은 도구의 지능화를 상징하는 현 시대의 아이콘이다. 그런 점에서 '스마트폰'은 단순히 상술의 차원이 아니라, 그 상징적 의미의 차원에서도 상당히 적절한 이름으로 보인다.

그런데 스마트폰은 과연 스마트한가? 과연 도구는 인간만큼 똑똑해질 수 있을까? 그리고 지능화되는 방향으로 계속 진화해 갈 도구와 인간의 관계는 어떻게 규정되어야 하는가? 아이폰은 출시 이후 시장의 폭발적인 호응을 얻고 있다. 사람들은 왜 아이폰에 그렇게 열광하는 것일까? 많은 전문가들이 아이폰이 성공한 이유는 하드웨어가 아닌 사용자 경험user experience의 요소 때문이라고 말한다. 아이폰 이전에도 그보다 고기능의 하드웨어를 갖춘 스마트폰은 많았지만, 이들 폰은 역설적으로 그 사용자가 훨씬 더 '스마트'해질 것을 요구했다. 그런데 아이폰에는 그럴듯한 매뉴얼 하나 없으며, 사용자가 처음 대면하게 되는 인터페이스도 전면 하단에 위치한 홈버튼 하나뿐이다. 이는 아이폰의 사용자 인터페이스가 직관적으로도 이해할 수 있는 구조로 되어 있어, 그 사용을 위해 특별한 지식이나 기량을 필요로 하지 않기 때문이다. 여기서 우리는 앞으로 진행될 디지털 컨버전스의 방향을 읽어낼 수 있다.

앞으로 진행될 컨버전스는 궁극적으로 인간과 도구 사이의 인터페이스를 사라지게 함으로써 일종의 이음매 없는 사용자 경험seamless UX을 지향할 것이다. 이는 우리가 '직권 위임'이라 부를 수 있는 수준으로, 우리의 인지적 과정이나 능력의 많은 부분이 점점 더 외부적 도구로 이전될 것이며, 그에 따라 지능의 외화 현상이 과거와는 근본적으로 다른 수준에서 진행될 것임을 의미한다. 이미 수년 전에 이러한 방향을 정확히 지적한 네그로폰테의 말을 들어보자.

> 향후 …… 우리의 도전은 더 큰 스크린을 만들거나 더 좋은 음질, 사용하기 쉬운 그래픽 입력 장치를 만드는 데 있지 않다. 다음에 도전해야 할 대상은 컴퓨터로 하여금 당신을 알게 만들고, 당신에게 필요한 것이 무엇인지를 알게 하고, 목소리와 목소리 이상의 언어들까지도 인식하도록 구분하는 것이다.…… 컴퓨터가 미세한 음향 차이를 가려내어야 한다는 말이 아니라, 의미를 이해할 수 있어야 한다는 말이다. 바로 이것이 훌륭한 인터페이스다(네그로폰테, 1995: 88).

이러한 인터페이스의 비밀은 물리적인 인터페이스 자체를 없애는 것이다. 여기서 네그로폰테가 이야기하는 인터페이스의 사라짐은 궁극적으로 인간과 환경(혹은 도구)의 컨버전스를 통해 달성될 것이다. 스마트폰과 같은 개인용 장비는 우리가 입고 다니는 옷과 같은 형태의 웨어러블 컴퓨터로 바뀔 것이며, 이것은 단독으로 사용되기보다 도처에 편재해 있는 유비쿼터스ubiquitous 네트워크 장치들과 결합해 작동할 것이다. 그리고 이들 장치에 대한 조작은 많은 경우에 마우스나 키보드와 같은 입력 장치를 조작하는 것이 아니라, 마치 우리의 신체를 움직이듯이 인간의 뇌파를 이용한 사고 통제thought control와 같은 형태가 될 것이다. 이 때 우리는 이 기기들을 마치 우리 신체의 일부인 것처럼 느끼게 될 것이다.[7]

여기서 무엇보다도 가장 중요한 점은, 단순히 이들 기계를 좀 더 쉽게 사용하도록 만드는 일이 아니라, 이들 스스로가 지능을 갖도록 해 인간이 해야 할 많은 일을 스스로 대행하도록 하는 것이다. 즉, 지능의 외화의 종국적 방향은 환경 스스로가 지능적이게 만듦으로써, 우리의 인지적 역할을 기계나 지능적 환경이 상당 부분 수행하도록 하는 것이다. 이러한 미래의 인간-기계 인터페이스는 인간의 직접 조작이 아니라 도구들이 스스로 알아서 처리하는 직권 위임에 기반을 두게 된다. 가령 미래에 나를 대행하는 소프트웨어 에이전트는 나의 기분이나 성향, 용도에 맞도록 필요한 정보만을 수집하고 그 우선순위를 결정해 나에게 제시할 것이다. 이러한 일이 가능하기 위해서, 지능형 에이전트는 나와 나를 둘러싼 상황을 아주 잘 '이해'하고 있어야만 한다. 그런 점에서 이러한 대행자 기반 인터페이스를 설계하는 일은 궁극적으로 미래의 인간을 디자인하는 문제이며, 가장 효율적인 인터페이스는 감각을 위시한 인간의 인지 과정(마음)과 기계의 지능을 결합함으로써 실현될 것이다.

이러한 모든 일이 가능한 이유는 디지털 층위가 지능의 구현 층위이기

7 현재 사고 통제에 대한 다음과 같은 선구적인 연구가 진행되고 있다. 미구엘 니콜렐리스Miguel Nicolelis는 96개의 전선을 북캐롤라이나 올빼미원숭이의 전두엽에 삽입하여 신경 신호의 패턴과 특정 운동 간의 상관 관계에 대한 자료의 수집하고, 원숭이의 두뇌에서 나오는 신호를 이용하여 600마일 떨어진 MIT 터치랩의 로봇 팔의 조작을 제어하는 실험을 수행했다. 이 팀의 장기적인 목표는 마비된 인간이 정상의 경우처럼 단지 팔다리를 움직이기를 원함으로써 인공 팔다리를 제어할 수 있도록 하는 실용적인 인터페이스의 개발이다. 환자의 관점에서, 로봇 팔다리는 실제의 생물학적 팔다리가 그러는 것처럼 자신의 의지에 직접적으로 반응하게 된다. 독일 튀빙겐대학의 닐스 비르바우머Niels Birbaumer와 그 연구팀은 TTD(Thought Translation Device)라고 부르는 장치를 이용하여 마비 환자가 컴퓨터 화면의 커서를 움직일 수 있도록 했다. 이는 환자의 두피에 있는 전극이 행동에 앞서 발생하는 전기적 신호인 SCP(Slow Cortical Potential: 느린 피질 전위)를 감지하는 비침투 방식이다. 환자는 시행착오를 통해 이러한 SCP를 의도적으로 산출하는 방법을 연습한 다음에, 문자를 선택하여 간단한 메시지를 작성할 수 있었다(Clark, 2003: 119–121 참조).

때문이다. 지능적 환경이나 스마트폰이 실제로 지능적이기 위해서는 이것들의 물리적 구조가 우리의 경험이나 문화의 내용적 층위에서 일어나는 일들에 대해 의미론적 방식으로 반응할 수 있어야 한다. 이는 물리적 구조가 의미론적 내용과 구조를 어떤 형태로든 모의하거나 반영할 수 있음을 요구한다. 현대 인지 과학의 계산주의에 따르면, 인간의 인지적 과정은 그 본질에서 계산적 과정이다. 이들의 주장에서 우리가 눈여겨볼 만한 내용은 구문론syntax과 의미론semantics의 관계에 대한 그들의 주장이다. 이들에 따르면 물리적 층위와 맞닿아 있는 것은 의미론이 아니라 구문론이다. 구문론은 그 물리적 형태를 통해 정의되므로, 물리적 구조에 쉽게 구현될 수 있다. 디지털의 0과 1이라는 부호가 전기적인 on/off 신호를 통해 물리적 구조의 성질로 번역되는 것이 바로 그런 과정이다. 그런데 동시에 구문론은 의미론을 반영할 수 있다. 즉, 구문론에 입각한 계산적 조작이 구문들이 나타내는 의미론적 내용이나 관계에 입각해 이루어질 수 있다는 것이다.

이들의 주장이 올바르다면, 문화적 층위의 의미론적 관계는 비록 추상적인 것이지만 디지털 층위의 매개를 통해 물리적 층위와 결합할 수 있다. 이 경우 구문론이 속하는 층위인 디지털 문법 층위는 본질적으로 상부 층위에 위치하는 우리의 경험이나 문화적 요구가 물리적 층위에 구현될 수 있도록 번역해 주는 층위다. 여기서 구문론은 의미론이 물리적 층위를 조종할 수 있게 만드는 일종의 핸들 역할을 수행한다. 디지털 층위의 문법적 구조가 지능의 구조를 반영하게 될 경우, 기술의 물리적 층위나 그 인터페이스는 실질적으로 눈에 보이지 않게 투명하게 된다. 이는 우리가 기술이나 기계를 경험하는 방식을 근본적으로 바꾸어 놓는다. 우리는 더 이상 지금처럼 기술이나 기계를 하나의 물리적 대상으로 경험하지 않게 될 것이다.

행위자 연결망 이론을 주장하는 브루노 라투어Bruno Latour는 기술을 단순히 도구적인 것으로 파악하는 것에 반대해, 기술을 하나의 독립적인 행위자actant, actor로 간주할 것을 제안한다(Latour, 2006). 그의 제안은 기술과 같은 비인간non-human을 인간과 대칭적인 행위자로 보자는 것인데, 간단히 말해 한 개인의 행동이 타인에게 영향을 미쳐 그 행동을 바꾸듯이 기술 역시 인간에게 영향을 미쳐 행동을 바꿀 수 있다고 보는 것이다. 이러한 맥락에서 기술을 수동적인 존재가 아니라 어느 정도의 능동성을 가지고 있는 존재로 간주해야 한다는 것이다. 디지털 층위의 도움으로 환경이 지능화할 경우, 인간과 기술로서의 환경은 문자 그대로 라투어가 말하는 일종의 행위자 연결망을 형성하게 될 것이다. 이 때의 기술은 단순히 대상화된 도구가 아니다. 이 때의 기술은 인터페이스로만 대면하는 라투어가 말하는 블랙박스화를 넘어서 오히려 우리가 숨쉬는 공기와 같은 환경이나 나의 일부로 변환될 것이다. 그리고 그러한 인간-기계-환경의 공생은 비록 인간에 의해 구성되고 규정되는 것이긴 하지만, 동시에 인간의 가능성이나 잠재력을 근본적인 차원에서 재규정 혹은 조건짓게 된다.

이러한 사회는 기술 없이는 구성될 수도 없고 유지될 수도 없으며, 인간은 그 속에서 비단 다른 인간들뿐 아니라 물건, 기술과 같은 여러 비인간과 관계를 맺으며 살아가게 된다. 이러한 현상을 문화/체험 생태의 디지털화로 명명할 수 있을 것이다. 도시인의 환경은 문화적 요소를 포함한다는 점에서 과거 인류의 선조가 살았던 환경과는 다르다. 이는 현대 도시인이 해결해야 하는 문화를 포함한 생태에 대한 적응 문제가 과거 선조의 그것과는 다름을 의미한다. 마찬가지로, 컴퓨터를 중심으로 한 디지털 문명의 등장은 인간이 살아가는 외형적 모습뿐 아니라, 지금과는 전혀 다른 차원의 문화/체험 생태를 창조한다. 컴퓨터나 인터넷을 전혀 사용할 줄 모르는 노년층과 인터넷이나 전자 게임과 더불어 성장한 젊은 세대가 살아가는 경험적 인식 공간의 모습은 전혀 다르다. 조금 과장한다면, 이들은 서로 전혀 이질적인 공간과 시간을 살아가고 있다고 해도 과언이 아니다. 이들이 맞닥뜨리는 문화/체험 생태가 근본적으로 변화되었기 때문이다. 그런 의미에서, 디지털 기술과 그것이 초래할 디지털 문명은 단지 우리의 바깥에 존재하는 외부적 대상이 아니라, 그것들 자체가 우리의 삶의 양식forms of life의 본질적 부분을 규정하는 우리 자신의 구성적constitutive 요소로 간주될 수 있다.

5. 자아 개념의 변화와 남아 있는 문제들

인간과 기술의 융합으로 귀착되는 디지털화는 인간과 기술, 도구, 환경 사이의 경계에 대한 근본적 재검토를 요구한다. 인간(혹은 문화의 영역)과 기술의 상호 경계가 불분명해지고, 자아와 도구, 혹은 주체와 대상을 구분하는 경계가 모호해짐으로써, 자아에 대한 전혀 새로운 형태의 접근이나 규정이 필요하다는 것이다. 최근 철학이나 심리학에서는 인간의 마음을 외부 세계로까지 확장해 이해하려는 시도가 있다. 이런 주장에 따르면, 우리의 마음 혹은 자아는 우리의 신체 속에 갇혀 있는 내부적인 그 무엇이 아니다. 그리고 컴퓨터와 같은 장치는 단순한 외부적인 도구가 아니라 우리 혹은 우리의 마음의 일부를 이루는 구성적 부분이며, 그런 점에서 우리는 이미 기계화된 일종의 사이보그cyborg라는 것이다. 이러한 주장에는 분명 어느 정도 과장이 개입되어 있을 수 있으며, 자아나 마음을 어떻게 규정하느냐에 따라 그에 대한 평가도 달라질 것이다.

그러나 자아라는 것을 우리가 진행중인 일이나 성취하고자 하는 목표,

기획, 져야 할 책임의 집합을 하나로 묶어 주는 시점과 같은 것으로 간주할 때, 이러한 주장의 함의는 분명해 보인다. 앤디 클라크Andy Clark는 이러한 자아를 '내러티브 자아'로 규정하면서 그 성격을 다음과 같이 설명한다.

> 나는 나 자신을 단지 물리적 존재로만 생각하지 않으며, 일종의 이성적 · 지성적 존재로 생각한다. 나는 나 자신을 새로운 논문 쓰기, 좋은 남편 되기, 인간의 본성을 더 잘 이해하기 등등과 같은 진행중인 목표, 기획, 책임 등의 집합으로 생각한다. 이들 목표와 기획은 정적인 것이 아니며 임의적으로 변경될 수 있는 것도 아니다. 나는 일생에 걸쳐 부분적으로는 이러한 기획과 책임의 흐름에 대한 추적을 통해 나 자신을 인식한다. 마찬가지로 다른 사람들도 나의 물리적 모양이나 형태만이 아니라, 기획과 활동 사이의 어떤 뚜렷한 연관을 인식함으로써 나를 유일무이한 개인으로 인식할 것이다(Clark, 2003: 132).

이러한 내러티브 자아는 우리 자신과 남들이 서로 말하는 이야기에 의해 확인되는 자아다. 말하자면, 이는 우리의 기획과 능력, 가능성, 잠재력에 대한 우리 자신과 타인의 생각에 의해 만들어지는 자아다. 만일 이러한 내러티브 자아가 우리 스스로의 자아를 규정하는 하나의 방식일 수 있다면, 디지털 시대의 내러티브 자아는 우리의 두뇌와 우리가 의존하는 지능적 환경이 결합한 일종의 생生-기술적 혼종물이 될 것이다. 지능적 환경의 출현에 힘입어 우리의 삶의 목표나 기획, 스스로의 능력이나 잠재성에 엄청난 변화가 야기될 것임은 너무나 명백한 사실이다. 가령 오늘날에도 우리는 어떤 문제를 기획하고 해결하기 위해 다양한 외부적 도구들에 의존한다. 이 글을 쓰는 순간에 우리는 다양한 서적이나 논문, 메모, 전자 파일, 소프트웨어, 검색 엔진을 이용하고 있다. 그렇다면 이 때 실제 문제를 해결하는 엔진은 단순히 우리의 두뇌만이 아니라, 이들 기술적인 조력을 제공하는 다양한 도구들을 포함하는 매트릭스다. 그러나 아직은 이들 도구의 역할이 상대적으로 수동적인 상태에 머물러 있고 궁극적인 제어권을 행사하는 것은 우리의 두뇌처럼 보이기 때문에, 이러한 현상이 자아의 경계에 큰 문제를 일으킨다고 인식되지는 않고 있다.

그러나 앞서 지적한 것처럼, 우리의 두뇌가 행동의 선택과 통제와 연관된 많은 인지적 과정의 부담을 지능화된 환경에 위임하게 될 경우, 자아와 환경을 가르는 경계에 대한 확신은 흔들리게 된다. 우리의 생물학적 두뇌와 협력하는 지능적 환경은 서로 너무나 친밀하고 조화롭게 작용할 것이기에, 어디서부터 나의 선택권이나 제어권이 작동하는지를 경계짓는 일이 쉽지 않을 것이기 때문이다.

> 그러한 경계를 짓는 일은 마치 누군가가 내가 끊임없이 의존하고 있는 모든 비의식적인 신경 활동을 단지 스마트한 내적 환경으로 격하시켜서, "진정한 나"에서 배제되어야 한다고 주장하는 것과 유사한 일이다. 인지적 절단이라 불릴 수 있는 이러한 과정 다음에 남아 있는 마음이나 자아란 실로 빈약한 것이다.…… 더 넓어진 세계와 맞닥뜨리는 지능적 시스템은 생물학적인 당신-더하기-소프트웨어 대행자다. 이러한 외적인 정보들의 결합은, 마치 당신의 두뇌 속에서 작용중인 다양한 비의식적 인지 메커니즘과 동일한 방식으로 도움을 주게 된다. 그것들은 당신의 심리적 프로필(특징)이 새롭게 등장하는 것을 도우면서 끊임없이 일한다. 종국적으로 당신은 당신의 두정엽을 "이용"한다고 말할 때처럼, 매우 역설적이고 약화된 의미에서 소프트웨어 대행자를 "이용"한다고 간주하게 될 것이다(Clark, 2003: 30-31).

이러한 모든 논의가 가리키는 바는 결국 우리의 자아는 더 이상 우리의 두뇌만이 아니며, 지능적 환경과 결합된 일종의 생물학적 두뇌-기술(지능적 환경)의 혼종체라는 것이다. 이러한 결론은 현재 진행되는 디지털 컨버전스 현상이 단순히 기술의 발달에 관한 문제일 수만 없으며, '인간'에 관한 근본적 성찰을 요구하는 문제임을 보여 준다. 만일 인간의 자아를 생물학적 두뇌와 지능적 환경의 결합물로 이해하는 것이 불가피한 방향이라면, 이는 피부로 둘러싸인 육체를 기준으로 '나'의 정체성을 파악하거나 그에 입각해 이루어지는 모든 문화적 · 도덕적 · 정치적 관행의 근본적인 변화를 요구할 것이기 때문이다. 가령, 어떤 일의 결과에 도덕적 혹은 정치적 책임을 묻고자 할 때, 우리는 누구에게 책임을 물어야 하는가? 그 책임의 주체는 생물학적 육체로 한정지을 수 있는 '개인'인가? 아니면 환경과의 혼종체인 어떤 존재인가? 그런데 환경과의 혼종체에 책임을 묻는다는 것은 과연 정합적인 생각인가? 아니면 거꾸로 그러한 생각을 불편하게 느끼는 것 자체가, 자연적 질서에서 분리된 데카르트적 자아를 가정하는 서구 근대의 유물에 불과한 것은 아닐까?

우리는 또한 '환경에 대한 직권 위임'이란 것이 과연 중립적으로 이해된 과학 기술의 유익한 활용에 불과한지, 아니면 그 어떤 보이지 않는 권력에 대한 새로운 형태의 종속인지의 질문도 물어야 할 것이다. 미래 사회를 지배하는 중요한 정치적 권력은 분명 인간과 기술의 네트워크를 지배하는 힘에서 나올 것이다. 이 경우 지능화된 환경을 지금의 스마트폰과 같은 단순한 생활 도구로 바라보는 것은 순진한 발상이다. 그러한 네트워크를 어떤 방식으로 구축하고 유지해야 하느냐의 문제는, 아마도 민주주의의 수호와 같이 한 사회의 통치governance 방식과 관련된 정치적 의제에서 핵심적인 자리를 차지할 것이다.

이미 밝힌 바 있듯이, 물리적 층위에서 일어나는 근본적 변화는 지금과는 다른 새로운 행동 양식이나 문화의 출현을 강력히 추동한다. 마찬가지로 컴퓨터를 기반으로 하는 디지털 컨버전스의 출현은 우리의 일상적인 삶이나 문화적 상부 구조에 그 방향을 뒤바꾸기 힘든 모종의 불가역적 변화를 야기할 것이다. 그러나 그렇다고 해서 과학 기술이 모든 것을 결정하지는 않는다. 기술적인 차원에서 특정 방향의 발전이 불가피하다고 해도, 그 속에서 어떠한 가치가 존중되고 유지되어야 하는지를 결정하는 것은 여전히 우리들의 몫이기 때문이다. 디지털 컨버전스와 같은 현 시대의 과학 기술은 과거 기술과 달리 이제 '인간' 자체를 재규정하고 재설계하는 기술이다. 과거 인류의 기원이 자연 선택을 통한 진화의 산물이었다면, 앞으로 전개될 인류의 진화는 첨단의 과학 기술을 이용해 이루어지는 인간 스스로의 선택 과정이다. 미래의 인간을 디자인하는 이러한 선택의 향방은 결국 우리가 어떤 종류의 존재이기를 희망하는가에 대한 인문학적 고민과 성찰의 결과에 달려 있다.

참고 문헌

네그로폰테, 니콜라스, 『디지털이다』, 백욱인 옮김, 커뮤니케이션북스, 1995.

레비, 피에르, 『집단지성』, 권수경 옮김, 문학과지성사, 2002.

리드(T. R. Reid), 『디지털 세상의 지배자 칩 *The Chip*』, 김의동 옮김, 바다출판사, 2003.

마노비치, 레프, 『뉴 미디어의 언어』, 서정신 옮김, 생각의 나무, 2007.

매클루언, 마샬, 『미디어의 이해』, 박정규 옮김, 커뮤니케이션북스, 2008.

옹, 월터, 『구술문화와 문자문화』, 임명진 옮김, 문예출판사, 2006.

젠킨스, 헨리, 『컨버전스 컬처 : 올드 미디어와 뉴 미디어의 충돌』, 김정희원 · 김동신 옮김, 비즈앤비즈, 2008.

Benkler, Yochai, "From consumers to users: Shifting the deeper structures of regulation," *Federal Communications Law Journal* 52, 2000.

Bolter, Jay David, *Turing's Man: Western Culture in the Computer Age*, Chapel Hill, The University of North Carolina Press, 1984.

Clark, Andy, *Natural-Born Cyborgs, Minds, Technologies and the Future of Human Intelligence*, Oxford, Oxford University Press, 2003.

Kittler, Friedrich A., *Aufschreibesysteme 1800 · 1900*, 4. edition, Munich, Wilhelm Fink, 2003.

Latour, Bruno, *Nous n'avons jamais été modernes. Essai d'anthropologie symétrique*, Paris, La Découverte, 2006 (éd. originale, 1991).

Lessig, Lawrence, *The future of Ideas: The fate of the commons in a connected world*, Random House, 2001.

Liestøl, Gunnar, "The dynamicas of convergence and divergence in digital domains," *Ambivalence Towards Convergence: Digitalization and Media Change*, Ed. Tanja Storsul & Dagny Stuedahl, Nordicom, 2007.

컨버전스 원리에 관한 사유:
영화의 물질 · 약호 · 의미 층위와 디지털화*

이수진

1. 컨버전스와 영상 문화

어느덧 우리 일상에서 통신을 위한 전화기, 음악을 듣기 위한 축음기, 사진을 찍기 위한 카메라, 영화를 보기 위한 극장 스크린, 방송을 위한 텔레비전 등의 각종 기계 장치들이 두세 가지 기능을 복합적으로 수행하는 일이 빈번해졌다. 혹은 그 반대로 오디오 파일, 비디오 파일, 문자 파일 등이 디지털 데이터 형태로 표준화되면서 서로 다른 기기라도 동일한 콘텐츠를 사용하는 일이 증가했다. 이제 컴퓨터와 인터넷이 보편화된 우리의 삶에서 전자 제품, 무선통신 기술, 방송 등은 더 이상 구분 없이 디지털이라는 '접착제'로 서로 융합되는 환경이 도래하게 된 것이다. 특히 컴퓨터 · 휴대폰 · 카메라 · 오디오 기기 등이 한 기계로 통합된 스마트폰의

* 이 글은 『기호학연구』 제27집(2010년 6월)에 실린 논문을 수정 · 보완한 것임을 밝혀 둔다.

등장은 디지털 기술에 기반을 둔 통합 미디어 환경을 단번에 익숙한 것으로 바꾸어 버렸다.

한 마디로 '컨버전스convergence'의 시대다. 영상, 음악, 문자, 방송, 원격 통신, 컴퓨팅 사이에 존재했던 경계들이 사라지고, 과거에는 서로 다른 방법을 통해 제공되던 서비스가 이제는 하나의 물리적 수단을 통해 제공되며, 특정 매체를 통해 개별적으로 제공되던 서비스가 다양한 경로를 통해 제공된다. 이에 따라 미디어 간에 존재했던 일대일 관계나 그의 사용법은 사라져 가고 있다. 특히 디지털화digitalization로 수많은 실체가 서로 혼합되는 과정을 통해 과거에는 다른 것으로 여겨졌던 것들의 경계가 무너지거나 혹은 하나로 합쳐지거나 하면서 이 현상들의 증폭에 비례해 컨버전스 담론[1]도 도처에서 늘어나고 있다. 하지만 컨버전스에 대한 기존의 생각, 즉 통합 리모콘처럼 수많은 기기가 단 하나의 단일 기기로 통합되면서 모든 기능을 포함하게 될 것이라는 예측은 스마트폰의 사례와 같이 한편으로는 적중하기도 했으나 한편으로는 더 많은 특화된 기기들의 등장과 함께 빗나가기도 했다. 그보다는 오히려 "지금 우리가 당면한 상황을 보면 하드웨어는 분화되고 대신 콘텐츠가 컨버전스화되어 가고 있는"(젠킨스, 2008: 35) 실정이라 하는 편이 더 타당할 듯하다.

여러 매체를 넘나들 수 있게 된 내용물의 컨버전스 현상을 이야기하는 데에는 단연 영상 문화의 중요성을 간과할 수 없을 것이다. 영화는 19세기 말 '발명'된 이후 20세기 내내 점진적으로 인쇄 문화 전통이 차지했던 부분을 대체해 왔고, 이제 현대 사회는 문자 텍스트보다 더 많은 정보를

1 헨리 젠킨스Henry Jenkins는 컨버전스 현상을 기술적 · 산업적(미디어 산업 내의 인수 합병), 문화적(문화권을 넘나드는 미디어 콘텐츠 간의 복잡한 이동 현상), 사회적 변화(생산자와 소비자의 경계가 허물어지는 현상, 소비자 간의 상호 작용, 참여 문화)와 관련지어 설명하는 반면, 탄자 스토설Tanja Storsul과 대니 스튜달Dagny Stuedahl은 네트워크 컨버전스, 단말기 컨버전스, 서비스 컨버전스, 수사학적 컨버전스(모든 매체가 단일한 매체로 통합되는 것이 아니라 매체를 넘나들며 반복해서 사용되는 표현 형식으로서 단일 장르가 증식됨), 시장 산업 컨버전스, 규범적 컨버전스 등으로 구분한다.

동영상 시퀀스의 형태를 빌려 보여 주는 방향으로 변했다. "영화의 방식으로 세계를 보고 시간을 구조화하고 이야기를 서사화하며 경험과 경험을 연결하는 것은 우리에게 매우 기본적인 문화 접속 방식"(마노비치, 2007: 128)이 된 것이다. 영화로 대변되는 영상[2] 문화는 19세기 매직 랜턴, 파노라마, 광학 극장 등에서부터 시작된 움직임의 재현이라는 메커니즘뿐만 아니라 20세기 주류 문화로 재편된 픽션 영화와 기록 영화, 20세기 중반 이후 텔레비전, 비디오 프로그램까지 포함한 광범위한 문화 형식을 의미한다. 또한 영화는 움직이는 카메라, 시공간의 재현, 편집 기술, 서사적 규범, 관객의 행위를 비롯해 영화적 인식, 영화 언어, 영화 수용의 요소들까지 내포한 문화 전통에 해당한다.

이러한 맥락에서 여러 매체를 넘나드는 내용물의 컨버전스를 논의할 때 영화야말로 보편타당한 답을 제시할 수 있으리라 여겨진다. 이제 영화를 중심으로 컨버전스를 가능하게 한 선결 조건이 무엇인지, 동적 원리로 디지털화를 꼽는 이유는 무엇인지, 영화가 다양한 미디어를 넘나들게 될 때 발생하는 변화는 무엇인지 그리고 디지털화가 도입된 영화 매체 내부의 변화는 무엇인지에 관해 사유해 보려 한다.

2. 영화의 물질 · 약호 · 의미 층위

본격적인 논의에 앞서 영화 매체에 관한 좀 더 체계적인 설명을 위한

2 광학적인 상을 의미하는 영상映像, optical image이라는 단어는 "빛의 반사나 굴절에 의해 비추어진 상"을 뜻하고자 하는 번역어로서, 1860년대 이후 한자문화권에서 사용된다. 영상은 "적극적이고 인위적, 혹은 기계적인 공정에 의해 생산된 상"을 의미하며, 광학적인 상이라는 과학 용어로 탄생했으나 주로 영화에서 다루어지는 '상像으로서의 순수한 시각 정보'의 실체와 그것을 취급하는 인간들의 작업이 기계를 이용한 것이며 인공적이고 능동적인 행위라는 인식이 반영된 용어라 하겠다(참조: 이원곤, 『디지털화 영상과 가상공간』, 연세대학교출판부, 2004: 20-25).

일종의 방법 틀로 세 가지 층위를 구분할 것을 제안한다. 왜냐하면 현재 영화를 둘러싼 수많은 담론이 존재하고, 디지털 분야에서도 여러 가지 관점에서의 논의들이 진행되고 있는데, 그 대상이 늘 동일한 스펙트럼 속에 위치하지는 않기 때문이다.

가령 영화의 시공간 문제를 다루는 연구들을 살펴보면 스크린과 같은 물리적 기반에 초점을 맞춰 극장의 특별한 건축 양식과 그에서 비롯된 어두움과 밝음 여기에서 심화된 정신분석학적 접근이 있을 수 있다. 동시에 스크린 속 가상 세계와 현실 세계의 단절과 같은 측면을 비교하면서 디지털 시대의 상호 작용에 관한 접근이 가능할 것이다. 또한 영화가 구축한 허구 세계의 시공간 문제를 의미론 관점에서 접근해 공간이 내포하는 의미를 밝히는 부분에 관심을 보일 수도 있고, 혹은 영화의 표현 방식 측면에서 미장센이나 공간 연출에 초점을 맞출 수도 있다.

이상과 같이 한 가지 주제만으로도 다양한 층위의 다양한 논의들이 발견되므로 편의상 이 글에서는 영화를 이야기하면서, 미디어 컨버전스에서 자주 언급되는 물질적 기반, 디지털 혁명의 핵심이 되는 비트, 수량화, 코드, 프로토콜 등과 관련된 논리적 약호 그리고 이 그릇에 담기는 내용적 차원 등으로 구분해 생각해 보고자 한다. (이 구분의 경계는 임의적일 뿐 서로 겹쳐지지 않는 독립 영역으로 나뉜다는 의미는 결코 아니다.) 비슷한 방법 틀은 이미 리스퇼(Liestøl, 1996: 167-170)이나 벤클러(Benkler,

[표 1] 미디어의 세 층위

	벤클러 · 레식	리스퇼	
층위	내용content	미닝웨어meaningware	메시지, 의미 등
	논리적 하부 구조logical infrastructure	소프트웨어software	프로그램, 프로토콜, 약호 등
	물리적 하부 구조physical infrastructure	하드웨어hardware	케이블, 스크린, 라디오 주파수, 컴퓨터, 인터넷 등

2000: 561-563), 레식(Lessig, 2001: 23) 등에 의해 제안된 바 있는데, 용어는 약간씩 다르지만 동일한 범주를 기준으로 정리해 보면 [표 1]과 같다.

세 가지 층위를 영상 매체에 적용해 이 글에서는 [표 2]와 같이 정리해 보고자 한다.

[표 2] 영상 매체의 세 층위

<table>
<tr><td rowspan="4">층위</td><td rowspan="2">의미</td><td>내용적</td><td>서사(주제, 상징, 가치 등)</td></tr>
<tr><td>지각적</td><td>시각 · 청각에 호소하는 미학적 리듬, 시공간의 재구성</td></tr>
<tr><td colspan="2">약호</td><td>다섯 가지 표현 수단 (동영상 · 자막 · 대사 · 배경 소리 · 음악) 중 최상 움직이는 이미지들의 연쇄
영화 랑가주[3] : 통합체적 배열 유형(신, 시퀀스, 플랑-세캉스),
편집 기법(몽타주, 디졸브, 페이드인 · 아웃) 등</td></tr>
<tr><td colspan="2">물질</td><td>시네마토그래프(카메라+영사기)
스크린 + 음향 기기, 스피커</td></tr>
</table>

영화라는 매체의 유일한 형태는 세상에 처음 그 모습을 공식적으로 드러낸 1895년 12월 이후 거의 100여 년 동안 필름에 녹화된 이미지였다. 카메라로 촬영된 현실의 일부가 시네마토그래프(cinema움직임+graphe쓰기) 영사 시스템의 기계적 리듬에 맞춰 1초에 24번 정기적 속도로 움직일 때, 스크린에 재현된 동영상의 흐름을 시네마라고 부르기 시작했다. 영화를 창작하기 위해서는 필름 카메라, 영사기, 스크린이 반드시 충족되어야 할 조건이었으며, 1927년 이후 유성 영화 시대에 이르러 음향 기기

3 랑가주langage란 용어는 협의의 의미로는 인간 언어의 형식 구조와 유사한 시스템을 지칭하는 반면, 광의의 의미로는 꽃의 랑가주, 그림의 랑가주, 침묵의 랑가주 등과 같이 인간들 사이에서 통용되는 모든 표현 형태를 (조직 과정이 언어 시스템보다 덜 체계적일지라도) 지칭한다. 인간의 음성 언어와 같이 정확한 의미에서 랑가주에 해당하는 시스템이 있을 수 있고, 그보다는 더 은유적으로 확장된 예술 랑가주도 있을 수 있다. 영화 랑가주에 관한 설명은 3절에서 부연하기로 한다.

부분 또한 중요한 장치가 되었다. 요컨대 영화는 그 탄생부터 하드웨어와 밀접하게 연결되어 있던 매체다.

루이 옐름슬레우Louis Hjelmslev는 매체의 고유성을 설명하기 위해 그 표현 수단을 관찰할 것을 주장하는데(Hjelslev, 1968), 표현 수단은 요약하자면 다양한 종류의 언어들을 구별하게 해 주는 감각적 혹은 기술적 특성을 일컫는 것으로, 각 분야에서 사용되는 기본적인 재료들이라 할 수 있겠다. 옐름슬레우의 제안을 받아들여 크리스티앙 메츠Christian Metz가 구분한 영화의 표현 수단은 동영상, 자막, 대화, 배경 소리, 음악, 다섯 가지로 정의된다(Metz, 1971).[4] 이 다섯 가지 표현 수단은 영화의 물질적 층위, 즉 스크린과 스피커라는 기계 장치와 관련을 맺고 시각에 호소하는 동영상과 자막, 청각에 호소하는 대화, 배경 소리, 음악으로 분류될 수 있다. 그러나 이 표현 수단들 중에서 영화라는 매체를 정의하기 위해 반드시 필요한 최상의 요소는 동영상, 특히 고정된 한 장의 사진 이미지와는 구별되는 '움직이는 이미지들의 연쇄'다. 이미지들을 어떻게 배열할 것인가 하는 문제는 영화에서 논리 구조를 만드는 결정적 층위라 하겠다.

물질 · 약호 층위와 의미 층위의 관계는 일종의 구현 관계인데, 본질적으로 의미 층위는 다른 두 층위보다는 상부에 위치한다고 볼 수 있다. 특히 의미 층위에서도 내용적 차원은 비단 영화뿐만 아니라 소설, 연극 등과 같은 다른 매체에서도 공통적으로 발견되는 층위로서 '서사학narratology', '현상학phenomenology' 혹은 '의미론semantic'에서 관심을 갖는다. 반면 의미 층위에서 지각적 차원은 영화만의 고유 미학에 관한 부분으로 영화학이라고 분류되는 영화 사조, 작품 분석, 비평 이론 등과 연관이 있다.

일반적으로 우리가 의미 층위에 도달하기 위해서는 접근을 가능하게

4 이 글에서는 논지 전개상 매체 탄생에서 가장 중요하게 작용한 물질 층위와 연관된 동영상에 집중해서 논의를 진행시키고자 한다.

하는 도구 즉 물리적 형태, 하드웨어가 필요하다. 영화가 어떤 내용을 담고 있건, 어떤 리듬으로 만들어졌건, 이 모든 것을 보기 위해서는 필름이 필요하다. 약호 층위는 우리의 생각, 경험 혹은 표현 욕구를 물질 층위에서 구현될 수 있도록, 물질 층위와 의미 층위가 결합될 수 있도록 매개하고 번역하는 역할을 수행한다. 필름에 이미지가 녹화되기 위해서는 촬영 기법이라든지 화면 구성, 연출 방식이 선행되어야 하고, 그렇게 담긴 이미지들이 의미를 획득하려면 그에 맞는 형태로 일종의 문법, 약호 등을 따라야만 혹은 파괴하고 새로운 약호를 만들어야만 한다.

기존 형태의 영상 매체에서 세 가지 층위는 매우 밀접하게 연결되어 있었다고 할 수 있다. 아주 쉬운 예로 어떤 감독의 영화 필름이 화재로 손실되었다고 하자. 그 내용물은 필름에 딱 달라붙어 있기 때문에 아니 필름 자체에 새겨져 있기 때문에 몸체로부터 분리가 불가능하다. 다시 말해 불타버린 필름과 함께 약호 층위도 의미 층위도 사라진다. 모든 것이 물질성에 종속되어 있었던 것이다.

그런데 컴퓨터의 도입과 함께 기술적 조건이 변화하면서 세 층위 간의 관계와 결합도가 달라져 버렸다. 디지털화는 컴퓨터라는 하드웨어를 기반으로 편집 프로그램 혹은 그래픽 이미지 프로그램 등의 소프트웨어를 사용하면서 영화의 필름을 파일로 전환한다. 바로 이 새롭게 도입된 디지털 층위가 기존 영상 매체 세 층위의 단단한 결합을 해체하고 일종의 중간 지대를 만드는 것이다. 그 결과 매체의 물질 종속성을 완화시키고 매체 간의 자유로운 변화를 가능하게 한다.

디지털 층위의 개입으로 영화는 필름과 결별하고 전자 파일이라는 무형의 형태로서, 0과 1이라는 데이터로서 존재한다. 데이터로서의 영상은 윈도 미디어 플레이어, 곰 플레이어, 다음 팟 플레이어 등과 같은 영상 재생 프로그램을 통해 극장을 벗어나 각 가정의 컴퓨터로, 각 개인의 휴대폰으로 이동이 가능해진다. 복수의 물질적 토대에 기초해 동일한 경험이 구현 가능한, 더욱 유연해진 복수 실현 가능성이 성립되는 것이다. 컨버전스 개념은 바로 이 변화를 주목한다.

3. 영화에서 발견되는 층위 간의 결합성

이제 기존 형태의 영상 매체에서는 물질 · 약호 · 의미 층위가 서로 얽혀 있다는 관점을 견지하면서 층위 간의 관계에 주목하고자 한다. 앞서 약호 층위는 "움직이는 이미지들의 연쇄에서 비롯된 영화 랑가주"라고 언급한 바 있다. 영화기호학자 메츠는 다른 예술 장르와 비교했을 때 영화가 대중성의 우위를 점유하게 되는 주요 원인으로 움직임에서 비롯된 현실 효과를 든다.

> 형태의 외관과 움직임의 현실성이 결합하면서 구체적으로 살아 있다는 감정을 일으키게 하며, 객관적으로 현실을 지각한다는 생각을 유발시킨다. 우리 삶에서 볼거리들은 대부분 모두 움직이기 때문에, 움직임은 대상에 일종의 자율성과 육체성을 부여하면서 스스로를 실체화할 수 있게 도와 주고 그리하여 얻은 입체감은 생명의 활기를 부여한다(Metz, 1967: 17).

관객은 영화가 과거의 움직임을 재현할지라도 항상 움직임을 실제적인 것으로 인식하는데, 이는 영화가 우리에게 제시하는 대상과 인물은 초상의 형태로만 나타나지만 그들이 구체화시키는 움직임은 움직임의 초상이 아니기 때문이다. 움직임은 실제로 나타나는 것이다. 뤼미에르 형제가 최초로 대중 시사회를 개최했을 때 관객 대부분이 깊은 인상을 받은 부분은

'기차의 현실 같은 움직임'이었다는 일화를 상기해 보면 영화 매체의 본질에 기계 사용을 통한 '움직임의 재생산'이 있음을 즉각적으로 이해하게 된다.

물론 영화 탄생은 사진의 탄생과 밀접하게 연관되어 있다. 아날로그 영화에서 사용하는 이미지는 언제나 사진 이미지였기 때문이다. 사진은 현실 복제를 위한 기계적 과정을 통해 얻은 결과물이고 필름 위에 인화된 대상 자체이기에 영화 이전에는 현실에 가장 근접해 있던 이미지였다. 하지만 사진에는 시간이 존재하지 않았고 입체감을 느끼게 하는 어딘가가 부족했고 일반적으로 삶의 동의어처럼 생각되는 움직임이 빠져 있었다. 영화가 이 모든 부족함을 단번에 메워버린 것이다. 이 과정에는 덩어리로 파악되었던 현실을 잘게 잘라 기록하는 과정 그리고 재구성해 살아나게 하는 과정 등이 반드시 수반된다.

매체의 발전사를 문화 변동과 함께 통찰한 매클루언(2008),[5] 키틀러(Kittler, 1997: 31-49)의 혜안에 기대어 보자면 영화의 물질적 조건이 된 카메라-영사기는 축음기, 타자기와 함께 19세기 말 발명되어 20세기 현대 시대를 연 중요한 장비다. 이들 공통점의 핵심은 기계화machinization[6]라고 할 수 있는데, 세 종류의 기계 사용이 그 이전까지 인간의 기억과 경험을 기록하던 방식, 인간의 지각 방식에 혁신적인 변화를 가져왔다고 간주된다. 다시 말해 이전까지 소리, 이미지, 말 등은 조각으로 잘라낼 수 없

5 "사진은 기계적인 공업주의와 전자적 인간이 활동하는 그래픽 시대와의 사이를 절단한다. 이것은 구텐베르크의 테크놀로지만큼이나 결정적인 테크놀로지다. 활자적 인간의 시대로부터 화상적 인간의 시대로의 변천은 사진의 발명에 의해 이루어졌다"(매클루언, 2008: 216). "필름이나 축음기와 같은 복잡한 기계적 형태가 인간의 노래와 춤의 자동화의 전주곡이라는데 대한 중요성은 아무리 과장해도 지나치지 않을 것이다"(매클루언, 2008: 319).

6 기계화의 과정에 필수적으로 수반되는 또 다른 특성은 표준화다. 예를 들어 영화가 자동으로 이미지를 생산하고 영사하기 위해서는 가능한 다양한 판본들을 한 기계에 맞춰 통일할 필요가 있었다. (표준화는 산업화의 중요한 기초이기도 하다.) 이미지의 크기, 프레임 비율, 색의 대비 등 필름은 전 세계적으로 규격화되고, 한 매체 내부에서 가능한 변수들을 통일하기에 이른다.

는 한 덩어리로 인식되고 있었는데, 축음기, 카메라, 영사기, 타자기의 등장과 함께 각각의 대상이 일정량 부분으로 분절되어 기록되고 저장될 수 있다는 사고가 보편화되었다는 것이다.

사실 시네마토그래프 발명의 역사 뒤에는 인간의 육안이 식별할 수 없는 빠른 움직임을 분석하고자 하는 욕망이 전제되어 있었다. 예컨대 최초의 연속 촬영이라고 간주되는 에드워드 머이브리지Edward Muybridge의 달리는 말[7] 사진이라든가 에티엔 쥘 마레Etienne Jules Marey의 날아가는 새 사진 등은 동물의 동작을 정지된 순간의 행렬로 분해하고자 하는 의도, 원래는 연속적이고 미분화 상태의, 즉 아날로그 상태였던 시간을 불연속적인 프레임의 행렬로 치환시킨 결과라 하겠다. 1초의 24개 순간만을 채택해 인간 망막의 잔상 효과를 이용, 재구성한 연속적인 움직임은 본질적으로는 불연속적인 것이다.

> 영화는 그 시작 단계부터 샘플 추출, 즉 시간을 샘플로 추출하는 것에 기반하고 있었다. 영화는 시간을 1초당 24프레임으로 샘플을 추출한다. 그래서 영화가 우리를 뉴 미디어에 맞게 준비시켜 놓았다고 말할 수 있다. 남은 것은 이러한 이미 단절적인 재현을 계량화하는 것뿐이었다. 그러나 이것은 단순히 기계적인 단계였을 뿐이고 영화가 이룩한 것은 연속적인 것에서 단절적인 것으로의 훨씬 더 어려운 개념적 전환이었다(마노비치, 2007: 96).

영화 기계 발명(물질 층위에서 고려했을 때)의 가치 그리고 매체의 고

7 "영화는 묵은 기계 테크놀로지와 새로운 전기 세계와의 훌륭한 결혼이다. 영화는 달리는 말의 다리를 사진으로 찍으려는 일종의 상징적 시도에서 출발했다. 그것을 상징적이라고 하는 것은 몇 개의 카메라를 놓고 동물의 움직임을 포착하려고 한 것이 기계적인 것과 유기적인 것을 그 때까지는 없었던 방법으로 융합시켰기 때문이다"(매클루언, 2008: 325).

유성으로 언급된 '분절'(영화 용어로 하자면 데쿠파주découpage)은 곧 재구성이라는 '조작manipulation' 정신으로 이어진다. 영화 제작에서 편집은 필수불가결한 과정이다. 무엇을 촬영할 것인가 선택하고(=분절) 촬영한 분량을 어떻게 이어 붙일 것인가(=재구성, 배열) 고민하게 되는데, 자르고 붙이기를 반복하는 과정인 편집(을 의미하는 프랑스어 몽타주 montage는 monter조립하다+collage붙이기의 합성어) 방식, 필름이라는 물질적 재료를 조작하던 방식은 다시 말해 움직이는 이미지들을 연쇄적으로 배치해 의미 층위에 도달하기 위한 매개 방식이다.

1920년대 러시아 영화계를 중심으로 당대 영화인들에게 칭송받았던 몽타주 기법은 바로 이 조작 과정이 극한에 달한 경우라 하겠다. 몽타주 기법 찬양자들은 장면 자체를 연속적으로 녹화해 재생하는 경우 고유한 아름다움이나 의미를 가질 수 없다고 믿었다. 카메라로 잘라낸 조각들을 순서대로 프로그램하면서 의도하는 메시지를 전달해야만 하고, 그 통합체적 구성 속에 진정한 가치를 담아야 한다고 믿었다. 몽타주 기법이 꿈꿨던 바는 바로 데쿠파주와 몽타주를 통해 전달하고자 하는 이데올로기(반드시 정치적 의미에서만은 아니다)를 구성하는 것, 의미 작용을 추가하고, 의미의 재분배를 실행하는 것이었다.

그 유명한 〈전함 포템킨〉의 사자 동상 시퀀스를 생각해 보자. 사자 동상 세 숏이 개별적으로 촬영된 후 이어 붙여져 통합체를 형성하는데 이 부분에서 우리는 사자 조각상이 마치 몸을 일으킨다고 생각할 것이며, 그리 어렵지 않게 프롤레타리아 혁명의 상징을 발견하게 될 것이다.

물론 이후 주목받게 된 플랑-세캉스plan-sequence, 롱테이크 등을 고려하면 몽타주 기법이 내포하고 있는 극한의 조작 정신이 영화 전체에 해당하는 단일 논리라고는 할 수 없다. 그럼에도 한 가지 간과할 수 없는 사실은 영화가 배열을 중요하게 여긴다는 점이다. 배열과 관련된 기법들이 반복되면서 어떤 의미에서 규범이 되고, 일종의 통사syntax 규칙들이 만들어진다. 그리고 깨어지기도 하고, 새롭게 의미를 부여받기도 한다. 이 약호들은 이후 다른 작품에 적용되는데, 예를 들어 프랑수아 트뤼포 François Truffaut의 〈400번의 구타〉에서처럼 시퀀스와 시퀀스 사이의 생략된 시간을 의미하는 페이드 기법이 사용되었다고 할 때, 나타나는 그 즉시는 아닐지라도 세 번째, 네 번째 경우에는 그 의미가 명백히 해석되기에 이른다. 물론 이 편집 기법은 기법만으로 의미를 내포한다기보다는 이야기를 이해하는 과정 속에서 함께 이해된다. 즉 이미지들이 연결되면서 그 결합의 논리가 서사라는 흐름과 함께 가치를 발현한다는 뜻이다.

> 영화는 랑가주다. 영화는 음성 언어와는 다르지만 우리에게 이야기를 말하는 랑가주다. [……] 다큐멘터리, 광고 영화, 뉴스 영화 등 수많은 변형체에도 불구하고 현재 주류가 된 장편 픽션 영화의 공식은 우리에게 이야기를 들려 주는 커다란 단위를 영화라고 부른 데 있다. '영화관에 가기'는 '이야기 보러 가기'의 다른 말이다. [……] 몽타주 기법은 단지 관련 맺기의 논리라는 현실을 증명할 뿐이다. 이 논리를 통해 이미지는 랑가주가 되고, 영화의 서사성과 하나가 되는 것이다. 숏과 숏이 연결되자마자 귀납적 추론의 흐름이 만들어진다. 영화는 랑가주이기 때문에 그토록 이야기를 잘 전달하는 것이 아니라 이야기를 너무 잘 할 수 있었기에 랑가주가 된 것이다. 물론 영화는 미리 정해진 규칙이 전혀 없는 유연한 랑가주로서 스스로를 인식하게 되었을 때에 비로소 말할 수 있게 되었다(Metz, 1967: 52-53).

영화는 탄생하자마자 서사성과 결합했다고 해도 과언이 아니다. 현실의 대상과 매우 유사한 사진 이미지를 1차 질료로 삼아 이들을 유기적으로 연결하는 구조를 덧붙이게 되었다. 영화에 문법이 있다면 영화를 이해할 수 있도록 만드는 구성, 구조화된 배열 속에 있을 것이다. 일정 길이의 담화는 언제나 이러저러한 방식으로 나눠질 수밖에 없고 이 규칙이 없다면 어떤 정보도 전달될 수 없다. 모든 담론은 스스로 원하건 원하지 않건 이해되고 싶다면 통합체적 분절을 따라야만 한다.

메츠가 영화를 랑가주로 인식한 측면을 이 글의 관점에서 다시 정리해 보면, 영화 매체가 다양한 형태의 표현 수단들을 결합해 최종적으로 담고 있는 이야기를 의미 층위에 대응시킬 수 있고, 이야기를 전달하는 이미지들의 배열과 관련된 모든 형태를 약호 층위에 대응시킬 수 있을 것이다. 움직이는 이미지는 곧 필름 카메라, 영사기라는 물질 층위에 기반을 두어 생산되고, 실제적으로 필름 한 프레임 함 프레임이 연결되면서 배열된다. 요컨대 아날로그 영화에서 물질 · 약호 · 의미 층위는 서로 단단하게 매어 있었다.

4. 디지털화의 유연성

영화와 관련해서 설명한 (기계적) 분절과 재구성은 디지털 프로세스와 동일 선상에 있는 개념이라 하겠다. 디지털이란 원래 손가락이나 숫자를 의미하는 'digit'의 형용사로서 사물의 양이나 정보를 나타낼 때, 물건의 수, 인원 수, 페이지 수 등과 같이 개별적인 변화량으로 취급하는 것을 의미한다. 반대말인 아날로그는 사물의 양이나 정보를 연속적으로 변화하는 양으로 나타낸다. 디지털 영상, 컴퓨터로 생산된 영상은 모니터 화면에 나타나는 데 필요한 픽셀pixel(그림picture+요소element)의 배열, 명도, 색상, 채도 등의 모든 정보를 원래의 연속적인 물리량에 구속되지 않고 불연속적인 분리량 즉 정수로 다루고 있다. 컴퓨터의 정보 단위라고 알려진 비트bit=binary digit는 켜진 상태이거나 꺼진 상태, 있거나 없거나, 참이거나 거짓, 위 아니면 아래, 안 아니면 바깥, 흑이거나 백, 이들 둘 가운데 한 가지 상태로 존재한다. 이를 우리는 1과 0이라는 상징적 기호로 설명한다. 컴퓨터에서 소리, 이미지, 문자 등은 모두 숫자의 형태로 전환되는데 이를 디지털화라고 부르며, 이 과정은 샘플링과 수량화 단계로 구성된다.

예를 들어 전통 회화의 경우 색色은 광물, 동물, 식물 혹은 합성 안료가 태양빛에 화학 작용을 일으키는 과정에서 발색되는 원리를 도입한 것으로 물질 그 자체에 내재되어 있는 고유한 성질에 기대고 있다. 반면 디지털 색은 흔히 RGB 방식[8]에 기반을 둔다. 가령 연한 살구빛이 도는 한 여인의 피부색을 컴퓨터로 만들어낸다고 해보자. 포토샵과 같은 그래픽 소프트웨어를 이용해 R, G, B의 데이터 값을 0에서 255까지 각각 변화시키면서 혼합 값이 상응하는 색을 찾는 과정이 필요하다. 적색 251, 녹색 208, 청색 151값을 넣어보니 원하는 피부색을 얻을 수가 있다. 이를 24비트에 해당하는 이진법 숫자로 쓰자면 111110111101000010010111이다. 하지만 여인의 얼굴은 모두 같은 색을 띠지는 않을 것이기에 이를 기준으로 조금 엷은 부분, 더 발그스름한 부분 등을 고려해 일일이 값을 조

8 빛의 3원소라고 알려져 있는 적색Red, 녹색Green, 청색Blue을 이용하여 색을 표현하는 기법을 말하는데 컬러 텔레비전, 컴퓨터 모니터, 휴대폰 화면 등 (인쇄된 경우가 아닌) 빛을 이용한 색 표현의 경우 널리 사용되고 있다. 24비트 컬러 표현 방식이라고 부르기도 한다. 이미지의 최소 단위인 픽셀은 매번 RGB 세 가지 색 데이터를 배합하여 검은색, 흰색, 노란색, 청색, 적색 등을 나타내는데, RGB 각각은 8비트 데이터 값을 할당받고, 각각은 0에서 28(=256) 사이 값을 가질 수 있다. 따라서 한 픽셀이 표현할 수 있는 색은 256x256x256의 확률이 된다. 예를 들어 검은색은 RGB를 모두 0으로 설정하면 얻어지고, 반대로 흰색은 RGB 모두를 255로 설정하면 얻을 수 있다. 컴퓨터에서 얻을 수 있는 최대의 빨강색을 위해서는 R을 255, G와 B는 0으로 설정하면 되고, 녹색, 청색의 경우에도 동일한 방식을 적용하면 된다. 만약 빨강색의 색조를 변화시키고 싶은 경우 이 숫자를 조정하여 원하는 느낌을 찾아내면 된다. 이 때 미세한 값의 변화를 육안으로 인식하기에는 한계가 있기 때문에 컴퓨터가 생산할 수 있는 색의 확률은 그 가능성만큼 의미가 많지는 않다.

정해야 할 것이다.

각 픽셀의 값들을 연결하면 결과적으로 전통 회화에서 안료를 사용해 얻은 색과 같은 색을 만들어낼 수 있다. 매우 적은 범위에서 많은 수의 픽셀들이 모여 좁은 간격을 유지하고 있기 때문에, 즉 최소 조각들이 아주 작기 때문에, 그것들의 단속적인 값을 우리는 인지하지 못할뿐더러 불연속적이라 생각하지도 못한다. 색을 디지털화하는 것은 결국 잘게 쪼개어 데이터로 바꾸는 즉 샘플로 추출함으로써 정해진 범위의 값으로 기록하는 작업이다. 요컨대 디지털화를 통해 기존에 개별적으로 존재하던 이미지, 음성, 음향 등과 같은 요소들을 계산 가능한 컴퓨터 데이터의 단순 집합체로 전환하는 것이다.

이미 언급했듯이 영화의 물질 · 약호 층위에서 가장 중요하게 작용한 두 가지 개념은 '분절'과 '조작'이었다. 디지털화는 이 두 가지 개념에 덧붙여 '수적 재현'이라는 새로운 차원이 포함된 것이라 할 수 있다. 뉴 미디어학자 레프 마노비치Lev Manovich는 수적 재현을 디지털 객체의 제1원리로 들면서 수학적으로 기술될 수 있는 점과 계산에 의해 조작될 수 있는 점을 설명한다. 나아가 축음기, 카메라, 영사기, 타자기 등의 매체가 이미 분절의 차원을 포함하고 있었지만, "디지털화가 수립한 획기적인 단계는 바로 샘플의 수량화"(마노비치, 2007: 72)라고 주장한다.

마노비치에 따르면 수적 재현과 병행하는 제2원리는 '모듈성'인데, 요약하자면 디지털 영상에서 선, 색, 움직임, 형태 등의 각 요소들이 픽셀, 폴리곤polygon(부피를 표현하는 다각형), 복셀voxel(3차원의 최소 단위) 등과 같은 불연속적인 샘플들의 집합으로 재현되면서 독립적인 정체성을 유지하는 것을 지칭한다. 각각의 요소들이 더 큰 객체를 구성하기 위해 조합되거나 해체될 수 있다는 모듈 특성은 앞서 언급한 물질 · 약호 · 의미 층위의 단단한 결합을 해체하는 과정과 연결지어 생각해 볼 수 있겠

[표 3] 영상 매체의 세 층위와 디지털화

<table>
<tr><td rowspan="5">층위</td><td rowspan="2">의미</td><td>내용적</td><td>서사</td></tr>
<tr><td>지각적</td><td>미학적 리듬</td></tr>
<tr><td colspan="2">약호</td><td>움직이는 이미지들의 연쇄, 영화 랑가주</td></tr>
<tr><td colspan="3">디지털화</td></tr>
<tr><td colspan="2">물질</td><td>카메라, 영사기, 스크린, 음향 기기, 스피커</td></tr>
</table>

다. 이를 앞에서 제시한 층위 구분에 적용해 보면 [표 3]과 같다.

영화에서 움직임이란 필름 카메라로 녹화해 영사기를 사용, 재생산하는 대상이었다. 움직임은 언제나 형태의 외관에 결합되어 있었고 (사진처럼) 단순히 사물의 초상이라고만 인식될 수 있는 대상에 육체성과 자율성을 부여하는 요소였다. 이를 스크린 위에서 실재하는 것처럼 재현하기 위해서는 기계적 메커니즘이 반드시 수반되어야 했다. 이 경우 물질 · 약호 · 의미 층위는 서로를 위해 존재했다고 하겠다. 그런데 디지털화 된 움직임[9]은 형태와 별도로 따로 기록, 저장될 뿐만 아니라 다양한 객체에 몇 번이고 적용될 수 있는 독립된 모듈로 존재한다. 여기에서 물질 층위와 약호 · 의미 층위는 분리된다.

마노비치는 수적 재현과 모듈성의 원리가 '가변성'을 이끈다고 설명하는데, 가변성의 동의어로는 '변형 가능', '유동적'을 들 수 있다. 궁극적으로 의미 층위를 구성하는 요소들이 물질 층위 내부에 저장되지 않고 각각 모듈화되어 디지털 데이터로 저장되어 있기 때문에 정체성을 유지하면서 그리 어렵지 않게 재구성 과정을 몇 번이고 거칠 수 있다는 의미로

9 그 예로 현재 영화에서 어렵지 않게 볼 수 있는 모션 캡처motion capture를 들 수 있다. 모션 캡처란 인간의 육체에 센서를 부착한 뒤(혹은 특수 장비가 부착된 옷을 입은 후), 이동할 때의 변화 값을 일정 간격을 두고 수치 데이터로 저장했다가 컴퓨터로 만든 가상 개체에 입력하여 실제 움직이는 것처럼 만드는 기술을 지칭한다.

이해할 수 있다.

요컨대 디지털화는 데이터의 변형, 조작 가능성을 극대화해 프로토콜(프로그램, 소프트웨어) 변화에 따라 의미 층위가 유연해질 수 있는 기반을 만들었다. 다시 말해 단단히 결합되어 있던 물질 층위와 약호 층위 사이에 새로운 층위가 개입되면서 미디어의 본질이 근본적으로 바뀔 수 있게 되었으며, 영화는 더 이상 필름 없이도, 카메라, 영사기 없이도 의미 층위를 구축할 수 있게 되었다. 영화는 이제 가상 카메라, 가상 개체, 가상 움직임 등을 포함한 프로그램만으로도 제작이 가능해졌으며, 0과 1의 수적 데이터로 기록된 영화는 비단 영사기와 스크린이 있는 극장이라는 물질적 기반에서뿐만 아니라 이 데이터를 재생할 수 있는 모든 기기에서 경험할 수 있는 내용물이 되었다. 그리고 우리는 다양한 물질적 토대에 기초해 영화 의미 층위의 서사 내용과 미학적 리듬을 지각할 수 있게 되었다.

5. 디지털화와 영화

1980~1990년대를 거치면서 CG 기술이 비약적인 발전을 이루게 되고, 필름을 직접 자르고 이어 붙이던 편집 방식, 다시 말해 물질적 재료를 조작하던 방식이 어도비 프리미어Adobe Premiere, 파이널 컷 프로Final Cut Pro와 같은 편집 소프트웨어 프로그램으로 작업하는 새로운 방식으로 전환되었다. 이 과정에서 필름에 고정되어 있던 이미지들은 컴퓨터의 데이터로서 입력되었고, 필름이라는 물질 층위는 사라지고 만다. 소프트웨어를 향한 접근성이 높아지면서 편집은 예전 몽타주 기법이 부여했던 특별한 의미 작용의 차원을 상실하고 프로그램을 다룰 수 있는 사람이라면 누

구나 일상적으로 작업할 수 있게 되었으며, 포토샵과 같은 그래픽 소프트웨어가 보편화되면서 이미지에 관한 개념도 변화하기 시작했다. 그뿐만 아니라 CG 기술의 성공적 도입과 함께 점진적으로 새로운 종류의 영화, 디지털 영화[10]가 생산되기 시작했다.

디지털화가 영화 내부에 가져온 최대 변화는 컴퓨터로 상상의 세계를 시각화할 수 있게 되었다는 점일 것이다. 2009년 한 해 그리고 2010년 현재까지 디지털 이미지들을 합성하고 혼성하면서 자국에서뿐만 아니라 세계적으로 대중적 성공을 이끈 일련의 영화들 〈2012〉, 〈트랜스포머 2〉, 〈터미네이터 4〉, 〈아바타〉, 〈타이탄〉 등은 모두 현실에서는 재현 불가능한 시공간 혹은 생물들을 컴퓨터 프로그램으로 생산해내면서 마치 현실 같은 환영 이미지들이 카메라로 촬영한 실사 이미지와 완전히 봉합되었다는 공통점을 지닌다. 혹자는 디지털 영화가 아날로그 영화에서 구체화시키지 못한 인간의 상상력을 자유롭게 펼치게 할 거라 말하기도 하고, 혹자는 앞으로는 3D, 4D 등의 입체 영화관이 시각을 넘어 멀티 감각 영화의 환경을 조성할 거라 들떠 말하기도 한다.

하지만 안타깝게도 디지털 영화는 디지털화가 영화 매체에 가져온 유연성 혹은 물질 종속성의 해체를 다른 방향의 종속성으로 전이시켰다고 하겠다. 기존에 물질 층위로 분류되었던 필름 카메라 대신 컴퓨터라는 새로운 물질 층위에 CG 프로그램을 결합시킨 것이다. 가령 〈아바타〉의 환상적인 판도라 행성은 이 이미지들을 만들어내는 프로그램과 그 용량을

10 컴퓨터 이미지 생산 기술은 크게 ① 이미지 처리processing(보정, 삭제, 색감 변화 등), ② 이미지 합성compositing(실사 이미지와 디지털 이미지의 혼합), ③ 이미지 통합synthesis(3차원 가상 배경에서 가상 개체의 움직임을 가상 카메라로 촬영하는 것, 〈토이스토리〉, 〈슈렉〉 등의 애니메이션), ④ 이미지 혼성hybridisation(앞의 세 단계를 보완하여 모두 사용하는 것, 〈터미네이터 2〉, 〈아바타〉 등)으로 구분할 수 있는데, 이 글에서 디지털 영화로 지칭하는 범주는 네 번째 이미지 혼성 단계까지 포함한 경우다(참조: 앤드류 달리, 『디지털 시대의 영상 문화』, 김주환 옮김, 현실문화연구, 2003).

감당하는 고성능 컴퓨터가 없이는 만들어질 수 없었다는 뜻이다. 이러한 맥락에서 날로 증가하는 디지털 영화 대부분이 '블록버스터'라는 장르로서 막대한 예산을 지원할 수 있는 할리우드에서 제작된다는 현실은 의미심장하다. 다른 방식으로 물질 · 약호 · 의미 층위가 더 단단한 결속을 이루게 된 셈이다.

디지털화가 도입된 후 영화 매체에 생긴 변화는 물론 디지털 영화로 축소할 수는 없다. 필름 대신 디지털 카메라를 사용한 저예산 영화도 등장했고, 게임 혹은 미술, 미디어 아트와 혼종되면서 상호 작용 영화라든지, 웹web 영화라든지 하는 새로운 개념의 영화들도 생겨나고 있다. 하지만 대중이 가장 많이 쉽게 접하는 서사 장편 픽션 영화의 경우, 디지털 영화는 컴퓨터를 생산 도구로 사용하면서도 즉 새로운 물질 층위에 기반을 둠에도 불구하고 아날로그 영화에서 구축한 약호 층위와 의미 층위를 고민 없이 수용, 답습하고 있다. 다시 말해 (주류로 자리매김하고 있는 상업) 디지털 영화는 기존 영화 량가주에 익숙한 관객들에게 그 어떤 놀라움이나 충격을 불러일으키지 않고 자연스러운 것처럼[11] 아날로그 영화들의 시스템 속으로 병합되고자 하는 것이다.

디지털 영화의 등장을 영화사에서 현대 영화의 등장과 견주어 본다면 그 편의주의, 즉 환영 사실주의[12]만을 좇는 안일한 입장을 그리 어렵지 않게 수긍할 수 있다. 유럽의 누벨바그 영화는 실험적인 기법들, 서사 개념

11 "그래서 할리우드 영화가 컴퓨터로 환상적이고 불가능해 보이는 현실을 만들어낼 때는 우주인이나 돌연변이 그리고 로봇처럼 인간이 아닌 등장 인물을 도입한다. 우리는 돌연변이된 몸의 알록달록한 색이나 그들의 눈에서 뿜어 나오는 빛줄기 그리고 그들의 날개에서 나오는 입자의 소용돌이가 완전히 인위적으로 만들어진 것을 눈치채지 못하는데 이는 이것들이 지각적으로 세트의 한 부분으로 여겨지기 때문이다. 다시 말해 그들은 3차원 공간에 존재했을 법한 그래서 사진에 찍힌 것 같이 보이기 때문이다"(마노비치, 2007: 388).

12 "디지털 이미지들은 과시적 속성을 전면에 내세운다. 마치 기술 자체가 메시지가 되는 것처럼, 더 진보된 기술로 놀라운 환영을 만들고 실물 이상의 '진짜' 같은 이미지를 생성하는 능력에 매료된다"(이수진, 2008: 189).

의 쇄신, 현실을 향한 진정한 관심, 작가로서 감독의 자각 등 영화라는 매체가 탄생 후 대략 50~60여 년 동안 문학과 연극에 견주기 위해 답습했던 형태들을 벗고 진정 성숙해진 시기라고 평가되곤 한다. 메츠는 이 시기의 영화들을 "새로운 영화"라고 부르면서 그 가치를 영화적 약호와 통사 규칙의 쇄신에 두고 있다. 사진 이미지라는 동일한 질료를 배열하던 통합체적 규범, 플래시-백, 교차 편집, 숏-리버스 숏 등에 작가가 표현하고자 하는 생각을 실어 새롭게 사용했다는 뜻에서였다.

> 현대 영화와 함께 영화 통사 규칙이 폭발적으로 새롭게 변화했다고 주장할 수는 없지만, 현대 영화 속에는 영화 통사 규칙을 풍부하게 하고 새롭게 하는 거대하고 복합적인 움직임[13]이 있다고는 말할 수 있다. [……] 그리하여 이야기를 좀 더 생생하게 만들고자 하는 욕망, 연속적인 단조로운 도상의 흐름을 벗어나려는 욕망, 작가만의 코노테이션을 만들고자 하는 욕망에 부응하게 된 것이다.

현대 영화 이전의 영화들은 일반적으로 서사의 전통적인 선형 구조를 따르면서 소설, 연극 등 다른 서사 매체에 익숙해진 대중에게 다가갔다. 이 때 필름을 이어 붙이는 편집 규칙, 통합체적 구성은 단지 이야기를 매끄럽게 진행시키기 위한 수단이었다고 해도 과언이 아니다. 그런데 누벨바그 영화들의 실험 형식에 의해 동일한 플래시-백, 동일한 교차 편집이 다른 의미 작용을 할 수 있게 되었고, 관객에게 좀 더 능동적인 정신 에너

13 "이 움직임은 세 가지 진화 과정으로 설명된다. ① 몇몇 형태는 현재로서는 거의 쓰지 않는다. ② 다른 형식들은 계속해서 사용되지만 더 심층적인 기호학적 메커니즘을 위한 유연한 변주 형식으로 바뀐다. ③ 결국 새로운 형식이 등장하고 영화의 표현 가능성을 증대시킨다"(Metz, 1967: 212–213).

지의 발현을 요구했던 것이다.

하지만 디지털 영화라고 불리는 영화는 '새로운 영화'인가? 영화 매체가 디지털화를 수용하면서 창조한 영화 랑가주는 과연 무엇인가? 디지털화의 제1속성이자 최대의 장점이라 할 수 있는 유연성을 인식하고 기존의 물질 층위에 기반을 둔 약호 층위를 쇄신할 때, 디지털 영화가 디지털 영화라는 이름으로 불릴 수 있을 것이다. "디지털 세계에서 미디어는 메시지가 아니다. 미디어는 메시지의 구현이다"(네그로폰테, 2004 : 70). 사실 비트라는 동일한 데이터로 구성된 영화의 표현 수단은 다른 미디어로 엄격히 구분되었던 음악의 표현 수단이나 그림의 표현 수단과 다르지 않다. 비트는 손쉽게 혼합되고 컨버전스된다. 우리의 상상력은 현실에 없는 물체를 마치 있는 것처럼 똑같이 만들어내면서 실현되는 것이 아니라, 한 매체 내부에서 영화적인 것과 음악적인 것, 미술적인 것 사이의 경계를 넘나들며 실현될 것이다. 영화라는 매체는 이미 동영상, 음향, 음성, 음악, 문자 등이 융합되어 있었던 매체가 아닌가? 이 요소들이 각자의 물리적 성질을 단단하게 고집하고 있을 때에도 컨버전스할 수 있었던 매체이기에 더욱 하나의 미디어에서 다른 미디어로 전환하는 유동적인 움직임, 같은 사실을 다르게 말하는 것, 인간의 여러 가지 감각에 호소하는 방식 등을 고민해야지만 디지털 영화가 새로운 영화로 거듭날 수 있을 것이다.

참고 문헌

네그로폰테, 니콜라스, 「제3의 디지털 혁명, 천재가 아니라 상식이 만든다」, 『제3의 디지털 혁명, 컨버전스의 최전선』, 미래M&B, 2004.

달리, 앤드류, 『디지털 시대의 영상문화』, 김주환 옮김, 현실문화연구, 2003.

마노비치, 레프, 『뉴 미디어의 언어』, 서정신 옮김, 생각의 나무, 2007.

매클루언, 마셜, 『미디어의 이해』, 박정규 옮김, 커뮤니케이션북스, 2008.

이수진, 「감각의 시뮬레이션: 디지털 3D 애니메이션 〈베어울프〉와 관객」, 『기호학연구』 제23집, 2008.

젠킨스, 헨리, 『컨버전스 컬처: 올드 미디어와 뉴 미디어의 충돌』, 김정희원 · 김동신 옮김, 비즈앤비즈, 2008.

Benkler, Yochai, "From consumers to users: Shifting the deeper structures of regulation," *Federal Communications Law Journal*, 2000.

Kittler, Friedrich A., " Gramophone, Film, Typewriter," in John Johnston, ed., *Friedrich A. Kittler: Essays. Literature, Media, Information Systems*, G+B Arts International, 1997.

Lessig, Lawrence, *The future of Ideas: The fate of the commons in a connected world*, New York: Random House, 2001.

Liestøl, Gunnar, "The dynamicas of convergence and divergence in digital domains,"*Ambivalence Towards Convergence: Digitalization and Media Change*, Nordicom, 2007.

Metz, Christian, "A propos de l'impression de réalité au cinéma," in *Essais sur la signification au cinéma Tome I*, Klincksieck esthétique, 1967.

Storsul, Tanja, & Dagny Stuedahl, " Introduction," *Ambivalence Towards Convergence : Digitalization and Media Change*, Nordicom, 2007.

현실과 가상의 컨버전스:
뉴 미디어 아트의 공간들*

전혜숙

1. 들어가는 말

디지털 기술이 우리의 일상적인 삶을 본격적으로 바꾸어놓기 시작한 1990년대부터 '가상 현실VR, Virtual Reality'과 '혼합 현실MR, Mixed Reality'은 미술 영역에서도 중요한 화두가 되고 있다. 올리버 그라우Oliver Grau가 지적하듯이 "가상 현실은 이제 사용자가 실제 공간을 향해 하는 것처럼 작동되고 재구성되며 재조합되는, 그리고 덧붙여지고 변형될 수 있는 정보로 꽉 찬 공간"(Grau, 2003 : 247)으로서 우리의 일상과 밀접하게 연관되어 있다. 많은 미술가가 인간의 신체에 유비쿼터스를 부여할 수 있는 신기술에 경도되고 있는 것이 현실이며, 각종 네트워크, 텔레-

* 이 글은 서양미술사학회 2010년 가을 심포지엄 "비물질의 미술"에 발표되었고, 『서양미술사학회 논문집』 제34집(2011.2)에 실린 논문을 수정 · 보완한 것임을 밝혀 둔다.

프레젠스tele-presence를 가능하게 하는 장치들, 가상의 환경들이 예술 장치로 사용되면서 뉴 미디어 아트new media art의 모든 영역에 걸쳐 물질과 비물질에 대한 논의가 부각되고 있는 것도 사실이다.

이 글에서는 가상성에 대한 개념 정리로부터 시작해 가상 현실을 기반으로 하는 뉴 미디어 아트의 종류와 특징들, 거기에서 발생하는 신체 및 감각의 문제들, 그리고 그를 통한 물질과 비물질의 문제들을 다루고자 한다. 멀리 '플라톤의 동굴'로부터, 르네상스 이후 원근법에 의한 회화적 일루전illusion, 19세기에 발명된 사진 기술과 영화의 발전 등과 함께 우리의 곁에 늘 있어 왔던 '가상성假想性'에 대한 논의는 뉴 미디어를 통한 가상 현실 기술의 발전과 더불어 다시 한 번 중요한 논쟁적 위치를 갖게 되었다.

이 글에서 다루게 될 뉴 미디어 아트는 디지털 기술을 이용한 것으로서, 대체로 컴퓨터와 알고리듬algorithm을 이용하고, 과정 지향적이며, 시간을 기반으로 하되 관람자의 참여를 통한 실시간적인 상호 작용을 중시하는 미술 작품이다. 미술사적으로 보면, 뉴 미디어 아트는 비디오 아트가 플럭서스plexus에 근원을 둔 것처럼 지시 혹은 설명을 기반으로 하는 성격의 미술 경향들에 연관되며, 또한 개념 미술과는 조금 다른 방식이긴 하지만 그 실행 방식에서 미술 대상의 '탈물질화dematerialization'를 나타내기도 한다. 개념 미술이 "개념의 역할을 가장 중시하고, 2차적이거나 별로 쓸모없는 재료는 비물질화함으로써" 미술에서 비물질의 문제를 쟁점화하는 것과는 달리, 뉴 미디어 아트는 그것들을 구성하는 물질적 구성 요소들인 하드웨어나 인터페이스로부터 완전히 벗어나지는 못한다 할지라도, 그 표현 방식이 빛의 다발을 스캔해 초당 수십 개의 이미지를 스크린에 내보내는 근본 원리를 따를 뿐 아니라 특별한 효과를 위해 빛을 이용한다는 점에서 비물질성과 탈물질성을 중요한 양상으로 끌어들이고 있다(Paul, 2007: 252).

이 글에서는 스크린을 비롯한 CAVE Cave Automatic Virtual Environment와 HMD Head-Mounted Display 등 다양한 인터페이스를 이용해 관람자들로 하여금 가상 현실을 경험하게 하는 작품들을 고찰함으로써 물질성과 비물질성의 경계를 넘나드는 뉴 미디어 아트의 특징들을 살피고자 한다. 여기에서는 가상 공간(사이버 공간, 웹 공간 등)이 아니라, 미술 작품으로 구현된 혼합 현실 및 가상 현실을 연구의 대상으로 하고 있음을 미리 밝힌다.

2. 실제와 가상에 대한 논의들

뉴 미디어 아트 가상 현실의 물질성 혹은 비물질성을 다루기에 앞서, 가상성the virtual/virtuality 및 가상 현실virtual reality의 의미를 정확히 할 필요가 있다. 사람들은 자신의 눈앞에 있는 현상들이 공간적 타당성과 시간적 합리성을 갖고 있다고 생각하면 감성상 그것이 리얼하다고 착각하게 된다. 사실상 이 때 실감하는 것은 현실의 시간과 공간이 분해된 후 의식 속에서 가상적으로 재구성된 '합성 리얼리티'인데, 이것을 리얼하다고 느끼는 이유는 그것이 실제의 상황과 정합하는 요소들이 있기 때문이다(이원곤, 2004: 109). 그러나 이러한 원리는 최근의 디지털 기술에 의해서만 일어나는 것은 아니다. 광학의 역사와 미술의 역사를 되돌아보면 그러한 예들은 수없이 되풀이되어 왔으며, 특히 19세기 이후에는 영상 미디어의 발전 속에서 가상성 혹은 가상 현실에 대한 표현이 일종의 잠재적이고 지속적인 패러다임으로 작용해 왔음을 볼 수 있다.

가상성과 이미지

르네상스 시대 이론가인 레온 바티스타 알베르티Leon Battista Alberti의 '열린 창문aperta finestra'[1]으로부터 마이크로소프트사社의 '윈도'에 이르기까지 '가상적 창the virtual window'의 의미를 자세히 다룬 바 있는 앤 프리드버그Anne Friedberg는 '가상'과 관련된 용어를 다룰 때 디지털에 의해 강화된 연상으로부터 벗어날 것을 주장한다. 그래야만 미디어 특수성이 아닌 그 존재론적 특성으로서 포괄적인 의미 작용을 할 수 있게 되며, 이를 통해 가상적 이미지가 지닌 긴 역사를 살필 수 있다고 보았다(Friedberg, 2006: 11). 가상적 이미지의 미학과 시각 체계가 요즘 식의 정보에 의한 것은 아니라 하더라도, 디지털 이전의 시대에도 회화, 사진, 영화, 텔레비전과 관련된 가상성에 대한 논의가 있었다. 즉 3차원의 외부 광경을 2차원의 내부 벽으로 전이하기 위해 3차원의 물질성을 2차원의 가상성으로 전이시켰던 카메라 옵스큐라camera obscura 이후로, 사진과 영화에 의한 이미지들이 모두 가상의 영역에서 매개된 재현들을 생산해 왔음은 잘 알려져 있다.

가상성의 개념은 새로운 기술의 발달이나 정보의 축적과 함께 열린 새로운 세계에만 연관되는 것이 아니다. 글쓰기가 나타난 이후부터 이미 어떠한 종류로든 가상의 개념이 존재하고 있었고, 현재 우리들이 사는 세계 곧 리얼한 세계는 항상 가상적 공간을 포함해 왔다. 이와 관련해 엘리자베스 그로스Elizabeth Grosz는 '가상'의 개념은 새로운 것, 아직 실현되지 않은 무엇인가가 계속 발생하는 공간에 관계되며, 현전하는 현대 속으로

1 르네상스 회화론을 완성한 알베르티는 선원근법을 근거로 하여 틀지어진 표면framed surface 위에 표준화된 체계를 만들어냄으로써 '창문으로서의 회화' 개념을 완성시키는 데 공헌한다. 이로써 사람들은 회화가 원래 2차원의 평면이라는 사실을 망각하고, 창을 통해 먼 공간을 내다보는 듯한 완벽한 눈속임Trompe l'oeil으로서의 3차원적 공간의 일루저니즘illusionism을 보기 시작했다.

매 순간 보충해 가고, 세계를 배가시켜 가는 것이라고 설명한다(Grosz, 2002: 78-79).

역사적으로 볼 때, 가상의 이미지를 실제에 대한 거짓으로 보았던 플라톤식의 부정적 견해들은, 17세기 이후 가상 이미지와 관련된 시각 이론들이 활성화되어 그것의 부정적인 함축을 덜어내면서 점차적으로 수그러들게 되었다.[2] 시각과 관련된 초기 광학 이론들은 가상적인 것과 실제적인 것을 정확히 구별하지 않았으나 '가상성'을 렌즈를 통해 보이는 이미지, 혹은 거울 속에 반영된 이미지를 묘사하는 용어로 사용하곤 했다.[3] 당시 이론에 의하면, '실제 이미지real image'는 빛의 다발들이 모여 형성되고 눈으로 이미지를 볼 수 있을 뿐 아니라 표면 위에도 나타나는 반면, '가상적 이미지virtual image'는 뇌 속에서 인지되어 눈에 볼 수 있게 되지만, 표면 위에는 나타나지 않는다. 이에 비추어 본다면, '가상'은 '만질 수 없고 잡을 수도 없으며, 말로 묘사할 수 없는 외양'을 암시한다. 이러한 과정에서 물질적 실존을 갖지 않고 뇌와 망막 위에서만 나타나는 가상 이미지와, 재현을 통해 형성된 가상 이미지 사이에는 뚜렷한 의미의 차이가 존재하게 되었다(Friedberg, 2006: 8-9).

앙리 베르그송Henri Bergson은 '기억의 비물질성'을 설명하기 위해 현재와 구별되는 미래를 생성시킬 잠재성을 지닌 과거로서의 가상성을 기술한다. 『시간과 의지』(1889)에 처음으로 등장한 후, 『물질과 기억』

2 플라톤의 저서에서 이데아와 시뮬라크르simulacre는 물질화 이전에 모두 가상성의 상태로 존재한다. 플라톤의 『국가』 제7권에 내오는 동굴의 비유에 따르면, 몸을 움직일 수 없는 죄수들은 실제가 아닌 동굴벽에 비치는 그림자들(가짜)만을 보게 되며, 그들이 사슬에서 풀려나면 진상을 알게 되고 빛이야말로 가시계可視界의 모든 것을 주재하는 근원임을 알게 된다. 이것은 가상에서 진리로 향해 가는 과정이기도 하다.

3 17세기의 광학자들은 오히려 '이마고imago(보여질 수 있으나 측량할 수 없는 이미지를 말함)'와 '픽투라pictura(그 자체의 물질성을 갖지만 이 세상의 사물의 물질성과는 다른, 벽이나 표면에 그려진 측량 가능한 이미지를 말함.)' 사이를 구분하는 것을 좋아했다. 이에 의하면 가상의 이미지는 이마고에 가깝다.

(1896)에서 다시 다루어진 '가상성' 혹은 '가상적인 것'은 지각에 의해 현실화actualized될 때까지 잠재되어 있으며, 그것이 현재에 물질화될 때까지 비물질적이고 표상 불가능한 것으로 남아 있게 된다고 설명된다. 그에게 가상the virtual은 가능한 것the possible과 현실적인 것the actual 사이를 존재론적으로 구분하는 데 쓰이고 있다.[4]

『물질과 기억』에서 베르그송의 가상the virtual은 기억의 비물질성을 위한 기술어descriptor로서뿐 아니라, 매체medium에 의해 매개되는 시각적 이미지를 위한 기술어로서 기능한다.[5] 이 때 이미지는 사물의 물질성과 표상 속의 비물질성 사이의 중간쯤에 있다. 존재하는 모든 것은 이미지이고, 우리에게 물질은 이미지들의 총체다(황수영, 2006: 55). 베르그송의 이론을 가져온 질 들뢰즈Gilles Deleuze도 이미지들의 운동 방식으로 모든 것을 일관되게 설명한 이미지 존재론을 피력하는데, 이 때 가상과 현실은 둘 다 실제성을 갖게 된다. 들뢰즈는 대상을 거울 속이라는 제한된 공간 속에 가두는 것이 가능한 것처럼 가상적인 것과 실제적인 것 사이에 상호주의적인 작용, 즉 결정 불가능한 가역성이 있음을 제시한다(Grosz, 2002: 80). 이러한 들뢰즈의 사유는 끝없는 파동적 흐름 속에서 고유한 리듬을 가지고 우주 전체에 나타나는 이미지의 지속성을 설명할 수 있는 '주름le pli'[6]과도 연관된다. 즉 우주는 주름 잡혀 있으며, 펼쳐진 부분은

4 가상적인 것은 가능한 것the possible과 병행하면서 실제적인 것the actual과 실재적인 것the real 둘 다에 대립함과 동시에 그것들을 넘어서 위치하게 된다. 베르그송에 의하면 물체 · 공간 · 관성의 세계는 모두 실제적이며, 가상적인 요소를 갖고 있지 않다. 이와 반대로 정신 · 생명 · 지속은 가상적이다. actual : virtual, possible : real의 대비가 존재한다. 가능적인 것은 결코 실재적일 수 없지만 실제적일 수 있고, 가상적인 것은 실제적일 수 없지만 실재적인 것으로 보아야 한다(베르그손, 2005: 45–51).

5 베르그송은 정신과 물질의 이원론적인 상호 구분intersection을 해결하려고 노력한다. matter는 이미지의 총합이고, 이미지에 의해 우리는 이상주의자들이 표상화라고 부르는 것 이상의 확실한 존재를 의미한다는 것이다(Friedberg, 2006: 142).

6 이미지 운동과 관련해서는 라이프니츠의 '주름의 원리'와 연관시켜 적용해 볼 수 있다. 연속체의 분절은 모래알들의 분절로서가 아니라 접혀 있는 종이나 막의 분절로서 이해된다. 크고 작은 무한

눈에 보이는 현실이고, 접혀져 주름진 부분은 눈에 안 보이는 또 다른 현실이라는 들뢰즈의 생각은 가상적인 것을 지속하는 실재의 흐름(시간축) 속에서 이미지들의 출현(공간축)으로 설명한 베르그송과 같은 맥락에서 이해될 수 있다(황수영, 2006 : 100).

광학과 철학에서 언급되던 '가상'이란 용어는 정보와 컴퓨터 공학에서 더 발전된 혹은 분리된 영역으로 전이되었다. 컴퓨터 용어에서 '가상'은 물리적 실존이 없는 디지털의 대상 혹은 경험을 말한다. 그러므로 컴퓨터와 관련된 가상성 담론은 '구성된 시뮬라크럼simulacrum의 효과', '현실(실재적인 것)에 근거를 두지 않는 것' 등에 더 가깝다. 그렇기 때문에 최근 디지털 융합을 통한 가상성 담론들은 과거로부터 존재해 온 가상성의 의미들을 축소시키는 경향이 있음을 감안해야 한다.[7] 즉 '가상' 혹은 '가상성'이라는 개념은 컴퓨터의 발달에 따른 사이버 문화와 가상 현실에만 국한되는 것이 아니며, 물질의 매개 없이 활동적인 힘을 갖거나 거기에 관계하는 것으로서, 한 사물의 존재론적 상태, 그리고 물질성/비물질성의 구분을 위해 기능적으로 혹은 효율(효과)적으로 상당히 유용하게 쓰일 수 있음을 알 수 있다.

의 주름들이 존재하는 것처럼, 물체 및 신체는 결코 점이나 무한소로 와해될 수 없다. 복수성은 'multi-pli-cit', 즉 주름le pli이 많은 것이다. 그러나 복잡한 것, 주름잡힌 것은 곧 '운동하는 연속성' 또는 '연속적 운동'과 밀접하게 묶여 있다.

7 대체적으로 virtuality의 정의를 위해 시각 재현이론보다 정보 이론을 택하는 많은 학자들은 digital 이전에 재현과 관련되어 논의되었던 가상성에 대한 논의의 전통을 소홀히 하는 경향이 있다. 이러한 학자들의 예를 들면, virtuality의 의미를 제2차 세계대전 이후 사이버네틱스의 특수한 문맥으로부터 가져온 캐서린 헤일스Katherine Hayles의 경우, virtuality를 '정보' 기술의 형태와 불가분한 것으로 본다. 그녀는 virtuality를 '물질적 대상들이 정보 패턴들에 의해 해석되는 문화적 지각'이라고 봄으로써 기술결정론적 입장을 보인다. 또한 마크 포스터Mark Poster는 장 보드리야르Jean Baudrillard의 the virtual와 simulation을 교환 가능한 용어들로 보면서, the virtual이 본래적으로 전자적으로 매개된 경험이라고 가정하고 있다(Hayles, 1999: 13-14; Poster, 2001: 185-211).

가상 현실: 물질과 비물질의 존재론적 모순 공간

최근 뉴 미디어를 통해 우리가 경험하는 가상 현실이란 "컴퓨터로 합성되는 공간 속으로 들어가는 기술"[8]과 관련되며, "관람자 혹은 사용자가 거기에서 '현실감'을 느끼지만 사물은 물리적 형태를 갖지 않고 빛의 조각들과 전자적 데이터 비트들로 구성되는 공간"(Langdale, 2002: 30)을 말한다. 즉 현실 세계에서와 같은 질료의 저항이 없는 가상 현실은 리얼한 것이 아닌, 즉 신체나 물질을 초월한 확장의 영역임을 암시한다. 이것은 그로스가 지적했듯이, 전혀 리얼하지 않는 리얼, 즉 'actually real'이나 'really real'이 아닌 'real'이어서, 그 리얼리티가 기껏해야 'virtual한' 것에 지나지 않지만 'real'인 것이다(Grosz, 2002 : 80).

『디지털이다*Being Digital*』라는 책으로 알려진 니콜라스 네그로폰테Nicholas Negroponte는 "최상의 모순어법에 상을 준다면 틀림없이 일등을 차지하게 될 합성어인 '가상 현실'이란, 층위를 달리하는 실재 세계와 가상 세계를 인공 감각을 통해 상호 대체하는 기술을 이용함으로써 거기에 있는 것 같고being there, 그것이 있는 것 같은being thing 감각을 느끼게 하는 것"이라고 설명한다(네그로폰테, 1995: 110-111). 이처럼 가상 현실의 작용은 현실 세계의 물질적 오브제를 그대로 가져다 놓는 것이 아니라 단지 감각을 재현함으로써 그것을 있는 것처럼 느끼게 하는 것이다. 그렇기 때문에 현실을 대체할 인공 수단이 필요하며, 그러한 수단으로서 인터페이스의 존재는 그것이 현실이 아닌 가상임을 전제하는 조건이 된다(정동암, 2007: 282-283). 3D 영화를 예로 들자면, 스크린

8 히로세 미치타카는 가상 현실을 특징짓는 3개의 중요한 키워드를 제시한다. ① 현존presence, ② 인터랙션interaction, ③ 다감각 인터페이스multi-sensory interface가 그것이다(진중권, 2009: 117).

과 고글은 2차원의 스크린 속 이미지들을 3차원의 현실처럼 느끼게 하는 인공 수단이라고 할 수 있다. 그러나 실제적으로 그러한 인터페이스에 의해 관람자가 경험하게 되는 가상적 현실들은 2차원을 잃어버린 것도 아니고 그렇다고 해서 절대적으로 3차원적이지도 않다. 그 사이에 있는 무엇이다.

이렇게 '가상'과 '현실'이라는 서로 모순되면서 분리되어 있는 두 개의 세계를 통합한 가상 현실 작품들은 정보와 미디어 등 현대의 기술력이 구현한 하나의 시스템이며, 대부분 인터랙티비티interactivity(상호작용성)라는 소통 양식을 필수 조건으로 한다. 즉 뉴 미디어 아트의 경우, 어디까지나 수동적인 독자나 관객이 아닌 '참여자로서 얻을 수 있는 현실감'을 구현하는 것을 핵심으로 한다(이원곤, 2004: 107). 관람자가 가상 현실 속에서 어느 정도로 '현실감'을 얻을 수 있는가의 문제는 기술적인 완성도와 함께 몰입에 의한 심리적인 효과가 함께 작용한다. 가상 현실의 효과, 즉 물질성과 비물질성, 실제성과 일루전, 유동성과 부동성 사이의 긴장 및 타협의 문제는 초기 영화 감상과 관련된 이론적 · 역사적 논쟁의 중심을 이루었던 소위 '기차 효과train effect'[9]로 거슬러 올라가 대비시켜 볼 수 있다. 그런데 이 영화가 불러일으킨 공포에 가까운 효과는 관객이 그 기차를 현실에서의 기차와 똑같다고 느낀 것, 즉 이미지가 지닌 실재성에서 연유한 것이 아니었다. 기차가 자신들을 향해 돌진하고 있다는 움직임의 착시와 환상의 느낌 때문이었다. 기차의 움직이는 이미지는 스크린의 프레임 안에 있었음에도 불구하고 관람자가 속해 있는 현실과 기차가 존재하는 스크린의 가상의 경계가 무너지는 효과를 경험한 것이다. 따라서

9 뤼미에르 형제의 영화 〈기차의 도착〉(1895)을 관람하던 관객들이 자신을 향해 달려오는 기차를 보고 너무 놀라 극장을 뛰쳐나갔다는 일화는 일차적으로는 새로운 시각 매체인 영화가 현실에서의 움직임을 그대로 재현해낸다는 현실 복제의 능력을 말해 주는 것이었다(남완석, 2004: 263-265).

우리는 '기차 효과'가 일련의 다른 긴장들의 선상에서 작용했다는 것을 알 수 있는데, 그것은 단순히 이미지의 유동성과 관람자의 부동성 사이의 긴장이 아니라, 극장의 물질성과 움직이는 이미지의 가상성 사이에 존재하는 긴장 관계에서 생성된 것이었다.

무엇이 현실의 재현이고 무엇이 그것의 조작인지 분간할 수 없게 되어버린 최근의 디지털 영화에서는 사실과 환상의 경계가 붕괴되어 버린다. 이는 가상 현실 기반의 뉴 미디어 아트에서도 마찬가지다. 10년 전까지만 해도 매끄럽지 못한 그래픽의 왜곡 현상과 불안정한 장면들로 인해 가상 현실의 효과가 감소되곤 했으나, 요즘의 가상 현실 공간은 높은 해상도와 자동 입체 기술들에 의해 가상 속으로의 자연스러운 이행을 경험하게 해준다. 이제 이러한 가상 현실이 미술에서 어떻게 사용되고 있는가를 살펴보기로 한다.

3. 미술 속 가상 현실

가상 현실을 무리 없이 체험하기 위해서는 '인위적인 공간'이 필요하다. 가상 현실은 실제의 현실과 격리되어야 하기 때문에 물리적 현실과 분리되면 될수록 완벽한 가상 현실 체험이 가능하다. 가상 현실 방식을 이용하는 미술 작품들은 관람자가 CAVE 같은 공간(별도의 다른 세계)에 들어가는 몰입형 가상 현실과, 컴퓨터로 만들어낸 가상을 실제 현실 위에 중첩시키는 상호 작용형 혼합 현실로 나누어 볼 수 있는데, 두 경우 모두 관람자의 경험에서 물질성과 비물질성의 문제, 신체성의 문제를 제기하는 것이 특징이다. 가상 현실을 이용하는 뉴 미디어 아트는 소프트웨어와 시스템, 그리고 때로는 네트워크를 기반으로 하기 때문에, 작품의 의미는 물론 전시와 보존, 소장의 문제들에서 물질성과 비물질성의 문맥에 걸쳐 있게 된다.

신체 감각을 통한 물질성의 회복: 몰입형 가상 현실

몰입immersion형 가상 현실은 일루전과 가상 이미지들을 이용하되 '외부의 시각적 인상으로부터 관람자를 격리시키는' 방식이다. 영화에의 몰입이 보고 듣는 것으로 제한된 관람자의 부동성 때문에 가능하듯이, 몰입의 본래적 성격은 사용자로 하여금 자신이 어디에 있는가를 잊어버리고 현재의 감각 속에 푹 빠져 느끼도록 하는 것이기에, 가상 현실은 이미지들이 관람자의 지각적 기능들을 포착하고 사로잡는 능력을 활용한다.[10] 대부분 하이테크 가상 현실 애플리케이션들은 주로 시각, 청각, 촉각 등 몰입적 감각 경험을 만들기 위해 디자인된다. 이러한 가상 현실의 공간은 코디네이트된 멀티미디어 시스템으로서 빛, 소리, 터치 등의 인공 감각으로 신체를 둘러싸고 몰입시킨다. 이 때 시각이나 음향 자체가 가상적인 것이 아니라, 시각과 음향이 그 유희의 장場을 펼치기 위해 배경으로 갖게 되는 공간들이 가상적이라 할 수 있다.

여기에서 몇 개의 몰입형 가상 현실 기반 작품을 살펴보기로 한다. 비교적 오래된 작품이지만 몰입형 가상 현실 작품의 고전 정도로 여겨지는 제프리 쇼Jeffrey Shaw의 〈읽을 수 있는 도시Legible City〉(1991)(그림 1)는 컴퓨터 그래픽을 이용해 몰입할 수 있는 가상 공간을 만든 전형적인 경우

10 파노라마, 시네오라마, 스테레오스코프, 센소라마, 3D 아이맥스 등의 방식들도 환영 공간을 통해 역동적인 무한대의 시점과 총체적인 이미지 공간을 보여 줌으로써 인간의 여러 감각을 동원한 몰입형 실감 높이기 체험을 시도했다. 그러나 프레임을 사용하는 스크린의 경우, 벽의 물질적 표면과 프레임 안에 담기는 이미지들 사이에 일종의 분리 혹은 '존재론적 단절separation, ontological cut'이 일어나기도 한다(Friedberg, 2006: 157).

[그림 1] Jeffrey Shaw, 〈Legible City〉, 1991, 동영상 중 일부.

다. 실제 자전거의 페달을 밟고 달리면서 관람자는 달리는 속도에 따라 옆으로 스쳐가는 맨해튼, 암스테르담, 카를스루에 등의 도시 광경을 볼 수 있어 마치 실제 도시 공간 안에 들어와 있는 느낌을 갖게 된다. 물론 도시들은 그 특징에 따라 3차원의 글자로 이루어진 가상 그래픽 공간이고, 물리적으로 자전거를 타고 도달할 수 있는 실질적인 장소가 아닌 비물질적 이미지에 의한 가상 공간이지만, 관람자는 이 가상의 환경에서 오감을 사용해 현실처럼 체험하게 된다. 자전거 페달을 밟는 신체적 행위는 도시의 모습을 보이게 하고 변화하게 만드는 역할을 하며, 현실과 가상 사이의 긴장 혹은 통제에 가담해 가상 현실이 현실의 신체와 더불어 작동하도록 만드는 데 기여한다. 이로써 비물질적인 가상 공간 속에서 관람자는 신체 감각과 물질성의 강화 순간을 경험하게 된다(진중권, 2009: 174).

1995년에 샬럿 데이비스Charlotte Davies가 만든 〈오스모스Osmose〉(그림 2)는 가상 현실과 관련된 많은 미학적 · 현상학적 문제에 대한 논쟁을 불러일으킴과 동시에 가상 현실이 미술로 수용되는 데 큰 역할을 한 작품이다. 몰입형 환경과 HMD 착용, 3D 컴퓨터 그래픽, 인터랙티브 사운드 등을 이용한 이 작품에서 관람자들은 3차원 이미지 세계의 계속 변화하는 모습들을 '자신의 관점에 따라' 보게 된다.[11] 이미지들은 참여자가 잠수부처럼 숨을 쉬는 것에 따라 다르게 생성되며 의도적으로 참여자를 고립시킴으로써 가상의 공간에 대한 개별적인 경험을 강화시킨다(마노비치, 2001 : 333). 주로 시각을 보충하는 장치(주로 HMD)에 의존하고 있지만, 이 가상 환경에서는 신체 전체가 몰입하는 연상적인 느낌을 창출한다. 즉 시각적 느낌을 공간적으로 둘러쌈으로써 만들어지는 이미지 속에서 신체 자체의 현존감과 감정적인 느낌이 확장되는 것이다(Grau, 2003: 198).

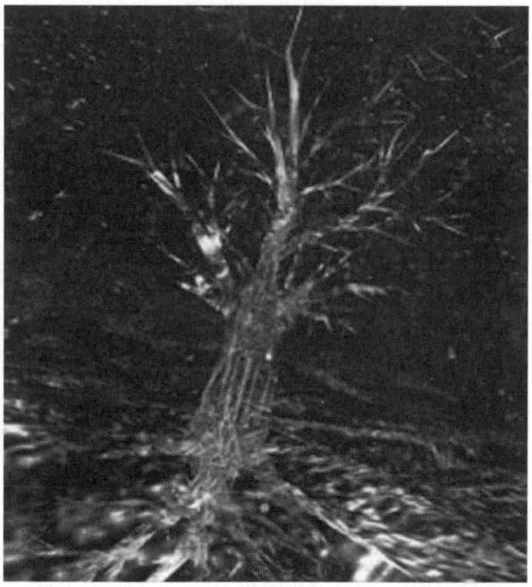

[그림 2] Charlotte Davies, 〈Osmose〉, 1995, 동영상 중 일부.

브라운대학의 CAVE Writing Workshop에서 제작된 〈스크린Screen〉(2003-05)[12](그림 3) 역시 가상 공간으로 확장되는 경험에서 전全신체적인 감각인 시각, 청각, 촉각을 통한 몰입을 강조한다(Wands, 2007: 117). 3면이 스크린 벽으로 둘러싸여 있고 천정에 프로젝터와 스피커가 달려 있는 작은 방에 들어간 관람자는 고글과 장갑을 끼고 "텍스트를 신

11 관람자는 고립된 무중력과 같은 상태에서 가상의 시나리오 속으로 들어가게 된다. 숨을 쉴 때마다 끝없는 바다의 심연, 불투명한 구름의 일렁거림, 곤충들의 우글거림, 어두운 숲 등을 천천히 유동하게 된다.

12 Noah Wardrip-Fruin, Sascha Becker, Robert Coover, Andrew McClain, Shawn Greenlee의 공동 작업.

[그림 3] Noah Wardrip-Fruin, Sascha Becker, Robert Coover, Andrew McClain, Shawn Greenlee, 〈Screen〉 installation, 2003-05, (Cave System), 동영상 중 일부.

체로 읽는"[13] 독자가 됨으로써, 〈스크린〉은 CAVE 안에서 경험할 수 있는 문학 작품이 된다.[14] 이 작품은 2차원의 화면으로 시작해 텍스트들의 붕괴라는 독특한 방식으로 3차원의 가상 현실을 체험하게 한다. 여기에는 텍스트와 소리, 의미, 움직이는 이미지 등과 관련된 문학적 · 미학적인 전략들이 포함되어 있겠으나, 텍스트를 읽는 스크린의 경험이 시각으로부터 전 신체적인 감각으로 확장되는 양상을 보여 주는 좋은 예가 되고 있다.[15]

13 〈스크린Screen〉의 내레이션 내용 중에서.: http://www.youtube.com/watch?v=WOwF5KD5BV4

14 이 작품은 가상 공간을 실현하지만, 일반적으로 볼 수 있는 3차원의 풍경이 아니라 예상 외로 텍스트들을 보여 준다. 그런데 기억에 관한 여러 텍스트는 스크린에 남아 있기를 거부하고 여러 명의 나레이터에 의해 낭독된 후 스크린에서 떨어져 나온다. 이 때 관람자는 떨어져 나와 움직이는 이미지들(여기서는 단어들)을 장갑 낀 손으로 치거나 잡으려 시도하게 되는데, 관람자와의 상호작용에 의해 단어들은 벽으로 되돌아가기도 하고 갈라지기도 하며 관람자에 의해 창조적으로 조합되어 새로운 단어가 되기도 한다. 여기서의 경험은 실제 세계의 환경을 재현하려는 것이 아니라, 관람자로 하여금 단어와 서사가 아직도 지배적으로 남아 있는 문학적 재현에 대한 반성에 몰입하도록 만들고 있다. 시간이 지나면서 점점 더 빨라져 결국 나머지 텍스트들은 붕괴되기 시작하고 기억은 소멸되며, 관람자는 잃어버린 기억들을 의미하는 백색의 텅 빈 공간, 즉 난센스 이외에 아무 의미도 발견되지 않는 빈 스크린을 응시하게 된다(Noah Wardrip-Fruin, "Introduction-Cavewriting": http://www.uiowa.edu/~iareview/tirweb/feature/cave/).

위의 세 작품의 공통점은 몰입형 가상 환경 속에서 탈신체화의 방식에도 불구하고 신체가 신체 감각과 물질성을 느낀다는 점이다. 특히 CAVE 구조는 촉각과 시각의 관계를 역전시켜 신체성을 지각하게 만들 뿐 아니라, 바로 신체 감각을 통해 비물질의 공간 속에서 다시 물질성 회복을 가능하게 하고 있음을 알 수 있다. 다시 말해 이러한 작품들은 물질적으로는 존재하지는 않을지 몰라도, 감각되고 경험될 수 있으며, 그러한 경험, 감각, 반응의 상호 작용이 적극적일수록 작품의 존재감은 더 커지는 것이 특징이다.

물질 세계와 비물질 세계의 충돌: 상호 작용형 혼합 현실

가상 현실이 현실 세계를 가상의 세계로 대체하고자 하는 것이라면, 혼합 현실MR은 현실 공간과 가상의 공간을 동시에 보게 되는 시스템을 이용함으로써, 사용자로 하여금 현실 공간과 가상 공간이 중첩된 리얼리티를 체험하게 하는 것이다. 현실 공간을 그대로 두고 '증강augmentation' 하는 방식을 사용하므로, 대체로 관람자의 적극적인 상호 작용에 의해 혼합 현실의 정도가 변화되는 것이 특징이다. 혼합 현실 미디어 시스템은 크게 입력 장치, 출력 장치, 가상 현실 응용 개발 소프트웨어, 3차원 모델링과 렌더링 소프트웨어로 구성되곤 한다.[16]

15 이 작품이 지닌 신체 감각적 효과에 대해서는 본인의 2009년 논문 "미술 속의 인터페이스: 르네상스 이후 미술에서 스크린과 프레임 개념의 변용," 『탈경계인문학』 2권 3호, 4집, 2009, 5-33쪽에서 설명한 바 있다.

16 입력 장치를 통해서는 관객의 위치, 방향, 행위에 의한 움직임의 정보를 컴퓨터로 보낸다. 렌더링 시스템은 컴퓨터가 참여자의 정보를 데이터베이스(가상 현실 환경을 체험할 수 있는 모든 정보와 데이터가 창고처럼 저장, 관리되는 컴퓨터 메모리)에 반영하여 실시간으로 참여자의 변화 상황에 맞게 시시각각으로 변화된 3D 영상과 음향을 생성하는 장치다. 출력 장치에서는 입력 정보에 대응하는 3차원의 영상과 음향 효과, 촉각 등을 실시간으로 출력한다(정동암, 2007: 273).

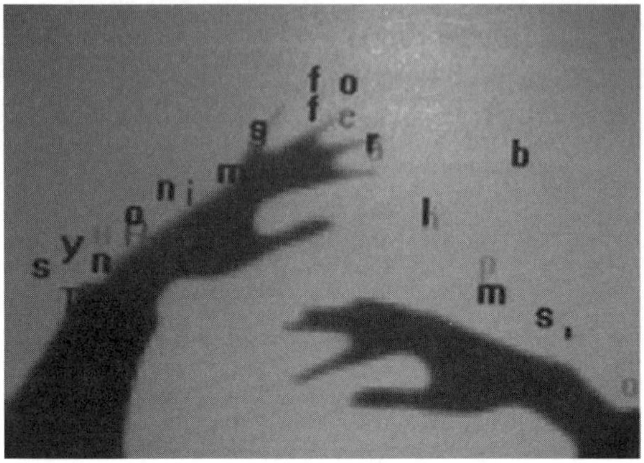

[그림 4] Camille Utterbak과 Romy Achituv, 〈Text Rain〉, 1999, 동영상 중 일부.

혼합 현실에서 특히 신체와 가상의 이미지의 만남은 물질 세계와 비물질 세계의 충돌이라고 할 수 있는데, 이 만남은 물론 프로그램에 의한 것이고 프로그램의 핵심은 알고리듬 즉 수학적 연산에 의한 것이지만, 거기에는 분명히 '가장 직접적이고 가장 근본적인 일정한 의미를 지니고 있는 감각의 장으로서 신체 감각'이 존재한다. 이는 "감각함은 항상 신체에 대한 지시성을 포함하며, 감각한다는 것은 우리의 신체에 대해 항상 지시성을 유지하면서 실존적인 의미를 갖는 것"이라는 현상학적 입장에 의해 설명될 수 있다(조광제, 2004: 15-16).

예를 들어 카미유 우터백Camille Utterback과 로미 아키튜브Romy Achituv의 공동 작업인 〈텍스트 레인Text Rain〉(1999)(그림 4)에서 작품과 관람자는 양방향의 메시지를 소통한다. 스크린에서 빗방울처럼 떨어지는 알파벳들은 스크린에 비친 관람자들의 그림자에 닿으면 움직이며 반응을 한다. 관람자의 움직임에 따른 알파벳들의 움직임은 꽤 사실적이어서, 관람자는 실제로 촉각을 느끼는 것은 아니지만 비물질적인 것과 물질적인 것의 충돌이 자아내는 효과에 흥미를 느끼게 된다. 관람자의 호기심과 흥

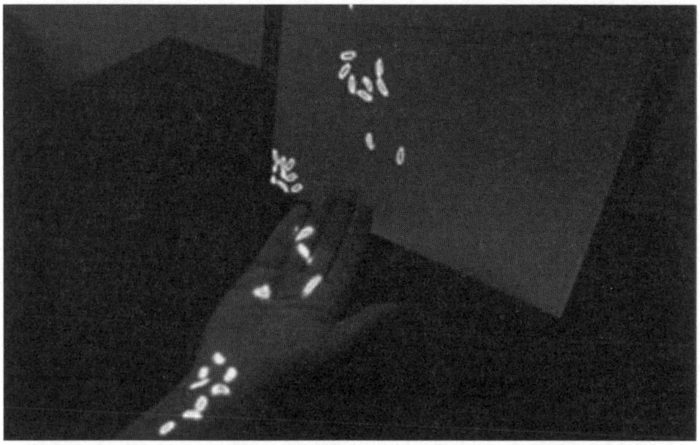

[그림 5] Chris Sugrue, 〈Delicate Boundaries〉, 2007, 동영상 중 일부.

미는 허구 세계와 현실 세계의 물리적 만남에 의해 유도되는 것이다.[17]

이와 유사한 방식으로 혼합 현실을 나타낸 크리스 슈그뤼Chris Sugrue의 〈미묘한 경계Delicate Boundaries〉(2007)(그림 5)의 경우도 관람자에게 현실에서 아무 장비 없이 직접적으로 가상의 세계가 신체에 중첩되는 것을 경험하게 한다. 관람자의 행위는 CCTV 카메라에 포착되어 컴퓨터로 전송된 후 바로 알고리듬에 의한 프로그램에 의해 이미지 프로세싱을 거쳐 프로젝터를 통해 다시 관람자가 접하고 있는 스크린 혹은 모니터 속의 이미지의 변화로 이어진다. 이러한 과정은 물론 실시간으로 이루어짐으로써 상호 작용 효과를 극대화한다.

모리스 베나윤Maurice Benayoun의 〈월드 스킨World Skin〉(1997)(그림 6)의 경우는 CAVE를 사용하기는 하지만, 의도적으로 물질 세계와 비물질 세계를 충돌시켜 가상 현실과 실제의 융합과 분리를 동시에 깨닫도

17 스크린에 나타나는 텍스트 조각들과 알파벳들은 무의미한 것은 아니고 가끔 의미 있는 어구를 만들기도 한다. text rain은 글자의 모양과 크기, 색채를 수시로 바꾸며, 문자와 숫자, 구두점들을 모았다 흩었다의 과정을 수시로 전개한다(정동암, 2007: 104-109).

[그림 6] Maurice Benayoun, 〈World Skin〉, 1997, 동영상 중 일부.

록 만든다. 아르스 일렉트로니카Ars Elctronica의 의뢰로 제작된 이 작품에서, CAVE 안의 3차원 가상 세계는 여러 대중 매체에서 가져온 2차원의 디지털 방식인 '잘라내서 붙이기cut and paste'를 통한 최근의 전쟁 이미지들로 구성되어 있다. 무선 LCD 안경을 쓴 관람자는 일단 몰입적 환경 속에서 가상 현실을 경험하게 되며, 그 과정에서 천정에 매달린 카메라를 이용해 사진을 찍을 수 있다. 그런데 관람자가 가상 현실을 대상으로 사진을 찍는 순간 그 부분은 흰색으로 지워지고, 관람자는 가상 세계의 피부가 벗겨진 진짜 현실의 생경한 빈 공간을 보게 된다.[18] 원래 사진은 롤랑 바르트Roland Barthes가 말했듯이 뛰어난 지시적 매체이며, 실제와 과거에 대한 독특한 융합을 물질로 나타내는 기록의 매체다. 그러

18 베나윤은 관람자가 사진을 찍는 행위에 대해 다음과 같이 설명한다. "마치 관광객처럼 카메라를 들고 이 세상을 포착한다. 그러나 기록된 이미지는 더 이상 존재하지 않는다. 사진을 찍는 것은 세계의 몸을 skin-off로 찢어내는 행위다. 가장 거칠고 생경한 리얼리티들은 우리의 지각 속에서 감정적인 피상성으로 환원된다. 세계는 관람자의 응시에 대한 희생자로 전락하고 모든 사람은 세계의 사라짐에 연루된다……"(M. Benayoun, "A Photo-Safari in the Land of War": http://www.benayoun.com/Aframe_crea.html)

나 〈월드 스킨〉은 사진이 지닌 원래 기능적 연상을 역이용해 사진의 기능을 해체시키면서 정보 축적 매체로서 사진의 역할을 중지시킨다(Hansen, 2006: 92-93). 베나윤은 이렇게 사진이 재현되고 지워지는 방식을 통해 실제 세계와 가상 현실이 공존하는 혼합 현실의 존재론을 보충하고자 한다. "가상적 재현은 물리적 세계의 일부다. 허구와 리얼리티 사이의 교환은 점차 균형을 이루고 있으며, 그것들을 이용하는 예술들이 그렇듯이 가상 현실은 실제와 혼합을 이룬다. 가상적인 것과 물리적인 것을 합병하는 이러한 비순수성의 단계가 곧 미디어의 성숙 단계이며 정보 체계에서 가장 인간적인 부분이다"[19]라는 베나윤의 글은 물질 세계와 비물질 세계를 충돌시킴으로써 관람자로 하여금 실제와 가상에 대해 숙고하게 만드는 그의 전략을 잘 드러내고 있다.

비물질화와 가상 신체

투명해지는 인터페이스

모든 예술과 표현 매체는 독자 혹은 관람자와 소통할 수 있는 인터페이스interface를 지닌다. 일반적으로 인터페이스는 두 개의 서로 다른 시스템 사이의 경계, 혹은 기계와 인간 사용자들이 상호 접속해 정보를 교류하는 접속점으로 정의되곤 한다. 두 영역 사이의 경계를 형성하는 표면으로서, 그 접촉면face을 빌려 주어 두 영역을 소통하게inter 하는 장치를 인터페이스로 정의한다면, 책 · 캔버스 · 무대 등도 바로 인터페이스라고 할 수 있다.

그런데 기술로서의 가상 현실은 그 효과를 극대화하기 위해 인터페이

19 M. Benayoun, "From Virtual to Public Space: Toward an Impure Art," *Cast01: understanding mixed reality*, p. 29(http://www.benayoun.com/projetwords.php?id=48).

스인 가상의 틀을 제거하는 것을 최종 목표로 한다(정동암, 2007 : 284). 현실과 가상의 공간이 뒤섞인 혼합 현실이나 단순한 증강 현실에서라면 어디까지나 현실 공간이 '바탕 혹은 배경'이며 가상 세계가 형상이 된다고 하겠지만, 가상 현실 기술이 지향하는 궁극적인 목표는 현실과 가상 사이에 존재하는 공간적 · 시간적 화상의 해상도 차이를 해소하고, 양자가 어디까지나 위화감 없이 융합하는 데에 있으므로, 결국은 현실과 가상의 구분이 없어지는 지점이 있을 것이라고 상상할 수 있다. 즉 '현실과 가상의 진정한 융합'은 '두 개의 양상'을 하나로 통합하는 것이며, 그것은 새로운 일원화로서 커뮤니케이션과 컴퓨터 기술이 발전하는 데 일종의 최종 목적지가 된다(이원곤, 2004: 117-118).

빛의 선들을 스캔해서 발광체를 만든 후 초당 수십 개의 이미지를 스크린 위에 내보냄으로써 (시각의 잔상 효과를 통해) 가상 현실 이미지를 보게 하거나, 실시간적 컴퓨테이션의 지속을 통해 만들어진 가상 현실의 이미지를 HMD 같은 인터페이스를 통해 대뇌피질에 보냄으로써 현실에 가까운 공간적 효과를 갖게 만드는 것은 근본적으로 비물질성에 의거한 것이다. 그러나 현실과 가상이라는 두 세계의 상호 작용을 통해 끊임없이 새로운 개념을 창출하는 작품들은 모두 '실사와 그래픽 영상', 또는 '실재와 가상', 또는 '물질과 비물질'의 중간 영역에 존재한다. 이러한 작품들은 다중의 시선이 프로세스에 수반되어야 하는 복합적 의식 세계에서 현실과 가상의 구별이 점점 더 희석되는 현상을 보여 준다. 최근에는 레이저 스캐너를 통해 가상적 리얼리티의 이미지를 직접 사람 눈의 망막 위로 투사해 가장 '개인적인' 이미지 형태를 구성하기도 한다. 그것은 오직 한 사람에게 단 한 번만 보여지는 가상 이미지이자, 투명한 인터페이스natural interface에 의해 경험된 이미지라고 할 수 있다.

비록 사용된 장비가 물질성을 갖고 있다 하더라도, 특정 에너지와 운동성을 갖는 빛의 입자로 작품을 만든다는 것은 그 자체로 작품의 비물질화를 뜻한다. 엄밀히 말하면 물질성은 개별 픽셀들에만 한정된다. 그래서 그라우는 컴퓨터로 만들어진 가상 현실의 미학은 마르틴 하이데거Martin Heidegger 등이 정의한 예술 작품의 존재론적 특성을 수용하지 못하므로, 관람자와의 상호 작용에 의존하거나 기술적 진보의 변수에 의존하는 일시적이고 임의적이며 무한히 조작 가능한 비물질적 이미지들의 특성에 따라 다른 방식으로 고려해야 한다고 주장하고 있다(Grau, 2003: 207).

360도의 일루전 공간인 고화상도의 공간에 몰입되었을 때, 참가자가 작품을 감상하기 위해 거리를 유지하고 그것을 객관화하기는 매우 어렵다. 즉 자율적인 미적 대상으로 그것을 감지하기란 거의 불가능하다. 이는 가상 현실을 디자인하는 미술가들이 상호 대상자의 의식에서 주어진 매체를 대상화 혹은 객관화하는 능력을 없애기 위해 모든 수단을 동원해 인터페이스를 진화시킨 때문이기도 하다. 가상 현실에서 물질적 매체는 기껏해야 이미지 생산 방식과 관련된 기술적 · 심리학적 메커니즘 속에서만 기능할 뿐, 모든 것이 이미지인 가상 현실의 공간에서는 참가자 자신이 접하고 있는 인터페이스를 감각적으로 인식하지 못할 정도로 자연스럽게 받아들이게 되며—앞에서 언급한 'natural interface'를 말함—궁극적으로는 가상과 실제가 용해될수록 매체와의 거리감을 상실하게 된다.

여기에 영향을 주는 또 한 가지 조건이 있다. 둘러싼 공간인 안/밖, 정신/신체 사이의 경계가 용해되는 공간 안에서 구현되는 '의식'에서처럼, 참가자들은 자연에 가까운 원형적archetypal이면서도 내적이고 심리적인 공간 안에 있게 된다. 이는 이미지에 대한 주관적인 경험에 의한 것으로 연상과 몰입의 이중 상태에서 더욱 가능하다. 이러한 예로 앞에서 언급한 〈오스모스Osmose〉를 들 수 있다. 이 작품은 이미지 세계에서 물리적 · 정신적 현존을 느낄 수 있게 하기 위해 신체적 자각과 초월의 순간들을 혼합하는 몰입형 가상 현실의 대안적 리얼리티를 제공한다.[20] 이는 많은 글에서 데이비스가 몰입적 가상 현실에 대해 자신의 예술적 의도를 밝힌 내용에서도 볼 수 있다.[21] 가상 현실 속에서 참가자가 더 집중해서 상호 작용해 감정적으로 몰입할수록, 컴퓨터에서 생산된 세계는 점점 더 구조로서 보이지 않게 되어 실제의 세계처럼 느껴지게 된다. 이렇게 이미지를 통해 관람자의 감정을 조작할 수 있는 미래적 가능성을 보여 준 독특한 인식 방식은 바로 몰입형 가상 현실 방식의 특징이기도 하다.

텔레-프레젠스와 가상 신체

텔레-프레젠스란 가상 현실 속에서 '나의 신체를 다른 곳에도 존재하게 하는 것'으로서, 매체(대부분 스크린)를 통해 자신의 존재를 상대방에게 알리는 방식으로 실시간의 접속과 상호 소통을 가능하게 한다. 이 때 어떤 방식으로든(감각, 심리 등) 상대를 감지하게 되며, 현실 공간과 다른 공간의 오버랩 현상은 하나의 존재가 한순간에 여기저기에 존재할 수 있게 만든다. 뉴 미디어 아트에서는 텔레-프레젠스를 단순히 '신체를 벗어나 어디에나 출현할 수 있는' 과거에 많이 사용했던 환상적 의미로 표현하는 것보다는, 가상 현실에서 상호 감각의 가능성을 실험하는 데 사용하는 경우가 많다.[22]

이러한 작품들로는 테클라 슈포르스트Thecla Schiphorst의 〈보디맵 :

20 〈오스모스〉의 경우, 자연스럽고 투명한 일루전을 만들기 위해 3개의 Onyx2 Infinte Reality Silicon Graphics Workstations의 대용량 기억 장치들이 사용되었다. 모션 캡처 장치와 이미지의 실시간 전산화, 음속 건축 통제 장치 등등이 병행해서 사용되었다. 예전에는 이러한 수퍼컴퓨터들은 군사적 시뮬레이션을 위해서만 사용되었고, 이 작품이 만들어졌던 1995년 당시에도 여전히 100만 달러가 넘는 것이었다.

21 "나는 몰입형 가상 공간을 공간-시간의 arena라고 생각한다. 그 안에서는 이 세계의 모델들과 추상적 구조들이 3차원 속에서 체현되고, 그리고 나서 근운동 감각적으로, 공감각적으로 신체 전체의 몰입과 상호 작용을 통해 탐구된다. 어떤 다른 공간도 이것을 나타낼 수 없으며, 인간에 의한 표현의 어떤 다른 매체도 불가능하다"(Davies, 1998: 67).

터치의 산물Bodymaps : artifacts of touch〉(1996)[23]이나 폴 서먼Paul Sermon의 〈텔레마틱의 꿈Telematic Dreaming〉(1992)[24]을 들 수 있다. 디지털 신체와 텔레-프레젠스를 중요한 개념으로 제공하는 설치 및 퍼포먼스인 〈텔레마틱의 꿈〉(그림 7)에서는 인접하고 있으나 분리된 두 방에 놓인 침대에 관람자들이 각각 눕게 되면, 두 사람은 비디오 카메라, 모니터, 프로젝터들을 통해 연결되면서 서로를 볼 수 있게 된다. 즉 두 사람의 이미지는 각각 다른 쪽 침대로 옮겨가 가상의 몸으로 투사되어 서로 겹치게 되고 이렇게 겹쳐진 이미지는 다시 벽의 모니터로 옮겨져 재현된다. 이러한 방식으로 실제의 몸과 기술에 의한 가상의 몸은 각각 다른 침대 위에서 만남으로써 성적性的이고 정치적이며, 고통을 유발하는 암시적 상황에 대한 통찰력까지도 느낄 수 있는 묘한 감정적 경험을 하게 된다.[25]

22 이러한 작품들을 '텔레-프레젠스 아트'라고 부르기도 한다. 이는 텔레-커뮤니케이션 시스템을 이용해 서로 다른 공간에 있는 사람들을 네트워크로 연결하고 그들로 하여금 가상 현실의 감각적 정보를 경험하도록 하는 예술을 말한다. 여기에는 원격 통제remote control, 원격 영상remote vision, 원거리 운동감telekinesis, 실시간의 정보 교환real-time exchange of audiovisual information이 필요하다(E. Kac, http://www.ekac.org/telepresence.art._94.html).

23 작품과 인터페이스는 테클라 슈포트스트가 디자인하고, 프로그램은 켄 그레고리Ken Gregory와 그랜트 그레그손Grant Gregson이 만들었다. 센서가 장착된 흰색의 벨벳 표면(손의 터치와 압력, 표면에 가해진 힘의 양 등을 포착할 수 있는 15개의 전자자기장으로 특별하게 디자인된 센서) 위에 작가의 신체 이미지가 투사되고, 관람자가 그 벨벳 표면을 만지게 되면, 관람자의 움직임에 따라 복잡한 음악적 파노라마와 함께 이미지가 진동하게 되어, 혼란스럽고 에로틱하며 관능적이고 주관적인 효과를 발생시키는 것이 이 작품의 특징이다. 〈보디맵〉은 컴퓨터 인터랙티브 사운드와 비디오 설치로 이루어지는데, 거울 이미지, 다른 사람의 신체 이미지, 디지털 기술, 터치, 피부 등의 개념을 포괄한다. 특히 피부 감각의 느낌, 터치를 통한 듣기, 듣기를 통한 보기 등 자기 수용적proprioceptive 감각들에 기반한 복잡한 경험을 통해 피부를 통해 경험하게 되는 감각들의 미분화된 잠재성, 혹은 시각과 촉각의 상호적인 가역성reversibility을 모두 표현하고 있다(T. Schiphorst, http://www.art.net/~dtz/Schipol.html; M. B. N. Hansen, 2006: 71).

24 '텔레마틱'은 프랑스어 'tele-communication'(전기통신)과 'informatique'(정보 처리)가 합쳐진 말로, 전기통신과 정보 처리가 고도로 결합되 상태를 말한다. 프랑스 정보화 정책에서 처음 사용되었지만, 현재는 영어권에서도 유비쿼터스의 핵심 용어로 사용되고 있다.

25 이 작품에서 4주간 퍼포먼스를 맡았던 수잔 코젤Susan Kozel이 쓰고 있듯이, 여기에서의 경험은 '가상적인 몸'과 '살이 있는 몸' 사이의 심리적인 관계만을 나타내는 것은 아니었다. 즉 "인간과 기계의 상호 작용은 가장 단순하지만 본질적인 터치와 신뢰, 상처받기 쉬움과도 같은 사소한 것까지도 표현할 수 있을 정도로 환원되었다"(Kozel, 1994: http://art.net/~dtz/kozel.html).

[그림 7] Paul Sermon, 〈Telematic Dreaming〉, 1992, 동영상 중 일부.

물론 디지털 기술을 이용한 가상의 신체는 스크린 위에 빛과 픽셀을 투사하는 디지털 장치에 의한 것으로서, 실체의 형태와 물질이 존재하지 않는 시각적 재현에 불과하다. 그럼에도 불구하고 〈보디맵〉이나 〈텔레마틱의 꿈〉에서처럼, 몸의 겹치는 행위라든가, 폭력을 가장한 퍼포먼스 등은 가상의 몸을 통해 현실에서와 같은 강도의 심리적 효과와 스트레스를 발생시킬 수 있다. 즉 비물질화 혹은 탈신체화된 가상 현실임에도 불구하고 충분히 신체를 억압할 수 있게 된다.[26] 이렇게 가상 신체를 통한 디지털 소통은 탈신체화되거나 상징적으로 구현된 재현이 아니다. 체현되고 감각적이며 촉각적인 것에 대한 경험으로 열려 있는 뉴 미디어 아트의 가상 현실에서는 현실과 가상의 경계가 무너지면서 물질과 비물질의 경계도 와해된다.

크리스타 솜머러Christa Sommerer와 로랑 미뇨노Laurent Mignonneau의 〈MIC Exploration Space〉(1996)에서도 마찬가지로, 대형 스크린을 통

26 텔레-프레젠스와 신체성 및 촉각에 대한 논의는 본인의 논문 "뉴 미디어 아트에서의 신체성: 촉각성을 중심으로," 『미술사학보』, 제33집, 2009. 12, 359-388쪽에서 일부 다룬 바 있다.

해 같은 시간에 서로 다른 장소에서 이 작품에 접속하고 있는 다른 사람과 만나는 경험을 하게 된다. 관람자는 사실은 '텅 빈' 전시장에 있지만, 스크린 속 '가상 정원'에서 자신의 움직임에 따라 식물들이 자라나고, 낯선 상대방의 존재를 감지하면서 자신의 공간과 상대방의 다른 공간을 오버랩시킬 수 있다. 즉 같은 시간에 여기에도 있고 저기에도 있으며, 또 신체를 벗어나 이동하는 텔레-프레젠스 현상이 가능하게 된다.

프레젠스presence를 느낄 수 있는 근거가 되는 것은 '자연 발생적 공간'에 대한 자각인 반면, 텔레-프레젠스는 신체가 그것이 존재하는 현실의 세계를 떠나 다른 공간에 머물게 되는 탈신체화의 상태로서 '매개된mediated 환경'에 대한 지각에 근거한다. 텔레-프레젠스를 가능하게 하는 결정 요인에 대한 연구들이 인간의 경험과 기술의 관계 사이에 생성되는 생동감과 상호작용성을 강조하거나, 감각적 몰입도, 감각적 충실도, 인지적 충실도, 수용자의 개인적 요인들을 주요 요인으로 들고 있듯이,[27] 매개된 환경 속에서 관람자는 현상학적으로 신체를 자각하게 되는 프레젠스로서 물질적 측면과, 텔레-프레젠스의 비물질적 혹은 탈신체적 측면의 중간에 머물거나 그 사이를 왕복하게 된다.

4. 나오는 말

지금까지 살펴본 바와 같이, 가상 현실에서 가상의 개념은 시각적이든 기술적이든 혹은 예술적으로든 어떻게 생산된 것이든 간에 "그것이 표현하는 것만큼의 똑같은 '물질성'을 형태적으로는 보여 주지 못하지만 기능

27 '감각의 충실도'에 영향을 주는 요소로는 생생함 혹은 생동감, 즉각적인 반응, 실시간성 등이 있다(장선희, 2006: 418-423).

적으로나 효과적으로는 가능하게 하는" 것으로 정의할 수 있다. 사실상 미술은 언제나 물질과 비물질화 사이, 현현과 사라짐의 양 극단 사이에서 발전되어 왔다. 이러한 사실은 뉴 미디어 아트에서도 마찬가지지만, 뉴 미디어 아트에서의 비물질성은 물질성이 없는 허구 혹은 언어화가 아니라 미술 실행, 문화적 생산 및 수용, 심지어는 작품의 설치와 보존 과정에도 큰 영향을 주는 주요 요소이며, 또한 디지털 매체의 물질적 구성 요소들로부터도 분리될 수 없는 모순된 위치를 갖는다. 디지털 매체가 산업과 기술의 다양한 중층들에 깊이 뿌리내리고 물질들 사이의 비물질적 링크들을 통해 문화 생산과 DIY 문화를 위한 새로운 공간을 열어가고 있듯이, 뉴 미디어 아트 또한 물질적인 것과 비물질적인 것 사이의 긴장과 연관성 속에 존재하고 있다고 해야 할 것이다.

이와 같은 논의에서 조금 더 나아간다면, 우리는 뉴 미디어 아트의 가상적 이미지들을 기존의 의미와는 다른 종류의 물질성과 리얼리티를 지닌 것으로 생각해 볼 수 있다. 그것은 제2의 질서를 지닌 물질성 즉 '경계적liminal' 물질성이고 그야말로 물질과 비물질의 '사이에 있는 것in-between-ness'이다. original과 copy라는 용어는 여기에 적용되지 않는다. 왜냐하면 뉴 미디어 아트의 가상성은 어떤 외양에 대한 직접적인 모방mimesis이 아니라, 하나의 의미와 외양을 지닌 양상으로부터 다른 의미와 외양을 지닌 양상으로의 '전이'를 의미하기 때문이다. 탈물질화와 탈신체화가 더욱 용이해지고 있는 전파 전송의 시대에 물질성의 개념을 여전히 '사물의 물신적 성격'에 고정시켜서는 곤란하다. 이제 우리는 뉴 미디어 아트에 관한 한 물질과 비물질의 이원론적 패러다임에서 벗어나 과학적 · 기술적 논의를 바탕으로 한 기술적 물질성technological materiality이라는 새로운 관점으로 논의할 수 있는 가능성이 열릴 것으로 기대한다.

참고 문헌

남완석, 「영화와 환상성 : 중세적 모티프의 영화적 변용에 대한 고찰」, 『중세 르네상스 영문학』, 제12권 1호, 2004.6.

네그로폰테, 니콜라스, 『*Being Digital*(디지털이다)』, 백욱인 옮김, 커뮤니케이션북스, 1995.

드 메르디외, 플로랑스, 『예술과 뉴 테크놀로지, 비디오 · 디지털 아트 · 멀티미디어 설치예술』, 정재곤 옮김, 열화당, 2005.

마노비치, 레프(2001), 『뉴 미디어의 언어』, 서정신 옮김, 생각의 나무, 2004.

베르그손, 앙리(1896), 『물질과 기억』, 박종원 옮김, 아카넷, 2005.

이원곤, 『디지털 영상과 가상공간: 새로운 예술의 전개를 위한 지평』, 연세대학교출판부, 2004.

장선희, 「텔레프레즌스의 결정 요인에 관한 연구: 텔레프레즌스 아트 사례분석을 중심으로」, 『디자인학연구』, 통권 제56호, Vol.17, No.2. 2006.

정동암, 『미디어 아트, 디지털의 유혹』, 커뮤니케이션북스, 2007.

조광제, 『몸의 세계, 세계의 몸, 메를로-퐁티의 지각의 현상학에 대한 강해』, 이학사, 2004.

진중권(엮음), 『미디어아트, 예술의 최전선 』, 휴머니스트, 2009.

황수영, 『물질과 기억, 시간의 지층을 탐험하는 이미지와 기억의 미학』, 그린비, 2006.

Benayoun, Maurice, "A Photo-Safari in the Land of War": http://www.benayoun.com/Aframe_crea.html

_____, "From Virtual to Public Space: Toward an Impure Art," *Cast01: understanding mixed reality*: http://www.benayoun.com/projetwords.php?id=48

Davies, Charlotte, "Osmose: Notes on being in immersive virtual space," *Digital Creativity* 9, no.2, 1998.

Friedberg, Anne, *The Virtual Window, From Alberti to Microsoft*, The MIT Press, 2006.

Grau, Oliver, *Virtual Art: From Illusion to Immersion*, trans. G. Custance, MIT Press, 2003.

Grosz, Elizabeth, *Architecture from the Outside, Essays on Virtual and Real Space*, MIT Press, 2002.

Hansen, Mark B., *Bodies in Code, Interfaces with Digital Media*, Routlege, 2006.

Hayles, Katherine, *How We Became Posthuman: Virtual Bodies in Cybernetics, Literature, and Informatics*, University of Chicago Press, 1999.

Kac, Eduardo, "Telepresence Art," http://www.ekac.org/telepresence.art._94.html

Kozel, Susan, "Spacemaking: Experience of a Virtual Body," *Dance Theatre Journal*, vol 11, no,3, autumn 1994: http://art.net/~dtz/kozel.html

Küchler, Sussane, "Technological Materiality: Beyond the Dualist Paradigm," *Theory, Culture & Society*, Vol.25(1), 2008.

Langdale, Allan(ed.), *Hugo Munsterberg on Film: The Photoplay—A Psychological Study and Other Writings*, Routledge, 2002.

Paul, Christiane, "The Myth of Immateriality: Presenting and Preserving New Media," Oliver Grau(ed.), *Mediaarthistories*, MIT Press, 2007.

Poster, Mark, "Theorizing the Virtual: Baudrillard and Derrida," in *What's the Matter with the Internet*, University of Minnesota Press, 2001.

Richardson, Ingrid & Carly Harper, "Corporeal Virtuality: The Impossible of a Fleshless Ontology," Murdoch University, np.: (http://people.brunel.ac.uk/bst/2no2/Papers/Ingrid%20Richardson&Carly%20Harper.htm)

Schiphorst, Thecla, "Bodymaps: Artifacts of Touch: The Sensuality and Anarchy of Touch," *Dance & Technology Zone.*: http://www.art.net/~dtz/Schipol.html

Wands, Bruce, *Art of the Digital Age*, Thames & Hudson, 2007.

Wardrip-Fruin, Noah, "Introduction-Cavewriting": http://www.uiowa.edu/~iareview/tirweb/feature/cave/

미디어 컨버전스와 참여 문화*

천현순

1. 들어가는 말

오늘날의 미디어 환경은 디지털 기술을 기반으로 한 컴퓨터와 인터넷의 등장으로 기존에 서로 독립적으로 존재하던 개별 미디어들이 서로 수렴되고 융합되는 이른바 '컨버전스 현상'으로 변화해 가고 있다. 예를 들어 라디오와 인터넷의 결합이나 전화와 인터넷의 결합 혹은 텔레비전과 인터넷의 결합 등이 이에 해당한다. 미국의 매체이론가 헨리 젠킨스Henry Jenkins는 이러한 현상을 "컨버전스로 이행되는 전환기"라고 표현하고 있다. 컨버전스로 인한 미디어 환경의 변화는 그러나 단순히 개별 미디어들 간의 통합만을 의미하지는 않는다. 컨버전스 현상은 더 나아가 미디어 콘텐츠를 생산하고 유통하는 생산자와 수용자 사이의 경계에도 영향을 미

* 이 글은 『독일언어문학』 48집(2010년 6월)에 실린 논문을 수정 · 보완한 것임을 밝혀 둔다.

치고 있으며, 특히 미디어 수용자의 태도에 일대 혁신을 가져오고 있다. 오늘날 미디어 수용자들은 이전과는 달리 주어진 미디어 콘텐츠를 단순히 받아들이고 소비하는 소비자로서가 아니라, 이를 자신의 방식에 따라 변형해 새로운 형태로 만들어내는 또 다른 생산자로서 인식되고 있다.

우리는 여기서 컴퓨터와 인터넷의 등장으로 보편화된 미디어 컨버전스 현상과 이에 따른 수용자의 참여가 어떠한 방식으로 나타나고 있는지를 오늘날 신세대 영화 팬들에 의해 제작되고 유통되는 '팬 영화Fan film'의 실례를 통해 구체적으로 살펴보기로 하자.

2. 미디어 컨버전스와 참여 문화

미디어 컨버전스의 의미

'컨버전스convergence'란 원래 라틴어 'conventus'에서 유래한 단어로서 '가까이 다가감', '접근', '집회', '모임', '일치' 등의 의미를 내포하고 있는 용어다. 원래 라틴어에서 유래한 컨버전스 개념은 오늘날 크게 두 분야의 영역에서 서로 다른 어감으로 사용되고 있다. 하나는 수학 영역에서 의미하는 '수렴'의 의미가 그것이고, 다른 하나는 기술 영역에서 의미하는 '융합'의 의미가 그것이다. 수학 영역에서 컨버전스란 수렴을 의미하는 단어로서 '이미 존재하는 어떤 하나의 값에 한없이 접근하거나 가까이 다가가는 것'을 말한다. 이와 달리 기술 영역에서 컨버전스란 융합을 의미하는 단어로서 '여러 기술이나 성능이 하나로 융합되거나 합쳐지는 것'을 말한다. 기술 영역에서 의미하는 컨버전스 개념은 언뜻 보기에 지금까지 우리 사회에 보편화된 상호 매체성 개념이나 혹은 멀티미디어 개념과 유사하게 들릴 수도 있다. 그러나 컨버전스 개념은 이들 개념과는 분명한 차이점을 지닌다. 상호 매체성 개념은 일차적으로 '서로 다른 매체들 사이의 차이 및 관계'를 파악하는 것을 말하며, 멀티미디어 개념은 '하나의 미디어 속에 여러 요소가 통합되어 있는 상태'를 말한다. 이와 달리 컨버전스 개념은 '개별적으로 존재하는 요소들이 하나로 모아지거나 통합되는 것'을 말한다. 이런 점에서 볼 때, '미디어 컨버전스'란 지금까지 독립적으로 존재하던 미디어들이 서로 수렴되고 융합되는 현상을 의미한다고 볼 수 있다. 우리 사회에서 미디어 컨버전스에 대한 논의는 1990년대 디지털 기술이 보편화되면서 본격적으로 시작되었다. 미디어 컨버전스는 오늘날 크게 기술적 측면, 내용적 측면, 산업적 측면, 수용자 측면에서 관찰되고 있다(Schuegraf, 2008 : 18). 기술적 측면에서 미디어 컨버전스란 서로 다른 미디어 기술이나 기능 등이 하나로 결합되거나 합쳐지는 것을 의미한다. 여기에는 예를 들어 라디오와 인터넷의 결합이나 혹은 텔레비전과 인터넷의 결합 등을 들 수 있다. 이러한 기술적 측면에서 미디어 컨버전스는 다시 내용적 측면에서 미디어 컨버전스와 밀접히 연관되어 있다. 내용적 측면에서 미디어 컨버전스는 동일한 정보가 서로 다른 미디어를 통해 전파되고 보도되는 것을 의미한다. 예를 들어 라디오에 실린 정보가 인터넷을 통해 전파되거나 혹은 텔레비전에서 방송된 내용이 인터넷을 통해 보도되는 경우가 이에 해당한다. 산업적 측면에서 미디어 컨버전스는 오늘날 전 세계적으로 일고 있는 전통적인 미디어 산업 내의 합작 투자나 인수 합병을 의미한다. 예를 들어 CBS와 비아콤의 합병이나 혹은 AOL과 타임 워너의 합병 등이 이에 해당한다. 수용자 측면에서 미디어 컨버전스는 수용자들에 의해 이미 존재하는 미디어 콘텐츠가 또 다른 미디어로 옮겨지는 것을 의미한다. 예를 들어 독일의 리얼리티 TV쇼 〈빅 브라더〉의 시청자들은 온라인 커뮤니티에 참여해 프로그램에 관한 내용을 다른 시청자들과 공유하고 의견을 교환하는데, 이처럼 이미 존재하는 TV 프로그램의 내용이 수용자들에 의해 또 다른 미디어인 인터넷으로 옮겨지는 경우가 이에 해당한다. 위에서 내용적 측면에서 미디어 컨버전스가 미디어 제작자들에 의해 이루어지는 것이라면, 수용자 측면에서 미디어 컨버전스는 수용자들의 적극적인 참여를 통해 이루어지는 것을 의미한다.

이상에서 언급한 미디어 컨버전스의 네 가지 측면 가운데 특히 수용자 측면에서 관찰되는 미디어 컨버전스 현상에 대해 좀 더 자세히 살펴보기로 하자. 오늘날의 수용자들은 이미 존재하는 미디어 콘텐츠를 또 다른 미디어로 옮겨와서 커뮤니티를 형성할 뿐만 아니라, 더 나아가 기존의 미디어 콘텐츠를 자신의 방식에 따라 개조하고 제작해 새로운 생산물로 만들어내기도 한다. 이렇게 해서 만들어진 생산물은 수용자들에 의해 다시 인터넷에 배포되고 유통된다. 오늘날에는 디지털 기술을 기반으로 한 컴퓨터와 인터넷의 보편화로 인해 미디어 콘텐츠의 재생산 및 유통 과정에 직접 참여하는 수용자들이 점차 늘어가고 있으며 그 역할도 이전보다 한층 더 강화되고 있다. 뉴 미디어인 인터넷의 등장은 이처럼 수용자의 태도에 엄청난 영향을 미치고 있으며 수용자의 직접적인 참여를 가능하게 하고 있다. 우리는 이와 연관해서 다음 장에서 뉴 미디어의 등장과 이에 따른 수용자 참여의 역학 관계를 베르톨트 브레히트Bertolt Brecht, 한스 엔첸스베르거Hans Magnus Enzensberger, 헨리 젠킨스Henry Jenkins의 논의를 중심으로 좀 더 자세히 고찰해 보기로 하자.

뉴 미디어의 등장과 수용자의 참여

위에서 살펴본 것처럼, 뉴 미디어의 등장과 이에 따른 수용자의 참여는 오늘날 단순히 컴퓨터와 인터넷의 등장으로 인해 부각된 것은 아니다. 브레히트는 이미 1920년대에 당시 뉴 미디어라 할 수 있는 라디오의 등장을 통해 수용자의 참여가 가능함을 강조한 바 있다. 매체적인 측면에서 볼 때, 브레히트의 입장이 중요한 시사점을 주는 것은 한편으로는 그가 당시 뉴 미디어라 할 수 있는 라디오의 기능을 면밀히 파악하고 있다는 점이고, 다른 한편으로는 이를 통해 처음으로 매체를 통한 수용자의 참여를 제시하고 있다는 점이다. 브레히트는 그의 「의사소통 도구로서 라디오. 라디오의 기능에 관한 연설Der Rundfunk als Kommunikationsapparat. Rede über die Funktion des Rundfunks」(1932)에서 라디오는 양방향적인 의사 소통 도구임에도 불구하고 지금까지 라디오의 일면만이 강조되어 왔다고 비판하고 있다. 연설문에서 그는 이제 "라디오의 기능을 전환"하는 것이 필요하다고 제안하면서, "라디오는 일방적인 전달 도구에서 의사 소통 도구로 바뀌어야 한다"라고 주장한다. 여기서 브레히트가 의미하는 "의사 소통 도구로서 라디오"란 미디어와 청취자 사이에 정보를 주고받는 기능이 가능함을 의미한다. 다시 말해서 청취자는 라디오의 정보를 들을 수 있을 뿐만 아니라 이에 대해 말을 할 수 있으며, 이는 즉 청취자를 고립시키는 것이 아니라 그를 미디어와 소통하게 하는 것을 의미한다. 브레히트는 이러한 미디어의 기능 전환을 라디오의 구조를 변형함으로써 가능하다고 보고 있다. 즉 그에 따르면, 라디오의 구조를 일방적인 정보 전달 방식에서 질문과 대답을 병행하는 대담 형식으로 변형함으로써 청취자를 미디어에 참여시킬 수 있다고 보고 있다. 이에 대해 브레히트는 예를 들어 피지배자의 질문에 대해 지배자가 대답하는 방식을 통해 청취자가 말할 수 있는 기회를 가질 수 있다고 보고 있다. 브레히트는 또한 그의 라디오 실험극 〈린드버그들의 비행Flug der Lindberghs〉(1929)을 통해 "의사 소통 도구로서 라디오"가 실현 가능함을 구체적으로 보여 주고 있다. 이처럼 브레히트는 라디오를 미디어와 수용자 사이의 의사 소통을 가능하게 하는 뉴 미디어로 보고 있으며, 이러한 의사 소통은 수용자의 참여를 통해 가능함을 제시해 준다.

브레히트의 논지에 근거해 엔첸스베르거도 그의 「미디어 이론을 위한 초석Baukasten zu einer Theorie der Medien」(1970)에서 텔레비전과 같은 전자 미디어를 송신자와 수신자 사이의 의사 소통을 가능하게 하는 뉴 미디어로 보고 있다. 논문의 서두에서 엔첸스베르거는 미디어를 통한 의식 산업이 현행하는 독점 자본주의에 의해 점점 빠르게 잠식당하고 있다고 보고 있으며, 이러한 모순을 타파하기 위해서는 마르크스주의에 입각한 "미디어의 사회주의 이론"을 제시하는 것이 필요하다고 주장한다. 그에 따르면, 미디어는 원칙적으로 송신자와 수신자 사이의 의사 소통을 가능하게 하는 도구인데, 현재의 영화나 텔레비전은 이러한 의사 소통을 가능하게 하는 것이 아니라 이를 방해하고 있다는 것이다. 이는 미디어의 기술적인 측면에서 기인하는 것이 아니라, 오히려 정치적인 이유에서 의도적으로 만들어진 것이라고 그는 보고 있다. 따라서 엔첸스베르거는 독점 자본주의 체제에서 기업가와 정치적 관료에 의해 의도적으로 통제되는 "억압적인 미디어 사용"에 대해 사회주의 미디어 이론에 입각한 "해방적인 미디어 사용"을 제안하고 있다. 여기서 그가 의미하는 "해방적인 미디어 사용"이란 탈중심적인 프로그램을 제시하고, 모든 수신자를 잠재적인 발신자로 간주하며, 대중을 동원하고, 피드백을 통해 참여자의 상호작용을 유도하며, 정치적 학습과 집단적인 생산을 추진하고, 기업가나 정치적 관료가 아닌 자체 조직에 의한 사회적 통제를 요구로 하는 것을 말한다.

엔첸스베르거가 1970년대에 새로이 등장한 전자 미디어의 올바른 사용을 통해 대중의 참여가 가능한 것으로 보고 있다면, 여기서 한 걸음 더 나아가 미국의 매체이론가인 젠킨스는 저서 『컨버전스 컬처*Convergence Culture*』(2006)에서 오늘날 새롭게 등장한 인터넷을 통해 그 어느 시대보다 미디어 수용자들의 직접적인 참여가 가능해졌다고 보고 있다. 젠킨스에 따르면, 오늘날 미디어 수용자들의 직접적인 참여는 결정적으로 기술의 발달, 즉 뉴 미디어인 인터넷의 등장으로 인해 가능해진 것이라 보고 있다. 인터넷을 통한 수용자들의 참여란 앞에서 브레히트가 언급한 것처럼 라디오의 구조를 변형함으로써 청취자의 참여를 가능하게 하거나, 혹은 엔첸스베르거가 주장하는 것처럼 전자 미디어의 올바른 사용을 통해 대중의 참여를 가능하게 하는 것과는 질적으로 다른 참여를 의미한다고 볼 수 있다. 즉 오늘날 컴퓨터와 인터넷을 통한 수용자들의 참여란 이전과는 달리 이미 존재하는 미디어 콘텐츠 자체를 변형해 새로운 생산물로 만들어내고 유통시키는 적극적이고 직접적인 참여를 의미한다.

젠킨스는 그의 저서에서 컨버전스 개념이 지금까지 기술적인 측면에서만 논의된 것에 이의를 제기하면서, "컨버전스는 소비자로 하여금 새로운 정보를 찾아내고, 서로 흩어진 미디어 콘텐츠 간의 연결을 만들어내도록 촉진하는 문화적 변화"를 의미한다고 주장한다. 문화적인 측면에서 논의되는 컨버전스의 세부 주제로서 젠킨스는 "미디어 컨버전스", "참여 문화", "집단 지성"을 들고 있다. 여기서 미디어 컨버전스란 미디어 콘텐츠 간의 복잡한 이동 경로를 의미하는데, 즉 이미 존재하는 미디어 콘텐츠가 또 다른 미디어로 옮겨지는 현상을 말한다. 참여 문화란 이러한 미디어 컨버전스 현상에서 관찰되는 수용자들의 적극적인 참여를 가능하게 해 주는 문화 양식을 의미한다. 오늘날의 수용자들은 이전과는 달리 미디어 콘텐츠를 단순히 받아들이고 소비하기보다는 이를 자신의 방식에 따라 제작하고 유통할 수 있는 완전한 참여를 요구하고 있으며, 이러한 수용자들의 참여를 가능하게 해 주는 문화 양식을 참여 문화라 한다. 집단 지성이란 온라인 커뮤니티에 참여한 수용자들 사이에서 일어나는 긴밀한 상호 작용을 의미한다.

젠킨스는 그의 저서에서 미디어 컨버전스, 참여 문화, 집단 지성이 실제로 미국 대중 문화에서 어떠한 방식으로 나타나고 있는지를 다음 여섯 가지 실례들을 통해 구체적으로 제시해 주고 있다. 1장에서는 리얼리티 TV쇼 프로그램인 〈서바이버Survivor〉를 중심으로 펼쳐지는 시청자들 사이의 지식 커뮤니티에 대해 논하고 있다. 〈서바이버〉 팬들은 방송이 시작되기 전에 온라인 커뮤니티를 통해 프로그램에 관한 모든 정보를 다른 팬들과 공유하며, 이러한 과정을 통해 이전에는 볼 수 없었던 집단 지성으로서 새로운 지식 문화가 형성된다는 것이다. 여기서 젠킨스는 이미 존재하는 미디어 콘텐츠가 수용자들의 적극적인 참여를 통해 또 다른 미디어로 옮겨져 새로운 지식 커뮤니티가 형성되고 있음을 보여 준다.

2장에서는 〈아메리칸 아이돌American Idol〉을 중심으로 TV 제작진이 시청자들의 적극적인 참여를 끌어들이기 위해 벌이는 전략에 대해 설명한다. 〈아메리칸 아이돌〉의 TV 제작진은 시청자들의 적극적인 참여를 끌어들이기 위해 시청자들의 투표를 통해 프로그램이 진행되도록 구성했다. 이와같이 구성된 프로그램에서 시청자들은 이전과는 달리 텔레비전에서 제시하는 내용을 단순히 받아들이는 소비자들이 아니라, 프로그램을 주도적으로 이끌어가는 참여자로서 인식되고 있다. 여기서 젠킨스는 〈아메리칸 아이돌〉을 통해 오늘날 변화된 텔레비전의 방송 환경과 이에 따른 시청자들의 참여 가능성에 대해 논하고 있다.

3장에서는 워쇼스키 형제Laurence & Andrew Wachowski가 제작한 영화 〈매트릭스The Matrix〉를 중심으로 펼쳐지는 트랜스미디어 스토리텔링에 대해 논한다. 트랜스미디어 스토리텔링이란 하나의 스토리가 영화, 텔레비전, 소설, 만화, 게임 등과 같이 다양한 미디어로 전개되는 것을 말하는데, 이 때 각각의 미디어를 통해 전개되는 새로운 텍스트는 전체적인 이야기의 맥락을 이해하는 데 일정한 역할을 수행한다. 트랜스미디어 스토리텔링은 거꾸로 수용자들에게도 영향을 미치는데, 수용자들은 전체적인 이야기를 더 자세히 파악하기 위해 다양한 미디어에 퍼져 있는 자료들을 추적하거나 혹은 지식 커뮤니티를 형성해 서로 정보를 교환하고 공유하기도 한다. 여기서 젠킨스는 〈매트릭스〉의 실례를 통해 수용자들이 다양한 미디어에 흩어져 존재하는 정보들을 자신의 방식에 따라 구성해내는 능력에 대해 설명하고 있다.

4장에서는 기존의 상업 영화가 신세대 영화 팬들에 의해 패러디되어 재생산되는 팬 영화에 대해 논한다. 이러한 예로는 조지 루카스George W. Lucas 감독의 원작 영화 〈스타워즈Star Wars〉(1977)를 패러디한 〈군대 Troops〉(1998)나 혹은 〈조지 루카스 인 러브George Lucas in Love〉(1999) 등을 들 수 있다. 이들 신세대 팬 영화 제작자들은 이전과는 달리 주어진 미디어를 단순히 받아들이고 소비하기보다는 이를 그들만의 방식에 따라 변형함으로써 새로운 생산물을 만들어내는 또 다른 생산자로서 인식되고 있다. 여기서 젠킨스는 팬 영화의 실례를 통해 새로운 참여 문화가 형성되고 있음을 보여 준다.

5장에서는 조앤 롤링Joanne Rowling의 원작 소설 『해리 포터*Harry Potter*』를 둘러싸고 벌어지는 '팬 픽션Fan fiction'에 대해 논한다. 『해리 포터』 팬 픽션 웹사이트에 참여하는 청소년들은 이미 부분적으로 묘사해 놓은 허구의 세계에 자신의 이야기를 덧붙여 써나감으로써 새로운 창작 경험을 할 수 있다. 젠킨스는 여기서 팬 픽션의 실례를 통해 오늘날 청소년들이 웹사이트에 적극적으로 참여함으로써 다양한 창작 기술을 터득하는 능력에 대해 설명한다.

6장에서는 정치와 뉴 미디어와의 관계를 미국 대통령 선거의 실례를 통해 설명한다. 오늘날 정치가들은 자신의 정치적 목적을 위해 라디오, 텔레비전, 인터넷 등과 같은 대중 매체들을 적극적으로 활용하고 있으며, 이에 맞서 일반 대중은 블로그 등과 같은 온라인 커뮤니티를 통해 이들 정치가들에 대해 토론할 수 있는 다양한 방법을 터득하고 있다. 여기서 젠킨스는 오늘날 일반 대중이 뉴 미디어를 적극적으로 활용함으로써 정치에 참여하는 능력에 대해 언급한다.

위에서 살펴본 여섯 가지 실례를 통해 젠킨스가 주장하고자 하는 바를 크게 두 가지 관점에서 정리해 보면 다음과 같다. 하나는 텔레비전, 영화, 책(소설)과 같은 기존의 미디어 콘텐츠가 또 다른 미디어인 인터넷으로 옮겨지고 있다는 것이다. 이러한 미디어 콘텐츠 간의 다양한 이동 현상을 젠킨스는 그의 저서에서 '미디어 컨버전스 현상'이라 칭한다. 다른 하나는 이러한 미디어 컨버전스 현상은 미디어 수용자들의 적극적인 참여를 통해 이루어진다는 것이다. 이는 다시 말해서 오늘날의 수용자들은 이전과는 달리 이미 존재하는 미디어 콘텐츠를 자신의 방식에 따라 제작하고 유통시킬 수 있는 완전한 참여를 추구한다는 것이다.

우리는 여기서 젠킨스가 위에서 언급한 여섯 가지 실례들 가운데 특히 독일의 팬 영화에서 관찰되는 미디어 컨버전스 현상과 이에 따른 수용자의 참여가 어떠한 방식으로 나타나고 있는지를 좀 더 자세히 고찰해 보기로 하자. 우선 구체적인 작품 분석에 앞서 독일에서 팬 영화의 등장과 전개 과정에 대해 간략하게 살펴보기로 하자.

3. 독일에서 팬 영화의 등장과 전개 과정

팬 영화란 오늘날 미국을 비롯한 아시아권에서 일반적으로 사용되는 개념인데, 영화에 대한 전문 기술을 터득하지 않은 팬들에 의해 비상업적인 목적으로 만들어진 일종의 아마추어 영화라고 볼 수 있다. 독일을 비롯한 서유럽에서는 이미 영화가 등장하기 시작한 20세기 초부터 아마추어 영화에 대한 관심이 있어 왔다. 독일에서는 헤르만 핸레Hermann Hähnle(1879-1965)가 1904년에 슈투트가르트 쉴로스 광장을 산책하는 산보객들을 35mm 카메라로 촬영한 영상 장면이 최초의 아마추어 영화로 기록되고 있다.

엄격한 의미에서 아마추어 영화 제작은 매체 기술의 발달과 밀접히 연관되어 있음을 알 수 있다. 프랑스나 미국에서는 이미 1910년대에 새로운 모델의 소형 필름과 카메라가 보급되면서 아마추어 영화 제작이 일반인들에게 상대적으로 널리 알려진데 반해, 독일에서는 1920년대 중반에 들어와서야 아마추어 영화에 대한 관심이 일반인들 사이에서 일기 시작했다. 프랑스나 미국에 비해 독일에서는 1920년대까지 저렴한 가격의 필름 카메라를 구하는 것이 쉽지 않았으며, 이 당시까지만 해도 아마추어 영화 제작은 경제적인 이유로 인해 일부 상류층에게만 허용되는 특권이었다. 1910년대 말까지 독일에서는 35mm 카메라의 가격이 대략 1,000 라이히스마르크였는데, 이 당시 일반 봉급자들의 한 달 월급이 160 라이히스마르크였다는 것을 생각해 볼 때 엄청난 금액에 해당하는 것이다. 아마추어 영화 제작은 이후 1923년에 코닥회사에서 16mm 소형 필름을 출시하고, 1920년대 중반부터는 사용이 간편한 여러 종류의 필름 카메라가 등장하면서 널리 보편화되기 시작했다. 이러한 추세에 발맞추어 독일에서는 1926년에 '프랑크푸르트 아마추어 영화클럽'이 창설되었으며, 이어 1927년에는 베를린에 '아마추어 영화연맹'이 창설되었다. 이 당시 대표적인 아마추어 영화 제작자들로는 요아힘 그라스만Joachim Graßmann, 빌헬름 쿨만Wilhelm Kuhlmann, 쿠르트 모스바흐Kurt Morsbach, 한스 노이만Hanns Neumann 등이 있다. 1930년대 중반부터는 소형 필름 영사기가 음성 영화에 맞게 보급되었고, 1965년에는 코닥회사의 새로운 모델인 수퍼 8 필름이 출시되면서 아마추어 영화는 진정한 전성기를 맞게 되었다. 이어 1980년대부터는 비디오가 일반인들에게 널리 보급되면서 비디오로 영화를 제작하는 사람들의 수가 더욱 증가했다. 이로 인해 독일에서는 1981년에 기존의 '아마추어 영화연맹'이 '독일 아마추어 영화 및 비디오연맹'으로 명칭이 변경되었다.

아마추어 영화에서 주로 다루는 주제들로는 결혼, 생일 파티, 연회, 여행 등과 같이 가족이나 친지들과 연관된 행사들이라 할 수 있다. 경우에 따라 일부 아마추어 영화 제작자들은 상업 영화를 모방해 영화 속에 중간자막을 삽입하거나 이미지를 새로 편집함으로써 극영화적인 분위기를 연출하기도 했지만, 대부분의 경우에는 가족과 연관된 '홈 무비home movie'의 수준이었다. 홈 무비의 형태로 만들어진 아마추어 영화는 처음부터 대중에게 공개할 목적으로 촬영된 것이 아니기 때문에, 가정이라는 범주 안에서만 공개되었으며 가정을 벗어나는 순간 특별한 흥미를 끌지 못했다.

그러나 1990년대 중반부터 우리 사회에 일반화되기 시작한 디지털 영화 제작은 기존의 아마추어 영화가 지니고 있는 한계를 극복했으며 아마추어 영화 제작에 일대 혁신을 가져왔다. 이와 연관해서 독일에서는 2001년에 기존의 '독일 아마추어 영화 및 비디오연맹'이 '독일 영화 작가들의 연맹조합'으로 명칭이 변경되었다. 여기서 주목할 점은 '아마추어'라는 표현 대신에 '작가'라는 표현으로 대체되었다는 점인데, 이는 새로운 디지털 기술로 인해 아마추어 영화 제작자들의 창의성이 이전보다 더욱 강화되었음을 시사해 준다. 오늘날 아마추어 영화 제작자들은 상업적으로 성공한 대작 영화를 패러디하거나 혹은 유명한 이야기들에서 소재를 빌려오기는 하지만, 이를 액면 그대로 모방하는 것이 아니라 자신의 방식에 따라 변형해 새로운 작품으로 재창조하기 때문에 또 다른 생산자로 인식되고 있다. 오늘날에는 컴퓨터를 통해 자신이 원하는 대로 자유롭게 영상을 편집할 수 있게 되었으며, 또한 상업 영화에서 사용하는 특수 효과 및 음향까지도 디지털 기술을 이용해 손쉽게 처리하고 모방할 수 있게 되었다. 이로써 디지털 영화 제작은 더 이상 기존의 '홈 무비' 차원이 아니라 상업 영화에까지 영향력을 행사하는 수준으로 크게 향상되었다.

디지털 영화 제작은 또한 극영화, 다큐멘터리 영화, 실험 영화, 애니메이션, 게임 등에 이르기까지 다양하게 이루어지며, 주제 면에서도 전쟁, 신화, 사랑, 공상과학 등과 같이 다양하게 나타나고 있다. 디지털 영화 제작은 기존의 아마추어 영화 제작과는 달리 처음부터 대중을 겨냥해 만들어지며 인터넷을 통해 영화를 공개적으로 알리고 배포할 수 있게 되었다. 따라서 오늘날에는 인터넷을 통해 아마추어 영화 제작자들을 위한 모임이나 클럽 등이 형성되고 있으며, 포럼이나 커뮤니티를 통해 영화 제작에 필요한 정보들을 서로 교환하고 공유하는 전문 웹사이트들이 계속해서 증가하고 있다. 예를 들어 '독일 영화 작가들의 연맹조합'에서 운영하는 웹사이트에는 현재 독일 전역에 걸쳐 200개가 넘는 지부가 있으며 대략 4,000명의 회원이 소속되어 있다. 이 밖에도 '아마추어 영화 매거진'에서 운영하는 웹사이트에는 독일에서 제작된 아마추어 영화들을 소개하고 있으며, '미래로의 귀환'에서 운영하는 웹사이트에는 독일에서 제작된 아마추어 영화뿐만이 아니라 프랑스나 영국 등에서 제작된 아마추어 영화들도 소개하고 있다. 이와 더불어 오늘날에는 인터넷을 통해 아마추어 영화 제작자들을 위한 '독일 아마추어 영화 및 비디오 축제', '독일연방 영화 페스티벌', '독일 최근 영화 페스티벌', '독일 비디오클립 대회' 등 다양한 영화 대회가 개최되며, 우수한 작품에는 수상을 하고 있다.

아래에서 우리는 토마스 초이크Thomas Zeug(1987~)가 직접 감독하고 제작한 단편 애니메이션 영화 〈롤리겟돈Rollygeddon〉(2007)을 분석해 봄으로써 팬 영화에서 관찰되는 미디어 컨버전스 현상과 이에 따른 수용자의 참여가 어떠한 방식으로 전개되고 있는지를 좀 더 구체적으로 살펴보기로 하자.

4. 실례 분석: 팬 영화 〈롤리겟돈〉

아마추어 팬 영화 〈롤리겟돈〉은 2007년 8월 10일 레겐스부르크에 있는 영화관 레기나에서 최초로 상영되었으며, 이어 2007년 8월 18일에는 독일 웹 TV 방송사인 아마추어 영화 TV를 통해 인터넷으로 공개되었다. 〈롤리겟돈〉은 2008년 아마추어 영화 제작자들에게 수여하는 '독일 청소년 비디오상'에서 최우수 영화로 선정된 바 있으며, 독일 텔레비전 잡지인 『TV 극영화*TV Spielfilm*』에서 주최하는 2008년 '주피터 시상식'에서 금상인 로키상을 수상했다. 이 영화를 직접 감독하고 제작한 초이크는 원래 전문대학에서 기술을 전공한 인턴 실습생으로서 2002년도부터 취미생활로 아마추어 영화 제작에 관여해 오고 있다.

제목에서도 드러나듯이 〈롤리겟돈〉은 1998년에 제작되어 전 세계적으로 흥행을 이룬 할리우드 영화 〈아마겟돈Armageddon〉을 패러디한 팬 영화다. 이 영화는 그러나 〈아마겟돈〉을 액면 그대로 모방한 것이 아니라, 영화 제작자의 독특한 방식에 따라 새롭게 각색한 영화라고 볼 수 있다. 우선 영화의 장르적인 측면에서 〈아마겟돈〉이 사이언스 픽션에 근거한 '극영화'에 해당한다면, 〈롤리겟돈〉은 코믹 터치를 가미한 '애니메이션 영화'라 할 수 있다. 또한 대부분의 팬 영화들이 원작 영화에서 사용하는

[영상 1] 영화에서 주인공 롤리의 모습.

배경 음악을 그대로 사용하고 있는데 반해, 〈롤리겟돈〉은 플로리안 링쿠스Florian Linckus가 이 영화를 위해 특별히 고안한 배경 음악을 사용해 영화의 독자적인 측면을 더욱 부각시켜 주고 있다. 영화에서 주인공 롤리는 〈아마겟돈〉의 주인공들과는 달리 오렌지색 둥근 모양의 만화적인 캐릭터이며 집에서 텔레비전을 즐겨 보는 청소년층에 해당한다.

〈롤리겟돈〉의 이야기 구조는 크게 1부와 2부로 나뉘어 있는데, 1부에서 롤리는 어느 날 미국 항공우주국NASA으로부터 지구를 향해 날아오는 소행성을 격파해 지구를 구하라는 임무를 부여받는다. 이에 롤리는 핵폭탄이 장착된 우주선을 타고 소행성을 격파하기 위해 우주를 향해 날아간다. 그러나 롤리가 탑승한 우주선은 우주를 떠돌아다니는 행성의 파편에 맞아 격파되고, 화면에는 '게임 끝'이라는 코멘트가 나타난다. 여기서 영화는 게임의 규칙을 적용해 롤리가 우주선을 타고 우주를 떠돌아다니는 행성의 파편들을 피해 가면서 소행성에 도달하는 장면부터 다시 보여 준다. 그 사이 지구 곳곳에서는 우주에서 날아오는 행성의 파편들의 공격을 받아 대재난

[영상 2] 영화 속에 삽입된 실사 이미지.

이 발생한다. 2D와 3D가 혼합된 애니메이션 영화 〈롤리겟돈〉의 독특한 특징으로는 우선 영화 속에 삽입된 실사 이미지를 들 수 있다.

여기서 영화는 우주에서 날아오는 행성의 파편에 맞아 건물이 파괴되는 장면을 실사 이미지로 처리함으로써 대재난의 '현장감'을 강조해 주고 있다. 영화의 1부는 우주에서 날아오는 행성의 파편들에 맞아 지구 곳곳이 파괴되는 장면으로 끝이 난다.

영화의 1부가 끝났다는 중간 자막과 함께 2부에서는 소행성에 착륙한 롤리가 핵폭탄을 내려놓는 장면으로부터 시작된다. 여기서 롤리는 소행성의 정확한 위치에 핵폭탄을 내려놓았는지를 확인하지 않은 채 소행성을 빠져나온다. 이러한 롤리의 실수로 인해 폭파된 소행성의 커다란 파편이 지구에 떨어져 항공우주국 건물이 파괴되고, 이어 롤리가 탑승한 우주선도 격파해 이 사고로 롤리는 죽게 된다. 팬 영화 〈롤리겟돈〉의 또 다른 특징으로는 영화 감독이자 제작자인 토마스 초이크가 영화 속에 직접 등장해 이야기의 흐름을 수정하고 변경한다는 점이다.

[영상 3] 영화 속에 등장한 토마스 초이크의 모습.

여기서 초이크는 롤리의 죽음을 못마땅하게 생각해 소행성의 커다란 파편이 지구를 파괴하는 장면으로 다시 돌아가서 이야기를 새롭게 시작한다. 새롭게 시작되는 이야기에서는 지구가 파괴되는 장면이 롤리의 꿈으로서 제시된다. 초이크는 그러나 이러한 내용에도 만족하지 못해 이번에는 소행성의 커다란 파편이 지구에 떨어지기 이전 장면으로 다시 돌아가서 이야기를 새롭게 시작한다. 재차 시작되는 새로운 이야기에서는 지구를 향해 날아오는 소행성의 커다란 파편이 반대편에서 날아오는 또 다른 파편과 우연히 충돌해 지구의 궤도에서 벗어나 사라져 가고, 이로 인해 롤리는 소행성의 공격으로부터 지구를 구한다.

팬 영화 〈롤리겟돈〉의 주제는 〈아마겟돈〉과 마찬가지로 소행성의 공격으로부터 지구를 구하는 것이다. 그러나 여기서 다른 점은 스토리를 전개해 나가는 방식에 있다. 할리우드 영화 〈아마겟돈〉에서 주인공 해리와 그의 동료들은 미국 항공우주국의 계획에 따라 여러 가지 우여곡절 끝에 소행성에 착륙해 이곳에 구멍을 뚫는 작업에 성공한다. 그러나 소행성의 구멍 속에 장착할 핵폭탄 장치의 고장으로 인해 주인공 해리가 혼자 남아 소행성을 폭파하며 최후를 맞는다. 〈아마겟돈〉의 스토리 전개는 이처럼 원인과 결과에 따른 인과적인 필연성으로 구성되어 있다. 이와 달리 팬 영화 〈롤리겟돈〉에서 주인공 롤리는 소행성의 파편이 또 다른 파편과의 우연한 충돌로 인해 지구를 구하고 죽음으로부터 해방된다. 〈아마겟돈〉이 '인과적인 필연성'에 따라 스토리를 전개하고 있다면, 〈롤리겟돈〉은 '예기치 못한 우연성'에 따라 스토리를 전개하고 있다. 이처럼 서로 다른 스토리 전개 방식을 통해 팬 영화 〈롤리겟돈〉은 원작 영화와는 다른 새로움을 제시해 주고 있다.

미디어 컨버전스와 연관해 볼 때, 팬 영화 〈롤리겟돈〉은 이미 존재하는 영화의 콘텐츠가 팬으로서 수용자에 의해 또 다른 미디어인 인터넷으로 옮겨져 배포되고 유통되는 것을 의미한다. 여기서 주목할 점은 이러한 유통 과정이 수용자의 적극적인 참여를 통해 이루어지고 있다는 점이다. 젠킨스가 언급하고 있는 것처럼, 오늘날 신세대 팬 영화 제작자들은 기존의 상업 영화를 그들만의 방식에 따라 패러디함으로써, 이전과는 다르게 주어진 미디어를 단순히 소비하는 차원에서 벗어나 이를 재생산해 유통시킬 수 있는 완전한 참여를 주장하고 있다. 할리우드 영화 〈아마겟돈〉과 비교해서 수용자의 적극적인 참여를 통해 변형된 〈롤리겟돈〉의 독특한 특징으로는 다음과 같은 것을 들 수 있다. 우선 〈아마겟돈〉에서는 주인공이 세계 최고의 굴착 전문가인 해리와 그의 동료들인데 반해, 〈롤리겟돈〉의 주인공은 청소년층에 해당하는 만화적인 캐릭터 롤리다. 〈아마겟돈〉의 스토리 전개 방식이 위에서 살펴본 것처럼 원인과 결과에 따른 인과적인 필연성으로 구성되어 있다면, 〈롤리겟돈〉의 스토리 전개 방식은 예기치 못한 우연성으로 구성되어 있다. 또한 〈아마겟돈〉은 자연스러운 이야기의 흐름을 통해 관객들로 하여금 있을 법한 허구의 세계를 믿도록 유도

하는 데 반해, 〈롤리겟돈〉은 영화 제작자가 영화에 직접 등장해 이야기의 흐름을 변경하는 '낯설게 하기 방식'을 통해 영화의 허구적인 측면을 강조한다. 장르적인 측면에서도 〈아마겟돈〉이 사이언스 픽션에 근거한 극영화에 해당한다면, 〈롤리겟돈〉은 코믹 터치를 가미한 애니메이션 영화에 해당한다. 또한 음악에서도 〈아마겟돈〉에서는 트레버 라빈Trevor Rabin이 작곡한 주제 음악이 사용되고 있다면, 〈롤리겟돈〉에서는 플로리안 링쿠스가 작곡한 배경 음악이 사용된다.

이러한 수용자의 참여는 다른 한편 오늘날 디지털 기술을 기반으로 한 컴퓨터와 인터넷의 등장으로 인해 가능한 것이다. 〈롤리겟돈〉은 이미 존재하는 상업 영화에서 콘텐츠를 빌려오기는 하지만, 컴퓨터를 통해 이미지, 음향, 특수 효과 등을 새롭게 개조하고 각색함으로써 원작 영화와는 완전히 다른 효과를 보여 준다. 또한 영화의 유통 과정에서도 기존의 상업 영화가 영화관을 통해 전 세계적으로 배포되고 유통되었다면, 〈롤리겟돈〉은 인터넷을 통해 전 세계적으로 배포 · 유통되고 있다. 이처럼 디지털 기술을 통한 컴퓨터와 인터넷의 등장은 수용자들로 하여금 미디어 콘텐츠의 재생산 및 유통 과정에 참여를 유도하는 새로운 참여 문화를 형성하는 데 지대한 영향을 미치고 있다. 컴퓨터는 초기에 계산을 담당하는 계산기의 역할에 지나지 않았다. 그러나 이후 인터넷 사용이 일반화됨으로써 컴퓨터는 더 이상 계산을 담당하는 도구가 아니라, 사진 · 영화 · 텔레비전 등과 같은 모든 미디어를 저장하고, 개조하고, 전파할 수 있는 보편적인 미디어가 되었다. 이를 통해 나타난 가장 괄목할 만한 현상은 무엇보다도 문화의 양상이 변화되었다는 점이다. 20세기 초 영화의 등장으로 인해 새로운 '시각 문화'가 형성되었다면, 21세기인 오늘날에는 인터넷의 등장으로 인해 수용자들의 적극적인 참여를 유도하는 새로운 '참여 문화'가 형성되어 가고 있음을 알 수 있다.

5. 나오는 말

지금까지 우리는 컴퓨터와 인터넷을 통해 제작되고 유통되는 팬 영화의 실례를 통해 수용자의 참여가 어떠한 방식으로 나타나고 있는지를 살펴보았다. 뉴 미디어인 인터넷의 등장은 크게 두 가지 측면에서 우리 사회에 커다란 영향을 미치고 있음을 알 수 있다. 우선 매체적인 측면에서 볼 때 인터넷의 등장은 기존에 독립적으로 존재하던 미디어들 간의 융합을 가능하게 하는 미디어 컨버전스 현상을 초래하며, 문화적인 측면에서 볼 때 인터넷의 등장은 수용자들의 인식과 태도에 커다란 영향을 미치고 있다. 여기서 주목해 볼 사항은 인터넷의 등장으로 인해 수용자들의 참여가 이전보다 더욱 강화되고 있다는 점이다. 오늘날의 수용자들은 주어진 미디어를 단순히 받아들이고 소비하는 소비자로서가 아니라, 이를 자신의 방식에 따라 새롭게 변형하고 제작하는 또 다른 생산자로서 인식되고 있다. 이러한 생산자로서 수용자의 참여는 그러나 다른 한편 기존의 창조성의 개념에 커다란 변화를 초래하고 있음을 알 수 있다. 디지털 시대의 수용자들에게 '창조'란 완전히 새로운 콘텐츠를 만들어내는 것이 아니라, 이미 존재하는 콘텐츠를 새롭게 변형함으로써 또 다른 작품으로 재생산해내는 것을 말한다. 즉 아날로그 시대의 창조력이 완결된 새로운 예술품을 만들어내는 능력을 의미했다면, 디지털 시대의 창조력이란 이미 존재하는 것을 변형하고 가공해 새로운 가치로 만들어내는 능력을 의미한다.

오늘날 변화된 미디어 환경에서 볼 때, 새로운 디지털 기술의 발전은 미디어 수용자의 개입과 참여를 더욱더 극대화시키는 방향으로 나아가고 있다. 이로 인해 변화된 창조성의 개념은 다시 새로운 '미'의 개념을 요구하며, 디지털 시대의 미적 예술성에 대한 개념은 앞으로 우리 사회가 규명해야 할 문제로 제시되고 있다.

참고 문헌

젠킨스, 헨리, 『컨버전스 컬처: 올드 미디어와 뉴 미디어의 충돌』, 김정희원 · 김동신 옮김, 비즈앤비즈, 2008.

Brecht, Bertolt, "Der Rundfunk als Kommunikationsapparat. Rede über die Funktion des Rundfunks(1932)," *Kursbuch Medienkultur. Die maßgeblichen Theorien von Brecht bis Baudrillard*, Hg. v. Claus Pias, Joseph Vogl, Lorenz Engell, Oliver Fahle und Britta Neitzel, 6. Aufl., Deutsche Verlags-Anstalt, 1999.

Enzensberger, Hans Magnus, "Baukasten zu einer Theorie der Medien(1970)," *Kursbuch Medienkultur. Die maßgeblichen Theorien von Brecht bis Baudrillard*, Hg. v. Claus Pias, Joseph Vogl, Lorenz Engell, Oliver Fahle und Britta Neitzel, 6. Aufl., Deutsche Verlags-Anstalt, 2008.

Schuegraf, Martina, *Medienkonvergenz und Subjektbildung. Mediale Interaktionen am Beispiel von Musikfernsehen und Internet*, VS Verlag für Sozialwissenschaften, 2008.

Zeug, Thomas, *Rollygeddon*, DVD, SoeinSchmarn Productions, 2007.

제2부

인간과 기계, 매체와 매체의 컨버전스

포스트휴먼과 '인간-기계의 컨버전스' _ 조윤경

컨버전스와 그로테스크한 신체 _ 정현규

기계와 융합된 미술가의 신체: 스텔락의 '사이보그 퍼포먼스' _ 전혜숙

영상 매체의 판소리 끌어안기: 임권택의 〈춘향뎐〉을 중심으로 _ 이수진

문화적 기억과 매체의 고고학: 흔적에서 네트까지 _ 김수환

포스트휴먼과 '인간-기계의 컨버전스'*

조윤경

1. RAP의 그림에서 출발하며

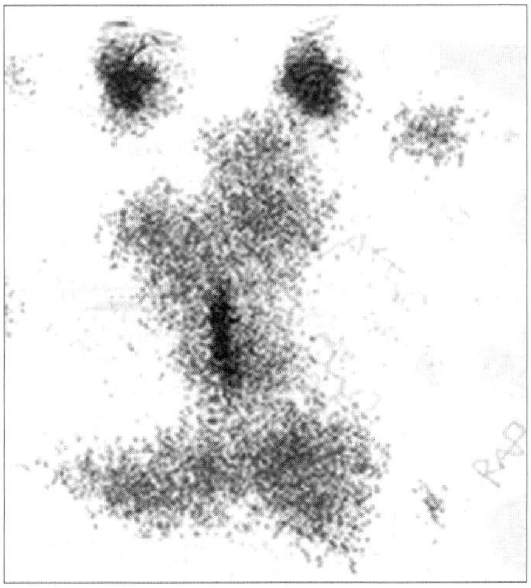

이 글은 옆의 그림에 대한 언급으로부터 시작하고자 한다. 이 그림은 점, 선, 면이라는 추상적인 구성의 법칙을 기반으로 자유롭고 독특한 형상을 구현하고 있다. 화면의 가운데 부분에는 붉은색의 작은 선들이 모여 이루어진 사람 같기도 하고 짐승 같기도 하며, 지도 같기도 한, 혹은 거대한 성운 같기도 한 형상이 보인다. 그 위로 떠 있는 초록

빛 두 구체는 붉은 형상의 심장부에도 타원형으로 들어 있다. 마찬가지로 초록빛 두 구체 옆에는 가운데 형상과 동일한 선과 재질로 되어 있는 붉은색 구체가 떠 있다. 그래서 마치 소우주와 대우주의 관계처럼, 가운데 형체를 중심으로 안과 밖이 서로 그 성질을 교환하고 있다는 느낌을 갖게 된다. 화면 하단 오른쪽 옆에는 'RAP'이라는 작가의 서명이 적혀 있다.

이 그림을 그린 화가의 이름은 RAPRobotic Action Painter. 인공지능과 로봇 전문 아티스트인 레오넬 무라Leonel Moura가 탄생시킨 '그림그리는 로봇'이다. '독립적이고 섬세한' 아티스트 RAP은 스스로 아름다움과 작품의 완성도를 판단해 '작품이 끝났다고 생각할 때' 비로소 자신의 서명을 한다.[1] 그렇다면 (인간이 만든) 로봇이 촉발하는 상상력은 무엇인가? 다시 말하면 이미지를 형성하는 인간의 능력을 가리키는 전통적 의미의 상상력이 아니라, 인간과 인간이 만든 기술로 인해 비롯되는 상상력은 무엇인가?

오늘날 컴퓨터, 인터넷, 생물학에서 비롯된 개념이 예술을 포스트휴먼posthuman과 포스트네이처postnature의 영역으로 확장하고 있다. 그리고 그 중심에 이 글에서 다루고 싶은 '기술적 상상력'이 작용하고 있다. 우선 기술적 상상력techno-imagination이라는 용어를 처음 제안한 빌렘 플루서Vilem Plusser의 정의를 살펴보면 다음과 같다.

> '기술적 상상'이란 기구에 의해 창조된 그림(기술적 그림)을 암호화하고 해독하는 능력이라고 명명된다. 이 연구의 기초가 되는 가설은 이 능력이 전

* 이 글은 『기호학연구』 26집(2009년)에 실린 논문을 수정 · 보완한 것임을 밝혀 둔다.

1 레오넬 무라의 웹사이트 http://www.leonelmoura.com/ 참조. 그 밖에도 무라는 구체시 계열의 시를 창작하는 로봇 ISUThe Poet Robot, 최초의 인공생명 동물원 로보타리움(포르투갈, Alverca)을 만들었다.

> 통적인 상상과 현저히 차이가 난다는 것이다. 기술적 그림들(사진, 영화, 텔레비전 프로그램 등)의 '읽기'와 '쓰기'는 고전적인 그림들(동굴 벽화, 모자이크, 유리창 회화 등)의 읽기 및 쓰기와는 완전히 다른 것을 요구한다(플루서, 2004: 159).

그는 여기에서 '기술적 상상력'의 개념을 뉴 테크놀로지의 문해력 literacy으로 설명하고 있다. 즉 그는 사진과 영화, 텔레비전 영상 등 새로운 기술적 이미지를 고전적 읽기 · 쓰기와 다르게 구사할 수 있는 능력을 기술적 상상력으로 본 것이다. 그런데 문해력이 곧 상상력을 의미하는가? 즉 구체적인 기술을 구사할 수 있어야만, 혹은 기술로 구현되어야만 기술적 상상력인가? 또한 기술적 상상력은 뉴 미디어나 디지털 미디어에만 국한되는가?

진중권은 플루서의 기술적 상상력을 "상상력을 기술로 구현하는 힘"으로 정리하면서, "영화 〈마이너리티 리포트〉(2002)는 기술의 현재와 미래에 대한 현실적 예측에 기초한 '기술적 상상techno-imagination'의 구현이라 할 수 있다"(진중권, 2009)고 언급한다. 기술적 상상은 실제의 연구 · 개발에 뿌리를 두고 있으며 영화 속 공상을 기술적 일상으로 변형시킨다는 것이다. 그런데 상상력이 기술로 구현되면 그 상상력은 완결되는가? 여기에서 그가 지칭하는 '상상력'은 '아이디어'라는 말로 바꾸는 것이 적절해 보이며, '상상력을 기술로 구현하는 힘'은 혁신이나 발명이라는 단어를 사용하는 것이 더 적절해 보인다. 게다가 사실 우리에게 영향을 미치는 상상력은 기술이 구현된 그 다음부터 시작되는 것은 아닌가?

플루서의 기술적 상상력의 개념에서 강조하고 있는 또 하나의 사실은 기술적 상상력이 전자 기술과 컴퓨터로 인해 가능해진 프로그램화된 상상력이라는 점이다. 여기서 그는 언어가 '아닌' 형상적 상상력을, 또한 인간이 '아닌' 프로그램에 의한 상상력을 강조한다. 하지만 이 시대의 현실은 언어와 형상, 인간과 기계, 두뇌와 프로그램의 경계가 그다지 뚜렷한 것이 아님을 보여 주고 있다. 예컨대 RAP의 그림은 '인간이 아닌 로봇의 그림'이 아니라 '인간이 만든 로봇이 만든 그림'이며, 나아가 '인간이기도 하고 로봇이기도 한, 주체이기도 하고 도구이기도 한 대상이 그린 그림'이다. 그렇다면 기술적 상상력은 바로 언어와 형상, 인간과 기계, 두뇌와 프로그램의 그 불분명한 경계면에서 촉발되는 것은 아닐까?

일찍이 상상력을 체계화하고 이론화한 철학자 가스통 바슐라르Gaston Bachelard는 상상력을 '이미지를 형성하는 기능'을 넘어선 '이미지를 변형하는 능력'으로 정의한 바 있다.

> 사람들은 상상력이 이미지를 형성하는 능력이라고 파악한다. 그런데 상상력은 오히려 지각에 의해 제공된 이미지를 변형하는 능력이다. 그것은 무엇보다도 최초의 이미지들로부터 우리를 해방하고, 이미지들을 변화시키는 능력이다(Bachelard, 1985: 7).

바슐라르가 언급한 바대로 제공된 이미지들을 변형하고, 기존 이미지들을 도약대로 삼는 상상력의 힘으로부터 기술적 상상력의 개념을 다시 생각해 볼 수 없을까? 이에 이 글은 기술적 상상력을 다음과 같이 세 가지 방향으로 정의하면서 그 의미를 탐색해 나가고자 한다.

첫째, 기술적 상상력은 기존의 기술 혹은 새로운 기술의 도입이 촉발하는 상상력이다. 상상을 통해 기술이 구현되기도 하지만, 거꾸로 기술이 상상력을 촉발하기도 한다. 햅틱 기술, 컨버전스 기술 등 기존의 기술에서 촉발되는 상상력은 무엇인가? 사이보그, 로봇, 스마트폰, 인터넷, MP3 등 신기술 매체가 촉발하는 상상력은 기존의 기술이 낳은 상상력과 어떻게 다를 것인가? 이것들이 인간의 인식과 사고 방식에 가져온 변화는 무엇인가? 그것은 어쩌면 인간, 현실, 기계의 개념을 송두리째 바꾸는 상상력이 아닐까?

둘째, 기술적 상상력은 기술과 예술의 사이, 혹은 결합을 통해 촉발된다. 이 때의 기술은 수단이나 도구성을 넘어선다. 예술가들 혹은 창조적 상상력을 발휘하는 사람들은 새로운 기술이 등장함에 따라 그것을 어떻게 창작과 연결시켰는가? 새로운 기술에 대한 탐구는 어떻게 이루어지고 있으며, 예컨대 컴퓨터나 인터넷의 발전 과정이 창작자들의 작업에 어떻게 반영되었을까? 이런 질문과 더불어 예술이 기술의 발전에 어떻게 기여했으며, 마찬가지로 기술은 예술의 발전에 어떻게 기여했는지, 기술을 통해 상상력의 표현은 확장되었는지 혹은 감소된 부분은 없는지를 살펴보고자 한다.

셋째, 기술적 상상력은 기술과 인간의 관계에서 촉발된다. 이것은 인간의 몸이 기술을 사용하는 주체가 아니라 기술 자체가 되는 포스트휴먼의 상상력을 이끌어 낸다. 포스트휴먼은 자연의 영역에서 기호화된 영역으로 이행해 가면서 미디어 기호학에서 중시하는 기술 체계의 새로운 의미 생성과 재구축된 현실을 몸으로 체현하고 있다. 또한 포스트휴먼은 인간과 기계, 인간과 기술 등의 이항 대립이나 인간중심주의에 문제를 제기하고, 생명이 무엇인가에 대한 새로운 성찰을 이끌어내고 있다. 이에 이 글은 기술의 인간화, 인간의 기계화가 가속화되는 오늘날, 포스트휴먼이라는 증강 인간과 이를 둘러싼 증강 현실을 살펴보면서, 기술적 상상력으로 인해 상상력 또한 '증강'되었는지 질문해 보고자 한다. 인간-기계의 컨버전스를 가속화하는 기술적 상상력 논의를 통해 이 글은 궁극적으로 인간, 세계, 상상력에 대해 새롭게 탐색하고 의미 부여해 보고자 한다.

2. 인간과 기술적 상상력

기술적 상상력은 기술이 촉발하는 상상력이다. 상상력은 기술을 구현하는 원동력이 되기도 하지만, 거꾸로 기존의 기술은 인간의 상상력에 영향을 미친다. 특히 신기술은 언제나 폭발적인 새로운 창조를 낳는다. 비디오의 도입은 빨리 감기, 되감기, 느린 화면, 정지 화면 등 시간을 조작하고 재구성하는 상상력을 가능하게 했다. 이러한 상상력은 소설, 연극, 영화 등 제반 문화적 상상력으로 전이된다. 예를 들어 최근 오태석이 연출한 연극 〈로미오와 줄리엣〉(2009, 극단 목화레퍼터리컴퍼니)을 보면, 서로 반목하는 두 집안이 '칼 먼저 뽑기 내기'라는 유희적 행위를 하다가 갑자기 '살인'이라는 비극적 사건을 맞이하게 되는 부분이 있다. 그 부분에서 배우들은 비디오의 슬로 모션처럼 동작을 연기한다. 펴졌다가 서서히 일그러지는 배우들의 표정에서 웃는 것 같기도 하고 우는 것 같기도 한 묘한 '소리없는 아우성'이 표출된다. 이를 통해 '칼장난'이 '칼부림'이 되는 긴박함이 낯섦과 우스꽝스러움으로 전이되면서, 관객과 배우 모두가 마치 태풍의 핵에 있는 것 같은 '유희적 비극성'의 느낌을 강화하고 있다.

『작은 물건들의 신화』의 저자 세르주 티스롱Serge Tisseron은 신기술이 그 자체로서 새로운 것일 뿐 아니라, 우리가 이 신기술과 맺는 관계의 구체적 형태들 역시 새로운 것이라고 말한다(티스롱, 2000: 8-12). 그에 의하면, 우리와 물건들과의 관계는 두 단계로 이루어지는데, 첫째는 그것들을 소유하고 있지 않을 때 우리는 기호를 통해 그것을 욕망하며(지금까지의 기호학이 매우 타당하게 다루어 온 분야), 둘째는 실제로 소유하고 사용하고 있을 때, 여기에는 감각성, 육체의 상태, 몸짓, 다양한 자세가 연루된다. 소유된 물건은 하나의 새로운 관계를 창출하며, 이 관계가 있기 전 전혀 예기치 못했던, 매혹적이기까지 한 새로운 영역을 열어 줄 수 있다. 티스롱은 물건을 만든 사람조차 전혀 예상하지 못했던 용도로 사용하는 놀이를 그 예로 들고 있는데, 이러한 '새로운 영역'이 바로 기술적 상상력이 펼쳐지는 영역이다.

한편 기술적 상상력은 기술과 예술의 사이에서 촉발된다. 창작자들은 기술을 도구나 수단에서 벗어나 상상력을 발휘하는 도약대로 삼고 있다. 기술이 예술에 영향을 미칠 때 비디오 아트, 레이저 아트, 컴퓨터 아트 등이 생겨났으며, 거꾸로 예술가들의 모색은 기술의 발전에 지속적으로 기여하고 있다. 그리고 우리 시대에는 점점 더 기술과 예술, 엔지니어와 예술가의 구분이 희미해지거나 두 영역 간의 협업이 이루어지는 방향으로 나아가고 있다.

이럴 때의 기술적 상상력은 인간의 상상력과 기계의 상상력, 자동화된 상상력이 결합된 산물이다. 또한 이 때의 기술은 단순히 수단이나 도구성을 넘어선다. 프랑스의 과학철학자 도미니크 르쿠르Dominique Lecourt는 "기술이 더는 '도구'가 아니라 인간의 본질적 차원이라는 점을 인식하는 선에서 인간과 기술의 개념을 재창조해야 한다"(Lecourt, 2003)고 강조한다.

2009년 6월 숭실대 정보과학관에서 열린 '생성예술 국제학술심포지엄'은 "기계가 꾸는 꿈Machine Dreams"이라는 제목으로 진행되었다. 기계와 생명에 대한 확장된 시각으로 미래의 융합 예술의 가능성을 모색하고자 한 심포지엄이었는데, 발표자들은 컴퓨터를 이용한 생성 예술의 핵심이 컴퓨터를 단순한 도구의 차원으로 '사용'하는 것이 아니라 컴퓨터 없이는 불가능한, 컴퓨터가 주체가 되는 예술이라고 정의내리고 있다. 직접 발표에 참여한 예술가들은 인공생명 이론을 소리와 음악의 창작에 응용하기도 하고, '컴퓨터 계산 창작computational composition'을 구현하기도 했다. 그들은 이러한 과정을 통해 인간의 예술과 닮았으면서도 다른,

새로운 예술을 추구함으로써 예술이라는 개념을 확장하고자 한다.

이러한 상황에서 작가는 작품을 만드는 사람이 아니라 작품을 만들게 시키는 사람이 된다. 또한 '인간-작가'는 자신이 예측한 대로 결과물을 완성하는 자가 아니라, 상상력의 촉발자로서 컴퓨터를 통한 알고리듬의 응용 메커니즘이 보여 주는 결과가 무엇이 될지를 관람자와 마찬가지로 궁금해 하며 지켜보는 자가 된다. 컴퓨터와 같은 기계의 자율적 영역을 강조하는 이러한 상상력은 인간 상상력의 영역을 넘어서는 상상력일까?

컴퓨터 생성 예술의 선구자 중 한 사람인 가와노 히로시川野洋는 컴퓨터 예술과 인간의 예술을 구분한다. 그에 의하면 인간의 예술은 주관적인 표현의 문제이고, 컴퓨터의 예술은 객관적 논리의 문제다. 따라서 그는 컴퓨터 예술이 진정한 예술이냐를 따지는 것보다 논리를 사용하는 예술의 존재 이유가 무엇인지를 묻는 것이 현명하다고 본다. 그 존재 이유는 컴퓨터 예술이 '표현'보다는 '구성'에, 세계를 재현하는 것보다 세계를 변형하는 데 초점을 두고 있다는 점과, "인간의 머리 너머에서 제작을 가능하게 한다는 사실"에 있다(히로시, 2008: 196-197). 한편 플루서에 의하면, 고유한 프로그램이 있고 개념들을 그림으로 묘사하는 능력을 발휘하는 컴퓨터 예술은 상상력의 혁명을 가져온다. 컴퓨터 예술은 개념과 상상, 이미지와 텍스트의 기존의 관계를 무너뜨리면서 "개념적인 사고 '아래' 서 있지 않고, 그 사고 위에 서 있는 하나의 새로운 상상의 세계"를 구축한다(플루서, 2004: 277).

다른 한편 기술적 상상력은 기술과 인간의 경계가 흐려지는 지점에서 촉발된다. 과거에 우리는 인간을 모방한 '로봇'을 만들고 싶어했다.[2] 오늘

2 도미니크 바뱅Dominique Babin에 의하면, 신기술에 대한 동경이 한창이었던 1980년대에 사람들은 생물학적인 것을 평가 절하하여 '고기', '살덩어리'라고 폄하해 지칭하기도 했으며, 인간보다 기계들과 훨씬 자연스럽게 의사 소통을 하는 천재들의 기크 신드롬Geek syndrome이 유행하기도 했다.

날 우리는 '인간'을 로봇으로 진화시키고자 한다. 〈공각기동대〉, 〈마이너리티 리포트〉, Saturn 자동차 광고 등 수많은 영화, 광고 동영상 등은 이러한 열망을 표현한다. 이는 기술과 매체가 인간을 보조하는 데 그치지 않고 인간을 진화시켜 줄 것이라는 믿음을 반영한다. 또한 인간의 기술적 체현이 진행됨과 동시에 기술의 인간화가 진행되고 있다는 사실을 보여 준다.

현대의 기술적 상상력은 인간을 지칭하기 위해 기계의 은유를 사용하고, 기계를 지칭하기 위해 인간의 은유를 사용한다. 즉 인간에 대해서는 '스펙을 높여라', '네 실력을 업그레이드해라', '두뇌의 하드웨어' 등 하이테크 용어를 빌려서 얘기하며, 기술을 지칭하기 위해 '직관'이라든가 '감성'을 내세운다. 빌 게이츠Bill H. Gates는 컴퓨터 네트워크에 관해 얘기할 때 언제나 인간과 관련된 은유를 즐겨 사용한다는 사실로 유명하다("당신 기업의 신경계 덕분에…… 당신 비즈니스가 생각의 속도만큼이나 빨리 진행될 것이다"(바뱅, 2007)).

기술적 상상력은 미래학과 관련이 깊다. 기술의 변화 속도가 가속화됨으로써, 미래의 전망이 다양하게 내려진다. 필립스 디자인연구소는 테크놀로지의 인간화를 목표로 내세우며, 사용자가 글로 쓴 내용을 기억하는 '매직 펜' 등 유별난 기능의 스마트 가제트들을 대상으로 형태 변형의 가능성을 실험했다(박해천, 2008: 181-189). 모토롤라는 세계 최초의 휴대폰 이후 50년을 상상하면서 2033년에는 사람의 생각을 먼저 읽어내는 기능을 수행하는 기술이 발전하고, 증강 현실 기술의 발달로 현실 속에서

그러나 오늘날 기계에 대한 숭배는 한계에 다다랐으며, 새로운 상상력의 시대가 전개되고 있다. 기계에 대한 공포심과 이끌림, 요컨대 공상 과학의 전통이 남긴 악몽 대신, 이제 우리는 "살아 있는 생명체와 그 생명체가 지닌 요약할 수 없는 복잡성"으로 시선을 돌리게 된다(바뱅, 2007: 114-117).

3차원 가상 세계를 경험할 수 있으며, 휴대폰이 신체와 감각의 연장처럼 진화하고, 형태 변화 기술의 발달로 휴대폰이 환경에 따라 변화할 것이라고 전망했다.[3]

기술적 상상력이 인간과 기계, 그리고 그 사이 영역과 밀접한 관계가 있다면 우리는 곧 인간-기계 인터페이스인 포스트휴먼에 주목하게 된다. 포스트휴먼은 인간의 몸이 기술을 사용하는 주체가 아니라 기술 자체가 되는 상상력을 보여 준다. 포스트휴먼 논의에서 몸은 주어진 것이 아니라 만드는 것이며, '나'는 창조의 재료이자 결과물이 된다. 포스트휴먼은 스스로 자신을 디자인한다.

3. 포스트휴먼과 기술적 상상력의 체현

21세기로 들어선 현재, 일상화된 성형, 인공 장기, 의족, 의치, 의수, 프로작Prozac이나 리탈린Ritalin 같은 행동을 변화시키는 약, 성공적인 복제 기술, 인간 게놈 지도 등이 포스트휴먼의 '포스트보디postbody'를 예고하고 있다(Roberstson & McDaniel, 2005: 150-152). 포스트휴먼posthuman은 제프리 다이치Jeffrey Deitch가 기획한 전시에서 처음 사용한 말로, 새로운 진화 차원에 들어간 인간들을 지칭한다. 생명공학과 컴퓨터 과학이 인간의 몸을 인공적인 방향으로 재구축하고 확장하는 힘을 준다는 것이며, 이를 통해 인간의 몸을 생물학적인 진화 너머로 인도한다는 것이다. 포스트휴먼 시대는 정보 기술, 인지 과학, 나노 기술, 바이오 공학의 발달로 기술이 인간의 몸 속에 삽입되거나 생활에 밀착됨으로써

3 http://www.esportisi.com

인간과 기계의 경계가 해체된다. 기계 장치를 이용해 인간의 신체적 · 정신적 능력을 향상시키거나, 유전자 조작으로 신인류를 창조하는 것이다.

도나 해러웨이Donna J. Haraway는 일찍이 다음과 같이 선언한 바 있다.

> 20세기의 마지막 시점, 이 신화적 시대에서, 우리는 모두 기계와 유기체로 이루어진 키메라이고, 이론화된 잡종들이다. 즉 우리는 안드로이드, 사이보그인 것이다. 우리의 존재론은 사이보그의 그것이고, 사이보그는 우리의 정치학을 결정한다. 사이보그는 상상력뿐만 아니라, 물질적 현실의 압축된 이미지다. 그리고 이러한 두 가지 중심의 융합은 모든 역사적 변형을 구조화한다(Haraway, 1991: 150).

그렇다면 포스트휴먼은 인간에 대해 일반적으로 품고 있는 개념과는 다른 새로운 개념 정의와 법 제정을 추구하게 된다. 포스트휴먼은 독립적이고, 합리적이고, 자유 의지가 있으며, 모든 존재의 상위에 있다고 여겨지는 르네상스 인간형에 비판적 의문을 제기한다. 포스트휴먼은 인간의 불완전성과 자기 자신과의 불일치성을 인정하며, 세계를 컨텍스트로, 그리고 이질적인 관점들로 이해한다. 포스트휴먼은 단일한, 규정된 개체가 아니라 상이한 정체성들을 체현하며, 세계를 다중의 이질적인 관점들에 따라 이해한다. 포스트휴먼이 다른 비인간 개체들과 차이점은 포스트휴먼은 자신의 생이나 혹은 선조의 생에서 한때 인간인 적이 있었다는 사실이다. 따라서 포스트휴먼의 전제는 트랜스휴먼transhuman이라고 할 수 있다. 트랜스휴먼은 자신의 한계를 넘어서기 시작했으나 여전히 인간 혹은 그와 유사한 특징을 식별할 수 있는 존재다.

포스트휴먼은 무엇보다 신체에 대한 상상력을 바꾼다. 이전의 신체가 주어진 것이라면, 점점 신체는 만들어가는 것, 바꾸는 것, 자신이 디자인한 것이 된다. 인간 유기체는 더 이상 전적으로 유기적이지 않다. 인간, 동물, 기계 사이 어디에 어떤 경계선을 그을 수 있을 것인가? 사라 채플린Sarah Chaplin은 다음과 같이 쓴다.

> 우리 모두가 테크놀로지에 의해 점차 증강되고 있는 확장성에 대해 더 이상 환기시킬 필요도 없다. 우리 모두는 어떤 의미에서 이미 사이보그들이며 테크놀로지와 우리가 갖는 관계에 대한 강박으로 시달리고 있다(Chaplin, 2001: 268).

이런 상황에서 포스트휴먼 세계의 패턴을 해독하고 여기에 영향을 미치는 것이 현대의 예술가들이 직면한 도전이다. 사이버 공간에서 우리의 가상 자아는 이미 포스트보디적임이라는 새로운 구조 속으로 편입된다. 우리는 물질적인 몸이 존재하지 않는 현실을 만들어 나가고 있다.

제이 데이비드 볼터Jay David Bolter와 리처드 그루신Richard Grusin은 포스트휴먼의 포스트보디를 '육체의 재매개'라 지칭한다.[4] 이는 육체와 세계, 육체와 테크놀로지 사이의 경계가 혼동되고 붕괴되는 과정을 의미한다. 보디빌딩body-building의 경우 육체 자체가 새로운 외형과 정체성을 구현하기 위해 재구성되며, 재구성된 육체는 영화, TV, 인쇄물 광고 등 대중적 미디어의 표현 대상이 된다.

인간적인 요소와 비인간적인 요소를 결합하는 몸의 개념은 우리 시대에 나타난 새로운 현상은 아니다. 인간과 다른 유기체들의 하이브리드는 예술사와 문학사에 다양하게 나타났다. 자동 인형이나 로봇, 인간의 기능

4 볼터와 그루신의 '재매개remediation'의 개념에 의하면 모든 미디어는 '재매체화' 즉 내용과 형식의 차원에서 다른 미디어를 번역, 개조, 그리고 수정하는 기능을 한다(볼터 · 그루신, 2006: 284-290).

을 대체하는 기계들은 산업혁명 이후 일상에서 사용하는 기계적인 상상력으로 표출되었다. 20세기 초 미래주의자들은 인간의 몸을 인간과 기계의 융합으로 상상하고 재현했으며, 양차 대전 사이에 꽃을 피웠던 초현실주의 예술가들도 동물, 식물, 광물, 사물, 기계들과 조합된 인간의 몸을 형상화한 바 있다.

이러한 시도들과 오늘날의 차이점은 몸과 테크놀로지의 연결이 디지털과 생명 공학의 영역으로 확장되었다는 점을 들 수 있겠다. '가상 현실'에서 우리는 우리에 대한 새로운 아이덴티티를 만들어낼 수 있다. 우리는 스크린 앞에 앉아 있는 인간을 대체해, 사이버 공간을 통해 가시적으로 움직이는 존재인 아바타들의 형태로 새로운 육체적 몸에 익숙해질 수 있다.

다른 한편으로는 인간이 유전자를 디자인하게 된다. 프랜시스 후쿠야마 Francis Fukuyama는 생명 공학 기술이 상업화됨에 따라 부자 유전자와 가난뱅이 유전자 질서가 고착될 것이고, 그 결과 포스트휴먼의 세계는 "현존하는 세상보다 훨씬 더 계층적이고 경쟁적이며, 그 결과 사회적 갈등으로 가득 찬 세상일 수 있다. [……] 인간의 유전자를 너무나 많은 다른 종의 유전자와 섞음으로써 더 이상 인간이란 무엇인가에 대한 명확한 개념을 가질 수 없게 되는 세계일 수 있다"(후쿠야마, 2002: 325)고 경고한다. 한편 칼 하인츠 슈타인뮐러Karl Heinz Schteinmüler와 앙겔라 슈타인뮐러Angela Schteinmüler는 이러한 현상의 의미를 '문화적인 진화가 생물학적 진화를 대체'하게 되는 것으로, 진화의 패러다임이 송두리째 변화하는 것이라고 의미 부여한다. 다시 말해 "태초의 유전자가 행했던 유전적 자유분방함으로 돌아가면서 인간이 원하는 새로운 종들이 무수히 등장하게 된다. 즉 생물계는 폭발적인 다양성이 시작되는 것이다"(슈타인뮐러 · 슈타인뮐러, 2007: 99).

4. 증강된 인간과 증강 현실, 그리고 '증강된' 상상력

프랑수아 그랑자크François Grandjacques 감독의 〈구글 어스Google Earth〉라는 흥미로운 동영상 작품이 있다.[5] 주인공은 컴퓨터를 켜고 인터넷에 접속한 후 구글 어스로 들어가 자기 집주소를 치고 검색을 한다. 화면에 커다란 지구가 나오고 지구에서 프랑스, 프랑스에서 파리, 파리에서 자신의 집으로 점점 지도가 세밀하게 들어가는 찰나, 주인공은 컴퓨터 안이 아니라 자기 집 창 밖 하늘에서 여러 개의 커서가 집 쪽으로 화살표를 겨누고 있는 것을 발견한다는 내용이다. 이 감독은 주로 우리를 둘러싼 매체들(인터넷, 텔레비전, 영화)과 현실과의 경계 문제를 소재로 다룬다. 〈구글 어스〉라는 작품도 마찬가지인데, 사실 우리는 컴퓨터로 세상을 편집하고 있고, 거꾸로 어느 누가 지금 이 시각에 내 집 안쪽으로 커서를 들이댈지 모르는 세상에 살고 있다.

〈구글 어스〉라는 작품은 가상과 실재의 경계가 없어지는 우리 시대의 '증강 현실'을 보여 준다. 증강 현실은 가상을 실재 위에 중첩시키는 혼합 현실 기술을 의미한다. 혼합 현실 기술은 가상과 현실 사이의 연속성을 추구한다. 즉 물리적 세계를 가상의 세계로 대체하려는 것이 아니라, 가상과 실재를 융합시켜 새롭게 통합된 유용한 세계를 만들고자 하는 것이다. 이를 통해 사용자의 감각으로는 얻을 수 없는 정보를 사용자에게 제공하게 된다.

세컨드 라이프나 가상 현실이 컴퓨터 안에서만 일어나는 다른 세계의 이야기라면, 증강 현실이나 혼합 현실은 언제나 눈에 보이는 세계를 그린다. 우리 자신이 현실의 세계에 살고 있는데다, 그것들은 결국 현실과 가

5 http://latelelibre.fr/index.php/2007/11/1m06-google-earth/

상의 경계 부분에서 일어나는 이야기이기 때문이다. 주로 컴퓨터로 만들어낸 정보가 현실 위에 중첩되는 것이지만, 사실 우리는 일상에서 반드시 컴퓨터 기반이 아니더라도 다양한 방식으로 이미 '증강 현실'을 체험하고 있다. 요즘 영화관이나 TV에서 볼 수 있는 광고를 예로 들어보자.

음악 사이트 멜론Melon의 광고 동영상 '음악이 필요한 순간' 1, 2편의 경우다. 1편에서는 지하철에서 무료해 하는 한 남자에게 여자가 다가가 두 귀를 손가락으로 막는다. 둘은 매우 흥겹게 춤을 추고, 어느 순간 손가락은 이어폰으로 변해 있다. 자막으로 '지루함'이라는 단어와 '즐거움'이라는 단어가 마치 이어폰의 선처럼 이어져 있고, 전선을 타고 음악이 흐르듯 순식간에 지루함에서 즐거움으로 에너지가 전이되는 모습을 보여준다. 2편에서는 슬픔에 빠진 여성에게 한 남성이 다가와 귀를 두 손가락으로 막아 주고, 이내 손가락은 이어폰으로 변한다. 이번에는 '상처'에서 '치유'로 에너지가 전이된다.

광고의 주인공이 이어폰을 끼는 순간, 그가 물리적으로 점해 있었던 공간은 새로운 의미를 부여받는다. 지하철이야 오든 말든, 다른 사람이 어떻게 생각하든 말든 가상의 여인과 '몰입'해 춤을 추는 주인공을 보라. 지하철은 클럽의 공간과 오버랩된다. 광고는 이것이 바로 멜론에서 제공한 음악의 힘이라고 선전하고 있지만, 사실은 기술이, 더 구체적으로는 이어폰이라는 '도킹 유닛'이 증강 현실을 '스위치 온' 시킨 것이다. 이어폰은 HMD 이상의 효과를 가져다 주고 있는 셈인데, 이 광고는 심지어 증강 현실을 넘어서서 감정 또한 가상과 실재를 오가며 컨트롤할 수 있다는 메시지를 통해 지루함에서 즐거움으로, 상처에서 치유로 향하는 '증강된 감정'을 보여 준다.

도쿄대학 정보기술과학대학원 교수이자 가상 현실 연구가인 히로세 미치타카는 증강 현실을 위한 중요한 기술 이슈를 두 가지로 설명한다(미치타카, 2009: 117-151). 그 첫 번째는 어떻게 넓은 작업 범위를 지원하는가 하는 문제다. 그는 현실 세계가 가상 세계에 비해 거대하기 때문에 빠르게 진화하는 모바일 기술 지원을 받아야 한다고 말한다. 예컨대 웨어러블 컴퓨터의 경우처럼 모바일 컴퓨터가 사용자를 따라다니는 것이다. 두 번째 기술 이슈는 증강 현실의 맥락에서 어떻게 정보를 현실 세계에 보여줄 것인가 하는 문제다. 예컨대 〈마이너리티 리포트〉에서는 아바타가 홀로그램으로 현실 공간에 나타난다. 이러한 현실 세계 아바타는 물리적 로봇과 디스플레이 이미지의 중간 지대에 존재하는 것이다.

증강 현실이 가장 많이 구현되는 분야가 바로 게임일 것이다. 닌텐도 wii는 게임을 두 손가락으로 조작하는 '두뇌 플레이'에서 온몸으로 현실과 가상의 일체감을 느끼는 '체현'으로 바꿔놓았다.(주위 물건이 파손되는 것을 주의하라는 말이 과언이 아니다. 땀을 뻘뻘 흘리면서 스틱을 야구 배트처럼 온 힘을 다해 휘둘러보다 보면 말이다.) 이제 마이크로소프트에서는 '스틱'이라는 인터페이스조차 필요없는 프로젝트 나탈project natal을 내놓았다. 이것은 별도의 컨트롤러 없이 이용자의 신체를 통해 비디오 게임과 Xbox360의 메뉴를 조정하는 모션 감지 기구다. 나탈은 RGB 카메라, 깊이 감지기, 다중 배열 마이크, 독점 소프트웨어를 운영하는 커스텀 프로세서custom processor를 이용해 이용자의 목소리와 신체 움직임으로 화면상의 아바타를 통해 게임을 할 수 있도록 해 준다. 프로젝트 나탈의 구호처럼 이제 "당신이 컨트롤러"가 된다.

증강 현실은 '반응적 환경responsive environment'이다. 관객의 행동에 반응해 달라지는 환경으로 어느 부분을 치면 전부 정보가 되어 되돌아온다. 현실 세계의 체험 안에서 뭔가 가상적인 것이 금방 반응하고 나타나 뒤섞여 버리는 것이다. 이 때의 상상력은 더 이상 머릿속에서 하는 것이 아니라 '되기'를 통한 체현의 성격을 갖게 된다. 즉 스틱이라는 인터페이스조차 사라진, 몸짓을 감지해서 가상을 움직이는 기술은 기존의 경험이나 체험의 개념을 바꾼다. 우리가 현실에서 가상으로 들어간다는 것을 알려 주는 장치들은 점점 보이지 않는 센서로 바뀐다. 예컨대 현실에서는 여자아이인 내가 남자 성인이 되고, 공룡이 되고, 로봇이 되고, 탁자가 되는 것은 머릿속의 상상이 아니라 몸으로 체험된다.

볼터와 그루신은 '가상 자아'의 개념을 들면서, 여기에서는 우리가 우리와는 다른 사람이나 생물체의 위치를 점하고, 이에 따라 그것의 관점을 취하게 할 수도 있음을 보여 준다(볼터 · 그루신, 2006: 291-307). 이 때 다른 생명체의 위치를 점하고 그것이 처한 문제를 경험하게 되면서 자아의 경계는 약화된다는 것이다. 이러한 자아와 타자의 (탈)경계적 상상력은 스스로가 될 수 있는 자유는 다른 누군가(또는 어떤 것)가 될 수 있는 자유임을 보여 준다. 이렇게 가상 현실이 가져온 자아 개념의 변화는 우리가 동적이거나 불안정한 육체가 될 것을 예고한다.

포스트휴먼 시대에는 '나'라고 말할 때 의미하는 모든 내용이 완전히 바뀔 수 있다. 인간에 관계되기도 하고 로봇에 관계되기도 한 변화무쌍한 자아를 상정하는 '셰이프 시프팅shape shifting'은 〈터미네이터 2〉에서 나오는 인조 인간처럼 자기가 만지는 대상과 동일한 형태를 띠게 되는 것을 말한다. 그렇다면 도미니크 바뱅Dominique Babin처럼 우리는 이렇게 질문할 수 있다.

> 당신을 '당신'이게 만드는 것은 무엇인가? 당신은 당신 아닌 다른 사람이 되지 않으면서 어느 정도까지 변할 수 있는가? 당신의 정체성은 서로 다른 매체 사이를 마음대로 이동할 수 있는가? 이 새로운 성질은 세대를 거듭해도 무한히 지속될 것인가?(바뱅, 2007: 128)

인간이 체험을 '밖'이 아닌 '안'에서 하게 된다면, 그리고 세계와 타인이 내 안으로 들어온다면, 인간의 경험적 상상력은 experience에서 insperience(내적 체험)로 향해 가게 된다.

5. 인간-기계의 컨버전스가 가져오는 '포스트'의 시대

포스트휴먼, 포스트네이처 시대의 기술적 상상력은 우리가 아는 삶의 경계선을 초월하고자 하며, 기존의 인간과 예술과 상상력의 패러다임 전환을 요구하고 있다. 생명 공학과 컴퓨터 과학이 합쳐지면서 기술은 단지 기계에 국한된 것이 아니며, 기계가 곧 비생명체를 의미하는 것만은 아닌 세상이 도래했다. 기술적 상상력은 오로지 인간의 영역이라고만 생각했던 상상력의 영역을 인간과 기술이 합쳐진 영역으로 확장시켰다. 기술적 상상력은 기계를 도구나 수단이 아닌 주체로 상정하면서, 세계를 재현하는 것이 아니라 구성하고 변형하는 데 초점을 두고 있다. 이 때의 창작은 인간 창작자와 기계 창작자의 협업으로 이루어지며, 인간 창작자는 만드는 자가 아니라 기계 창작자를 작동시키고 창조의 과정을 지켜보는 역할을 하게 된다. 나아가 포스트휴먼의 기술적 상상력은 인간 자체도 창작물이 되도록 함으로써 창조자-창조물-감상자가 하나가 되는 방향을 제시하고 있다.

기술적 상상력은 지식을 '몰입된 경험'으로 변화시켰으며, 이를 통해 타자와 내가 '몸'을 교환하고, 세계가 점점 인간의 '안'으로 들어오는 변화를 이끌어냈다. 기술적 상상력으로 인해 인간과 현실이 '증강'된다는 것은 무엇을 의미하는가? 더욱 강해진다는 것을 의미하는가? 적어도 앞에서 살펴본 바에 의하면 사실이 그렇게 명료하고 단순하지는 않아 보인다. 오히려 '증강'된다는 것은 혼란스러워진다는 것을 의미한다는 편이 더 맞을 듯싶다. '증강'의 핵심은 일방향성이 아니라는 데 있다. 증강된 인간은 기계의 힘을 빌려 인간이 확장되는 것도 의미하지만, 인간의 힘을 빌려 기계가 확장되는 것도 의미한다. 상상력도 마찬가지일 것이다. 기술적 상상력 또한 우리의 시각이 한 방향으로 치우치는 것을 경고하면서, 인간은 생각하는 것보다 기계적이며, 기계는 생각하는 것보다 인간적일 수 있음을 생각해 보도록 끊임없이 유도한다. 즉 증강된 상상력은 인간과 기술, 기술과 예술, 가상과 실재를 종횡무진 넘나들면서 그 연결점을 모색하고 있는 것이다.

나노-생명-정보-인지 기술이 계속해서 서로 합쳐지고 변하고 전진해 나가는 시대에 기술적 상상력이 어떤 방향으로 향해 갈지 그 누구도 예측할 수 없다. 하지만 분명한 것은 기술적 상상력이 복잡성, 창발성, 자기생성성을 키워드로 삼아 문화적 진화를 촉진하고 있다는 사실이다. 생물학적 진화에서 문화적 진화의 시대로 넘어가면서 폭발적으로 다양한 잡종 생명체가 살게 될 시대에는 상상력을 바라보는 시점도 인간, 파리 로봇, 인간 기계, 홀로그램 인간의 시점 등으로 다양해질 것이다.

> 한계는 어디에 있는가? [……] 아무도 우리를 위해 경고의 등대를 밝혀 주지 않는다. 우리들 스스로 암초가 어디에 있는지 판단해야 한다. 그렇지만 아무리 위험하다고 해도 우리의 배는 플러스 울트라plus ultra를 향해 나아가고 있다. 그 너머의 세상으로(슈타인뮐러 · 슈타인뮐러, 2007: 390).

칼 하인츠와 앙겔라 슈타인뮐러는 인간을 물리적 한계와 문화적 한계를 초월해 "그 너머의 세상을 찾아가는 동물Plus Ultra Animal"로 명명한다. 기술적 미래의 전망을 무조건 '공포'나 '악몽'으로 바라보는 시대는 지났다. 기술적 상상력은 미완의 가능성을 갖고 있다. 지금의 우리가 신인류로 향해 가는 과도기에 있는 트랜스휴먼이라면, 우리는 인간과 기술, 예술과 기술의 결합을 무조건 적대적으로 생각할 것이 아니라 양자 간의 관계에서 나오는 그 미완의 가능성을 더욱더 냉철하고 적극적인 눈으로 모색해야 한다.

참고 문헌

고피, 장 이브, 『기술철학』, 황수영 옮김, 한길사, 2001.

김원방, "사이보그적 생태, 사이보그적 예술 : 디지털 시대와 몸의 새로운 숙명," 피종호 외, 『몸의 위기』, 까치, 2004.

러츠키, R. L., 『하이테크네-포스트휴먼 시대의 예술, 디자인, 테크놀로지』, 김상민 · 윤원화 외 옮김, 시공사, 2004.

마노비치, 레프, 『뉴 미디어의 언어』, 서정신 옮김, 생각의 나무, 2004.

미치타카, 히로세, 「가상 현실에서 혼합현실로」, 진중권 엮음, 『미디어 아트 예술의 최전선』, 휴머니스트, 2009.

바뱅, 도미니크, 『포스트휴먼과의 만남』, 양영란 옮김, 궁리, 2007.

박해천, 『인터페이스 연대기 : 인간, 디자인, 테크놀로지』, 디자인플럭스, 2008.

박해천 · 이정우 · 최성민(엮음), 「포스트 휴먼 디자인, 비정한 사물들」, 『디자인 텍스트』, 홍디자인, 2001.

볼터, 제이 데이비드 · 리처드 그루신, 『재매개』, 이재현 옮김, 커뮤니케이션북스, 2006.

슈타인뮐러, 칼 하인츠 · 앙겔라 슈타인뮐러, 『기술의 미래, 상상 그 너머의 세계로』, 배인섭 옮김, 미래의 창, 2007.

이종호, 『로봇, 인간을 꿈꾸다』, 문화유람, 2007.

챈들러, 대니얼, 『미디어 기호학』, 강인규 옮김, 소명출판, 2006.

티스롱, 세르주, 『작은 물건들의 신화: 휴대폰에서 초음파 사진까지, 이미지와 사물은 어떻게 만나는가』, 임호경 옮김, 궁리, 2002.

플루서, 빌렘, 『피상성 예찬: 매체 현상학을 위하여』, 김성재 옮김, 커뮤니케이션북스, 2004.

후쿠야마, 프랜시스, 『Human Future 부자의 유전자 가난한 자의 유전자』, 송정화 옮김, 한국경제신문, 2002.

히로시, 가와노, 『컴퓨터 예술의 탄생』, 진중권 옮김 및 구성, 휴머니스트, 2008.

Ayache, Gérard, *Homo sapiens 2.0*, Paris: Max Milo, 2008.

Bachelard, Gaston, *L'Air et les songes: essai sur l'imagination du mouvement*, Paris: Corti, 1985.

Chaplin, Sarah, "Cyberfeminism," in Fiona Carson(ed.), *Feminist Visual Culture*, New York: Routledge, 2001.

Halberstam, Judith & Ira Livingston(ed.), *Posthuman bodies*, Indiana University Press, 1995.

Haney II, William S., *Cyberculture, cyborgs and sicence fiction: Consciousness and the Posthuman*, Amsterdam, New York: Rodopi, 2006.

Haraway, Donna J., *Simians, Cyborgs, and Women: The Reinvention of Nature*, New York: Routledge, 1991.

Hayles, N. Katherine, *How we became posthuman*, Chicago & London, 1999.

Lecourt, Dominique, *Humain, posthumain*, Paris: PUF, 2003.

Robertson, Jean & Craig McDaniel, *Themes of Contemporary Art*, New York: Oxford University Press, 2005.

Simondon, Gilbert, *Du mode d'existence des objets techniques*, Aubier, 1989.

컨버전스와 그로테스크한 신체*

정현규

1. 들어가는 말

컨버전스 혹은 융합이란 말이 시대를 선도하는 핵심어인 것처럼 보인다. 『컨버전스 컬처 : 올드 미디어와 뉴 미디어의 충돌』의 저자 헨리 젠킨스Henry Jenkins의 정의에 따르면, 이러한 컨버전스가 이루어지는 바탕은 다양한 미디어 플랫폼들의 결합과 그에 따른 콘텐츠의 경계를 뛰어넘는 흐름, 이를 생산하며 소비하는 사회 · 경제적 상호 작용, 그리고 이로부터 나오는 수용자들의 행위 양식의 변화다. 이를 세분하면 다시 다섯 가지 측면으로 나뉘는데, 기술적 융합, 경제적 융합, 사회적 및 유기적 융합, 문화적 융합, 지구적 융합이 그것이다(젠킨스, 2008 : 17-36).

기술적 융합의 측면에서 보면 앞으로 진행될 컨버전스는 궁극적으로

* 이 글은 『독일어문학』 제52집 제19권에 실린 논문을 수정 · 보완한 것임을 밝혀 둔다.

인간과 도구 사이의 인터페이스를 사라지게 함으로써, 일종의 이음매 없는 사용자 경험seamless UX을 지향할 것이라는 것이 중론이다. 이에 따르면 우리의 인지적 과정이나 육체적 능력의 많은 부분은 점점 더 외부적 도구로 이전되거나 확장될 것이다. 매체이론가인 니콜라스 네그로폰테Nicholas Negroponte는 이러한 상황을 이미 다음과 같이 예견했다.

> 향후 [……] 우리의 도전은 더 큰 스크린을 만들거나 더 좋은 음질, 사용하기 쉬운 그래픽 입력 장치를 만드는 데 있지 않다. 다음에 도전해야 할 대상은 컴퓨터로 하여금 당신을 알게 만들고, 당신에게 필요한 것이 무엇인지를 알게 하고, 목소리와 목소리 이상의 언어들까지도 인식하도록 구분하는 것이다. [……] 컴퓨터가 미세한 음향 차이를 가려내어야 한다는 말이 아니라, 의미를 이해할 수 있어야 한다는 말이다. 바로 이것이 훌륭한 인터페이스다(네그로폰테, 1995: 88).

이러한 인터페이스의 궁극적 목적은 물리적인 인터페이스 자체를 없애는 것이다. 여기서 네그로폰테가 이야기하는 인터페이스의 사라짐은 궁극적으로 인간과 환경(혹은 도구)의 컨버전스를 통해 달성될 것이다. 스마트폰과 같은 개인용 장비는 우리가 입고 다니는 옷과 같은 형태의 컴퓨터나 몸 안에 이식된 소형 컴퓨터로 바뀔 것이며, 이러한 장비는 도처에 편재한ubiquitous 네트워크 장치들과 결합해 작동할 것이다. 그리고 이들 장치에 대한 조작은 많은 경우에 마우스나 키보드와 같은 입력 장치를 통해서가 아니라, 인간의 뇌파를 이용한 사고 통제와 같은 형태가 될 것이다. 결국 우리는 이들 기기를 마치 우리 신체의 일부인 것처럼 느끼게 될 것이다(Clark, 2003: 119-121 참조).

이처럼 컨버전스에 대한 논의는 이음매 없는 매끈한 결합을 추구하며 이러한 미래가 가까운 시일 내에 도래할 것이라고 약속하고 있다. 하지만 이러한 융합 프로젝트가 인간 자신과 관련된 것일 경우, 우리는 여전히 많은 기술적 · 심리적 단계를 거쳐야 한다. 아래에서는 실제로 인간과 기계 혹은 자연과 기술의 융합이 기술적으로 어느 정도 가능했거나 가능하다고 믿었던 18세기에서부터 시작해 현재에 이르기까지 인간 창조와 관련된 상상이 어떤 식으로 형상화되었으며, 그 중에서도 신체 컨버전스가 그로테스크와 맺는 관련성이 무엇인지에 주목해 논의를 전개하도록 하겠다.

2. 인간 창조와 휴머니즘의 불안: 자동 인형

신체 컨버전스와 그로테스크의 속성에 대한 논의로 들어가기 전에 먼저, '휴머니즘'이 인간을 이해하는 유일한 가치로 평가받던 시기, 혹은 "근세의 신의 빈 자리를 새로운 허상, 즉 인간적인 것으로 채워"(볼츠, 2000: 236) 넣은 시기에 인간 창조가 어떤 논리로 대응되었는지 살펴보자. 물론 이 역시 그로테스크한 반응에서 멀지 않다는 점에서 신체 컨버전스와 연관지을 수 있는 지점이 생겨난다.

18세기는 세속화, 혹은 '신의 죽음'과 더불어 인간의 창조자적 가능성이 광범위하게 시험되던 시대였다. 창조자로서 인간, 그 가능성은 무엇보다 인간 창조의 기술을 그 정점으로 하고 있다. 인간 정신을 기계적으로 이해할 수 있다는 데카르트와 그의 견해를 이어받은 줄리엥 라 메트리 Julien Offray de La Mettrie(1709-1751)와 같은 사상가의 주장[1]은, 모든 기술적 성과를 총동원해 인간을 정점으로 하는 모든 생명체를 기계적으로 재현해낼 수 있다는 확신에 기반을 제공했고, 공학자들은 이를 실현하기 위해 자신의 모든 천재적 역량을 쏟아부었다. 이 분야를 대표하는 인물로는 프랑스 출신의 자크 드 보캉송Jacques de Vaucancon(1709-1782)과 피에르 자크 드로Pierre Jacquet-Droz(1721-1790), 독일의 볼프강 폰 켐펠렌 Wolfgang von Kempelen(1734-1804) 그리고 드레스덴 출신의 공학자로 부자 간인 요한 고트프리트 카우프만Johann Gottfried Kaufmann(1752-1818)과 프리드리히 카우프만Friedrich Kaufmann(1785-1866)이 꼽힌다.

하지만 이러한 자동 인형의 창조는 당시의 보편적 인간관과 예술관에 반하는 것이었고 의심스러운 것이었다. 『파우스트』에서 호문쿨루스 Homunculus를 고안한 것처럼 당시의 생명 창조 경향을 익히 알고 있던 괴테는, 1805년 8월 하순 헬름슈테트의 유명한 수집가인 고트프리트 바이라이스Gottfried Beireis(1730-1809)를 방문한다. 이 방문은 고고학자인 프리드리히 볼프Friedrich Wolf(1759-1824)의 주선으로 이루어졌는데, 바이라이스는 그를 알고 있는 주변 사람들에게 특이한 사람으로 인식되고 있었다. 괴테 역시 이러한 일반적 인상을 가지고 그와의 만남을 기술하고 있다. 괴테에 따르면 바이라이스란 인물은 비밀이 가득한 사람으로, "여러 해에 걸쳐 많은 의미에서 이미 잘 알려진, 기이하며 문제가 있는 사람"(Goethe, 1919: 211)[2]이다. 그의 평가에서 드러나는 부정적인 뉘앙스는 바이라이스가 수집해 놓은 자동 인형들 때문이었다. 바이라이스가 벌써 여러 해 전에 구입한 이 인형들은 당시만 해도 교양을 쌓고자 하는 여행객들의 필수 견학 코스였지만, 이제 수집가 자신의 관심이 덜해진 탓에 습기가 많은 정원에 방치된 상태였다. 괴테는 당시의 방문 인상을 다음과 같이 적고 있다.

1 '인간은 기계' 혹은 '인간의 몸은 단지 시계'라는 라 메트리의 주장에 대해서는 Julien Offray de La Mettrie: Der Mensch eine Maschine, in: Klaus Völker(Hg.): *Künstliche Menschen*, München, 1976, S. 67-86 참조.

2 "Der wunderliche, in manchem Sinne viele Jahre durch schon bekannte problematische Mann."

> 그의 이전의 소장품들 중에서 이름이나 명성으로 볼 때 아직도 생생하게 보존되어 있던 많은 것이 아주 비참한 상태에 있었다. 우리는 보캉송의 자동 인형들이 철저히 마비되어 있는 것을 발견했다. 한 낡은 정자에는 피리 연주자가 매우 초라한 옷을 입고 앉아 있었다. 하지만 그는 더 이상 피리를 불지 못했다. [……] 깃털 없는 오리는 뼈대만 서 있었는데, 아직 발랄하게 귀리를 먹었다. 하지만 더 이상 소화를 시키지는 못했다. 하지만 바이라이스는 이 모든 것에 전혀 개의치 않고, 반쯤 부서진 이 오래된 물건들에 관해 즐겁게 그리고 중요한 표현을 사용해 얘기했다. 마치 오래 전부터 고차원의 공학이 더 의미 있는 신선한 것을 생산해 내지 못한 것처럼 말이다(Goethe, 1919: 211ff).[3]

괴테가 이러한 인상을 통해 말하고자 하는 것은 자연의 창조물을 모방해 만든 자동 기계 인형의 불완전성과 비참한 결과다. 호문쿨루스의 육체 없는 정신성을 상상하고 있던 그에게, 이처럼 기계적으로 인간을 모방하려는 시도는 보잘것없으며 실패할 수밖에 없는 것으로 비춰진다.

이런 점에서는 고전주의자 괴테나 낭만주의자 호프만의 인식이 서로 일치한다. 『모래 사나이』에서 자동 인형이라는 주제를 다룬 바 있는 호프만E. T. A. Hoffmann은, 같은 주제를 자신의 단편 「자동 인형들Die Automate」에서도 언급하고 있다. 작품에 등장하는 '말하는 터키 인형'의

3 "Gar maches von seinen früheren Besitzungen, das sich dem Namen und dem Ruhme nach noch lebendig erhalten hatte, war in den jämmerlichsten Umständen; die Vaucansonischen Automaten fanden wir durchaus paralysiert. In einem alten Gartenhause saß der Flötenspieler in sehr unscheinbaren Kleidern; aber er flötete nicht mehr [……]. Die Ente, unbefiedert, stand als Gerippe da, fraß den Haber noch ganz munter, verdaute jedoch nicht mehr; an allem dem ward er aber keineswebs irre, sondern sprach von diesem veralteten halbzerstörten Dingen mit solchem Behagen und so wichtigem Ausdruck, als wenn seit jener Zeit die hörere Mechanik nicht frisches Bedeutenderes hervorgebracht hätte."

실제 모델은 공학자인 켐펠렌이 1769년에 프레스부르크에서 제작한 터키인 분장을 한 체스 두는 인형이다. 이 인형에 관해서는 크리스토프 마르틴 빌란트Christoph Martin Wieland가 편집인이었던 『토이취 메르쿠르*Der Teutsche Merkur*』에 실린 「켐펠렌 씨의 체스 두는 인형과 말하는 기계에 관해Über Herrn von Kempelens Schachspieler und Sprachmaschine」(1784)라는 논문에 자세한 내용이 실려 있다. 또 다른 출처는 '단치히 병기고'의 자동 인형인데, 이에 대해서는 「요한 베르누이의 브란덴부르크, 포메른, 프로이센, 쿠어란트, 러시아, 폴란드 여행 1777-1778Johann Bernoullis Reisen durch Brandenburg, Pommern, Preußen, Kurland, Rußland und Polen in den Jahren 1777 und 1778」이 묘사하고 있고 호프만의 작중 묘사도 이와 일치한다.

음악을 연주하는 자동 기계 인형의 모델은 이외에도 카우프만의 하모니 코드Harmonichord를 들 수 있는데, 이 악기는 바이올린과 피아노의 장점을 취합해 만들어졌다고 알려져 있다. 카를 마리아 폰 베버Carl Maria von Weber(1786-1826)는 1811년 이 악기를 위해 「하모니코드와 오케스트라를 위한 아다지오와 론도Adagio und Rondo für Harmonichord und Orchester」를 작곡하기도 했다. 하지만 현재 남아 있는 견본이 없고 제작자가 내부 구조를 죽을 때까지 비밀에 부쳤기 때문에 실물이 어떠했는지는 정확히 알 수 없다.

이처럼 당시에 광범위하게 퍼져 있던 자동 인형에 대한 관심과 기술적 전제가 무엇보다 호프만에게 불러일으킨 관심은, 자동 인형이 기존의 인간관과 어떻게 충돌하며 기존의 인간관을 어떻게 옹호할 수 있는가 하는 점이었다. 그에게 인간을 옹호하는 출발점은 연주자의 내부에, 듣는 사람과 공감할 수 있는 심정적 기반이 존재한다는 것이다.

단지 저 신체 기관을 사용해 자신의 가장 깊숙한 심연에서 울린 것을 생동적인 삶으로 불러내며, 그리하여 그 울림을 다른 사람에게 들리도록 소리를 내고 내면에서 같은 소리가 일깨워지도록 하며, 그 다음에 이 소리가 화음을 이루는 공명으로 정신에게 멋진 세계를 해명해 주고, 이 세계로부터 저 음들이 마치 발화하는 빛줄기처럼 솟구쳐 나오도록 하는 것은 오히려 심정이 아닌가요?(Hoffmann, 1977: 371)[4]

게다가 인간 연주자는, 프로그램된 것을 기계적으로 연주하는 자동 인형과 달리 연주 도중에도 순간적인 자극에 그때그때 반응하거나 영향을 받는 존재다.

하지만 가장 지력이 떨어지거나 가장 감정이 없는 연주자라 할지라도 완벽한 기계보다 여전히 더 많은 것을 수행할 것입니다. 왜냐하면 내부의 순간적인 자극이 연주자의 연주에 영향을 끼치지 않으리라는 것은 생각할 수 없기 때문입니다. 이러한 것은 물론 기계에서는 도저히 있을 수 없는 일입니다(Hoffmann, 1977: 371).[5]

기계의 완벽한 메커니즘과 재현은 오히려 믿지 못할 만한 것이 되고, 환경에 영향받거나 용납할 만한 실수가 오히려 인간을 인간답게 하는 것

4 "Ist es nicht vielmehr das Gemüt, welches sich nur jener physischen Organe bedient, um das, was in seiner tiefsten Tiefe erklungen, in das rege Leben zu bringen, daß es andern vernehmbar ertönt und die gleichen Anklänge im Innern erweckt, welche dann im harmonischen Widerhall dem Geist das wundervolle Reich erschließen, aus dem jene Töne wie entzündende Strahlen hervordrangen?"

5 "doch wird der geist- und empfindungsloseste Spieler noch immer mehr leisten als die vollkommenste Maschine, da es nicht denkbar ist, daß nicht irgend einmal eine augenblickliche Anregung aus dem Innern auf sein Spiel wirken sollte, welches natürlicherweise bei der Maschine nie der Fall sein kann."

으로 여겨진다.[6] 하지만 인간과 같은 기계 인형을 만들어내려는 시도가 가장 큰 적개심을 불러일으켰던 것은, 무엇보다 피조물인 기계가 창조자의 최고의 능력인 '정신'에 필적하려는 듯이 보였기 때문이다.

> 음악적 소리를 내기 위해 공학자가 인간의 기관을 점점 더 많이 모방하거나 공학적인 수단을 통해 이를 대체하려고 노력하는 것은, 내게는 정신적인 원칙에 대한 선포된 전쟁입니다. 그럴듯한 힘들이 이 정신적 원칙에 더 많이 대립하면 할수록 이 원칙의 힘은 더욱 빛나는 승리를 거두게 됩니다. 바로 그렇기 때문에 공학적인 개념에서 볼 때 가장 완벽한 그러한 종류의 기계는 내게는 바로 가장 경멸스러운 것이며, 공학적인 것 속에서 단지 공학적인 것을 목표로 삼는 단순한 손풍금이 보캉송 식의 피리 부는 기계나 하모니카 연주 기계보다 여전히 더욱 사랑스럽습니다(Hoffmann, 1977: 371f).[7]

세속화 과정에서 근세의 신의 빈자리를 채운 인간이라는 새로운 허상

6 호프만은 『모래 사나이』에서, 기계 인형인 올림피아를 사람으로 여긴 실수를 만회하고자 사람들이 자신의 지인들에게 어떤 식으로 인간인 것을 증명해 내고자 했는지 희화화하며 다음과 같이 설명한다. "자동 인형에 대한 이야기는 그들의 영혼 깊이 뿌리박혀 실제로 자기도 모르는 사이에 인간의 형상을 한 것에 대한 심한 불신이 생겼다. 이젠 많은 사람이 자기가 사랑하는 사람이 나무 인형이 아니라는 것을 완전히 확신하기 위해 애인에게 약간 박자가 틀리게 노래하고 춤추라고 요구하고, 책을 읽어 줄 때 수도 놓고 뜨개질도 하고 강아지와 장난도 하고, 무엇보다도 가만히 듣고 있지만 말고 이따금 무슨 말을 하되, 진정한 사고와 감정임을 보여 주는 방식으로 말할 것을 요구하게 되었다"(호프만, 2001: 66). 이는 반反튜링테스트라 부를 만하다. 1950년 앨런 튜링Alan Turing은 기계가 인간과 얼마나 비슷하게 대화할 수 있는가를 기준으로 기계에 지능이 있다는 것을 증명하고자 했는데, 발명자의 이름을 따 이 테스트를 튜링 테스트라 부른다.

7 "Das Streben der Mechaniker, immer mehr und mehr die menschlichen Organe zum Hervorbringen musikalischer Töne nachzuahmen oder durch mechanische Mittel zu ersetzen, ist mir der erklärte Krieg gegen das geistige Prinzip, dessen Macht nur noch glänzender siegt, je mehr scheinbare Kräfte ihm entgegengesetzt werden; eben darum ist mir gerade die nach mechanischen Begriffen vollkommenste Maschine der Art eben die verächtlichste, und eine einfache Drehorgel, die im Mechanischen nur das Mechanische bezweckt, immer noch lieber als der Vaucansonsche Flötenbläser und die Harmonikaspielerin."

은 “절대적인 것의 마지막 보루”(볼츠, 2000: 236)였다. 그 중에서도 위의 태도에서 도출될 수 있는 것처럼 휴머니즘 시대의 가치를 가장 잘 대변하는 것은 ‘정신’이었다. 그것은 기술로는 도저히 도달할 수 없는 것, 기술에 의해 파손되거나 대체될 수 없는 것, 즉 오로지 인간에게만 있는 것에 대한 선언이다. 그리고 20세기 초까지 이어진 ‘정신 과학 Geisteswissenschaft’의 패러다임은 정신과 물질의 대립을 극대화하면서 이러한 정신의 우월감을 연장시킨 대표적 사례로 볼 수 있다(Asmann, 1996: 13).

그런데 자동 기계 인형의 출현으로 인해 이러한 보루가 훼손될지도 모르는 가능성이 제기된다. 물론 자동 기계 인형을 보면서 느끼는 섬뜩함이나 그로테스크한 감정은, 일차적으로 “외관상은 살아 있는 듯이 보이는 것이 정말 살아 있는지 어떤지 하는 의문, 또 반대로 생명 없는 사물이 어쩌면 생명이 있을지도 모른다는 의문”(프로이트, 1997: 401) 때문이거나, “인간의 형상을 한 살아 있는 물체에 대한 두려움이 인간의 마음속 깊이 아득한 옛날부터 뿌리를 내리고 있기 때문”(톰슨, 1986: 50)이기도 하다. 하지만 18세기의 시대상과 관련지어 볼 때 자동 인형을 바라보며 느꼈던 그로테스크한 감정은, 새로 발명된 휴머니즘의 가능성이 침범될지도 모른다는 것을 보여 주는 심리적 반응으로도 볼 수 있다. 정신의 우월성을 주장하는 이면에는, 객체이면서 주체의 속성을 띠는, 즉 주체와 객체가 혼합되는 것에 대한 불안이 자리잡고 있는 것이다.

3. 신체 컨버전스 1: 프랑켄슈타인

여기서 대체 무엇이 그로테스크나 환상적인 모습과 다르겠는가. 서로 다른 부분들로 짜깁기되어 있고, 분명한 형상이나 질서라곤 없으며, 우연적인 배분 외에 다른 것이라곤 없는 그러한 모습 말이다(Best, 1980: 11).[8]

몽테뉴는 질서가 잡히고 조화로운 기존의 글쓰기 관행에서 벗어나 열린 형식을 지향하는 자신의 에세이 문체를 논하면서 이를 그로테스크와 연관시키고 있다. 여기서 확인할 수 있는 것처럼 그로테스크의 속성은 매끈하고 균형 잡힌 모습이 아니라 얼기설기 짜깁기된 무질서한 형상이다. 필립 톰슨Phillip Thomson이 그로테스크에 관한 자신의 저작에서 이 개념의 "가장 유별난 특징"으로 제시하고 있는 것처럼, '부조화' 즉 갈등, 충돌, 이질적인 것들의 혼합, 혹은 본질적으로 다른 것들의 융합이란 의미가 이 개념에는 들어가 있는 것이다. 이처럼 중간적인 것 혹은 겹쳐진 것에 대한 미학적 개념인 그로테스크는 문화적으로 전이되며 다양한 적용 가능성을 보여 준다. 인간의 몸도 예외는 아니다.

근대를 거치면서 신을 대체하는 인간 주체의 측면이 강화되었다면, 현대의 인간 정체성의 변화는 새로운 인간형의 창조, 특히 배아줄기세포의 배양을 통한 이식 가능성이나 인간과 기계의 결합 가능성에 무게가 주어지고 있다. 이러한 이질적인 것의 결합이 가져올 수 있는 양상은 때로 기괴하고도 그로테스크한데, 여기에는 파괴와 새로운 창조의 가능성이 혼재한다. 그로테스크 개념은 이러한 양가적 양상을 조명할 수 있는 한 가지 가능성을 제공할 수 있을 것이다.

신체 컨버전스와 관련해 18, 19세기의 그로테스크한 인간학을 가장 잘 보여 주는 예로는 메리 셸리Mary W. Shelley의 『프랑켄슈타인』보다 적당

8 "Was sind das hier anders als Grotesken und phantastische Gebilde, aus verschiedenen Gliedern zusammengestückt, ohne feste Gestalt, ohne Ordnung und ohne eine andere als zufällige Verteilung."

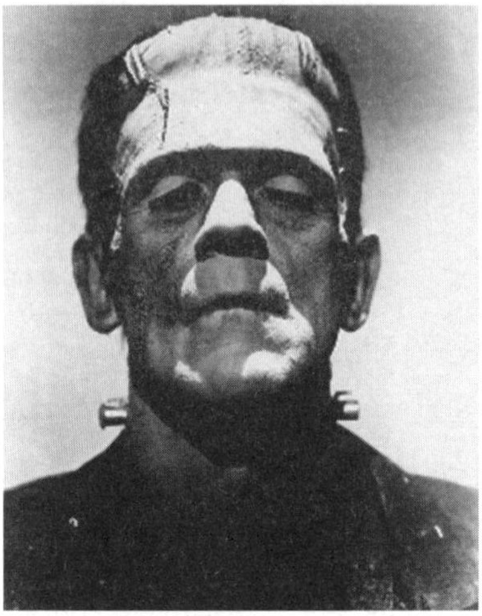

한 예가 없을 것이다. 프랑켄슈타인이 창조한 괴물은 삶과 죽음이라는 경계가 부조화 속에 얽혀 있는 모습을 조명할 수 있게 함으로써, 인조 인간이라는 주제를 그로테스크 개념과 연결시킬 수 있도록 해 준다. 자동 기계 인형과는 다른 방식이지만, 그럼에도 불구하고 지금까지 '불행한 창조' 혹은 '파괴적인 창조'의 아이콘처럼 거듭 회자되는 프랑켄슈타인 박사의 괴물은 당시의 휴머니즘에 대한 생각을 전복시키는 파괴적인 사고의 전형을 보여 준다. 프랑켄슈타인 박사가 만든 창조물의 특성이야말로 신체 컨버전스와 그 결과로 나타나는 그로테스크적 속성을 인간학적으로 잘 드러낸 것이라 할 수 있다. 이 괴물에게서는 다양한 육체들이 짜깁기되어 있을 뿐만 아니라 삶과 죽음이 얽혀 있다. 그 육체는 기형적이며, 당시의 문화적 상상력이 부여한 명칭에 따르면 그는 '추락한 천사', 즉 악마다.

그로테스크 이론가로도 알려진 빅토르 위고Victor Marie Hugo가 자기 작품의 등장 인물에게 부여한 그로테스크의 속성은, 프랑켄슈타인이 창조한 괴물의 모습과 정확히 맞물린다. 그는 그로테스크를 사탄의 속성과 맞물리게 하면서 다음과 같은 예를 들고 있다. 추락한 천사, 즉 사탄은 "벼락 맞고, 침울하고, 말 없고, 슬픈, 거꾸로 매달려 입 벌린 그의 납빛 얼굴에는 심연이 새겨져 있"으며, "숨을 헐떡이며 피로에 꺾여 연기 나는 땀을 흘리며 끝없이 깊은 구렁 끝에서 무너진다"(위고, 사탄의 최후 중). 『파리의 노트르담』에 등장하는 꼽추 카지모도 역시 이러한 예의 또 다른 변종이다. "부서진 거인을 서투르게 다시 맞추어 놓은 것 같은" 육체, "힘도 아름다움과 마찬가지로 조화에서 생겨나기를 바라는 저 영원한 법칙의 기이한 예외"(위고, 2005: 98)를 보여 주는 그는, '서로 갈라지게 하는 자, 분열시키는 자'인 '악마diable'이자 "완전무결한 추악함"(위고, 2005: 99)의 전형이다.

자신을 '추락한 천사'라 부르는 프랑켄슈타인의 괴물 역시 위고의 인물들과 쌍벽을 이룬다. 자신이 창조한 피조물을 회상하며 프랑켄슈타인 박사는 이렇게 외친다.

> 나는 아름다운 외양을 선택했었습니다. 아름답다니! 하나님 맙소사! 누르스름한 피부는 근육과 그 밑의 혈관을 채 덮지 못했고, 검은 머리칼은 번쩍거리며 흘러내렸습니다. 이는 진주빛이 도는 흰색이었는데, 이 사치스런 하얀 빛의 이빨은 잿빛이 도는 갈색의 질척질척한 눈과 쪼그라든 피부, 불거져 나온 검은 입술과 기괴한 대조를 이루고 있었습니다(셸리, 1993: 87).[9]

이 창조물은 인간 사회에서 변변한 이름조차 가지지 못하고 단지 '그것Es'이라 불린다.

> 오! 어떤 사람도 그 괴물의 끔찍한 모습을 참아낼 수는 없을 것입니다. 다시 살아난 미이라도 그처럼 무섭지는 않을 겁니다. 나는 미완성작인 그를 바라보곤 했었습니다. 그 때 그는, 역시 추한 모습이었습니다. 그러나 그 근육과 관절들이 움직일 수 있게 되자, 그것은 단테조차 상상하지 못했던 괴물이 되고 말았습니다(88).

9 이하에서는 인용문 뒤에 쪽수로 표시.

그로테스크한 것은 겉모습뿐만이 아니다. 그가 내뱉는 말들이 주는 울림 역시 자연적이지 못하며 기괴한 인상을 남긴다. "그 누구도 속일 수 없을 만큼 명백하지만 공포감을 주는 봉합에 의거하지 않고서는 어떠한 통일성도 만들어낼 수 없는, 신의 말씀에 대한 그로테스크한 패러디인 그의 창조의 말은, 그것이 '끊어져 있다는' 점에서 사탄적인 것으로 보인다"(뒤렌마트, 2004: 157 이하).

프랑켄슈타인 박사가 추구했던 것은 "생명에서 죽음으로, 죽음에서 다시 생명으로의 변이 속에 숨어 있는 모든 원인과 결과를 검토하고 분석"(79)하는 일이었으며, "무생물에 활기를 불어넣는"(79) 일이었다. 하지만 그가 만들어낸 괴물은 말 그대로 짜깁기일 뿐만 아니라, 삶과 죽음 혹은 생물과 무생물의 융합이다. 그리고 그 결과는 인간 사회에 수용될 수 없는 끔찍하고 그로테스크한 존재가 되고 만다. 괴물은 끊임없이 자신을 사회에 편입시켜 보려 하지만, 그의 외양은 사람들에게 공포감만을 불러일으킬 뿐이다. 그에게서 신체 컨버전스는 기존 질서에 위협적인 것, 파괴적인 것으로 드러난다.

4. 신체 컨버전스 2: 하이테크 프랑켄슈타인

미셸 푸코Michel Foucault에 따르면 라 메트리 식의 기계 인간은 "정신의 유물론적 환원인 동시에, 훈육에 관한 일반 이론"(푸코, 1995: 205)이다. 그리고 그 중심을 이루는 것은 "분석 가능한 신체에 조작 가능한 신체를 결부시키는, '순종'이라는 개념이다. 복종시킬 수 있고, 쓰임새가 있으며, 변화시킬 수 있고, 나아가서는 완전하게 만들 수 있는 신체가 바로 순종하는 신체다. 저 유명한 자동 인형은 단지 인체를 설명하는 하나의 수단에 불과한 것이 아니었다. 그것은 말하자면 정치적 인형이었고, 권력의 축약된 모델이기도 했다"(푸코, 1995: 205). 자동 인형 혹은 기계 인간이 다시 본격적으로 주목을 받게 된 20세기 초, 초현실주의 예술가들은 푸코와 인식을 같이하면서 자동 인형이 주는 섬뜩하고 그로테스크한 성격을 인간 자신이 기계화되고 상품화되었음을 비판적으로 보여 주는 전략적 도구로 사용한다(포스터, 2005: 제5장 참조).[10] 하지만 이들은 동시에 그로테스크한 신체를 통해 새로운 주체, 아니 주체 이후의 주체에 관한 담론을 열어 놓는다.

가령 한스 벨머Hans Bellmer의 〈인형〉 시리즈는 지속적인 파괴와 새로운 접합을 통해 인체 변형의 가능성을 보여 준다. 그에게 인형은 "시체이며, 조각난 신체이고, 주체성이 사라지고 난 '이후'의 신체이자 동시에 주체성이 생기기 '이전'의 신체"(포스터, 2005: 177)다. 미하일 바흐친Mihail M. Bahtin의 그로테스크 개념은 이처럼 초현실주의적으로 분열된 신체가 갖는 창조적 가능성에 이론적 기반을 제공한다(조윤경, 2008: 4부 2장 참조). 바흐친에게 신체는 "근본적으로 복수적인 개념이고 무엇인가를 만드는 페스티벌 같은 존재이며 폐쇄된 시스템이 아니라 영원한 실험의 장"(임호준, 2000: 456)인 것이다. 이처럼 복수적이고 불완전한 신체 이해가 고전적인 비례와 조화를 중시하는 인간상과 대립되는 위치에 있다는 것은 분명하다. "정적이고 고전적이고 완성된 미를 과시하는 고대의 인체상들에 대해 바흐친은 존재의 영원한 불완전성을 반영하듯 한 존재에서 다른 존재로 변신하는 동적인 신체를 대비"(임호준, 2000: 457)시키고 있는 것이다.

10 아마도 펠릭스 가타리Felix Guattari가 프로이트 식의 실존 해석에 반대하면서 '의미의 절단'과 '단절', '이탈'을 주체화의 돌연변이적 핵심으로 보는 가운데 초현실주의를 그 예로 언급하는 것도 이와 관련이 있을 것이다(이에 대해서는 가타리, 2003: 32 참조).

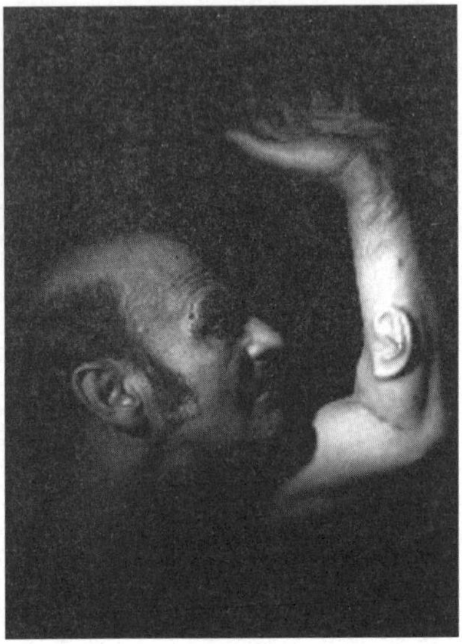

프랑켄슈타인과 초현실주의를 통해 열린 새로운 인간 이해를 극단적인 지점까지 밀고 나가, 그로테스크한 신체의 창조적 가능성을 좇고 있는 가장 전위적인 행위예술가로 스텔락Stelarc을 빼놓을 수 없다.[11] 현재 신체와 관련된 가장 중요한 두 가지 키워드인 유전자 변형과 기계적 변형을 모두 포괄하고 있는 그의 행보를 좇자면, 그가 특히 위와 같은 그로테스크한 신체의 가능성과 가까이 있다는 것을 알 수 있다.

가령 귀를 팔에 이식한 〈팔 위의 귀Ear on Arm〉 프로젝트는, '신체는 진부하다'는 그의 기본 강령에 따라 유기적으로 신체를 확장하려는 시도다. 유기적으로 접합된 그의 신체가, 보스Heiermymus Bosch(1450?~1516)의 종말론적 세계상이 보여 주는 세계와 이미지적으로 맞닿아 있다는 것을 확인하는 것은 그리 어렵지 않다. 볼프강 카이저Wolfgang Kayser

11 스텔락의 이러한 경향에 관해서는 전혜숙, 2010: 243-251 참조.

는 보스의 그림이 가진 그로테스크한 측면이, "기계적인 것과 식물적인 것, 동물적인 것과 인간적인 것이 끔찍하게 뒤섞인 것이 우리의 세계로 묘사되고 있"다는 점, 그리고 이 세계가 "비례에서 벗어난 세계"(Kayser, 2004: 34)라는 점에 있다는 것을 강조하고 있는데, 스텔락의 융합 프로젝트는 위의 사진에서 확인할 수 있는 것처럼 변형된 육체를 추구함으로써, 기존의 유기적 통일체로서의 몸에 대한 믿음을 과격한 방식으로 깨뜨리며 그로테스크한 육체를 현실화시킨다. 종말이 새로운 시작의 다른 면인 것처럼, 스텔락은 자신의 시도를 통해 보스의 계시록적 비전을 '인간 이후의 인간posthuman'이라는 담론을 위해 실험 대상으로 내놓고 있는 것이다.

다른 한편으로 스텔락의 신체/기계 융합 프로젝트는 18세기의 자동 기계 인형 창조와 아이디어 상으로 그리 멀지 않다. 가령 그의 〈제3의 손〉 프로젝트는 드로가 1773년에 고안한 〈작가〉의 연장 선상에 있는 것으로 보인다. 다른 점이 있다면 드로가 자동 인형의 손을 빌려 "우리는 안드로이드다"라고 쓰고 있는데 반해, 스텔락은 '진화'를 강조하며 그 이상을 스스로에게 실현하고 있다는 점이다.

게다가 그는 한 걸음 더 나아가 단순한 기계와의 결합을 너머 가상 공간의 존재에 의해 조종받는 몸, 즉 모바타Movatar 프로젝트를 통해 일종의 '좀비 프로젝트'를 완성한다. '몸이 감정 없이 움직일 수 있는가'라는 질문에서 시작한 그의 이 프로젝트는 인터넷 상에서 아바타가 행하는 움직임을 몸이 실행하는 형식으로 되어 있다. 몸은 더 이상 나의 의지나 감정에 따라 움직이는 것이 아니라 아바타의 자극에 따라 움직이는 것이다. 반은 정지된 혹은 죽은 몸이며, 반은 살아 있는 몸은 "좀비의 원초적인 두려움"(Scheer, 2002: 87)을 불러일으킨다.

이러한 그의 시도가 '하이테크 프랑켄슈타인'이라고 지칭되는 것은 프랑켄슈타인에게서 발현되었던 문제 의식이 공유되고 있다는 점을 보여

주며, 동시에 원래의 문제 의식이 업그레이드되고 있다는 것을 시사한다. 첫째로, 셸리의 공상과 달리 스텔락에게는 실현 가능한 기술이 문제되고 있다. 둘째로는, 프랑켄슈타인이 창조한 괴물이 끊임없이 휴머니즘적 가치에 편입되려 한 것과 달리, 스텔락에게는 포스트휴머니즘, 즉 휴머니즘 이후의 인간이 문제된다. 따라서 스텔락에게서 (정보)기계와 관련된 질문들은 더 이상, 돌이킬 수 없을 정도로 깊이 파고든 기계의 고용에 의해 자연이 파괴되고 있지나 않은가 하는 점이 아니며 인간의 실재가 기계 속에서 잃어가고 있는지 하는 의문도 아니다. 무엇보다 인간적인 것이 이질적인 기계와 결합함으로써 흉물화되는 것이 아닌가 하는 의문은 더더욱 아니다. 스텔락의 '하이테크 프랑켄슈타인' 프로젝트는 "인간의 몸에 대한 근대적 이해로부터 과격하게 결별"(Poster, 2002: 29)하려는 시도이며, 프랑켄슈타인에게서 엿보였지만 제 목소리를 찾지 못한 새로운 인간, 인간 이후의 인간에 대한 기대와 전망을 현실화시키려는 시도다.

게다가 프랑켄슈타인 박사의 괴물이 그토록 원했던 사회 편입 욕구, 근대적 가족 공동체에 대한 욕구는 스텔락 류의 사이보그에게서 더 이상 문제가 되지 않는다. "프랑켄슈타인이 만든 괴물의 희망과는 달리 사이보그는 복락원을 통해, 말하자면 이성 배우자와의 결합을 통해, 완결된 전체, 완전한 도시와 우주 속에서 완전성을 통해 자기를 구원해 줄 아버지를 고대하지 않"으며, "유기체적인 가족 모델에 기초한 공동체를 꿈꾸지"(해러웨이, 1997: 150 이하)도 않기 때문이다. 도나 해러웨이Donna J. Haraway는 이러한 사이보그 담론이 지향하는 바를 '사이보그 정치학'이라고 지칭하고 있는데, 이 정치학은 "언어에 대한 투쟁이며, 완벽한 의사소통에 대항하는 투쟁이며, 모든 의미를 완벽하게 번역하는 단일한 코드인 남근 이성중심주의의 핵심적인 교리에 반대하는 것이다. 사이보그 정치학이 소음을 고집하고 오염을 옹호하며, 동물과 기계의 비합법적인 융합을 즐거워하는 이유가 바로 이 때문이다"(해러웨이, 1997: 199 이하). 해러웨이가 옹호하고 있는 '소음', '오염' 그리고 '비합법적인 융합'이 그로테스크와 공유하는 속성은, 끊임없는 변형과 경계면에서 일어나는 분쟁 상황이다. 그리고 스텔락 식의 그로테스크한 신체 융합이 가져오는 결과는 프랑켄슈타인의 괴물을 볼 때 느꼈던 불완전한 신체에 대한 심리적인 거부감이 아니라, 열린 몸, 개방된 몸, 확장될 수 있는 몸에 대한 시각적 면역을 키우는 경계 확장의 시도다.

5. 나오는 말

체제 내의 동일성과 안정성을 추구하는 형태학적 메커니즘에서는, 서열화 · 이분화 · 범주화 등을 통해 구조를 고정시키려 한다. 서열화는 하나의 순서를 고정시킴으로써 구성 요소 사이의 치환을 어렵게 만든다. 이분화의 경우, 규정지을 수 없는 여러 차이점들을 이원적인 대립쌍 속에서 서로 규정되는 하나의 차이의 체계로 변화시킨다. 범주화는, 차이가 있는 것들이 섞이는 것을 막기 위해 틀을 만들고 경계를 확정짓는다. 이처럼 고전적이고 아폴론적인 형태학의 체계에 대립되는 것이 그로테스크적이며 디오니소스적인 기형의 체계로, 창조자는 이를 이용해 체제를 탈안정화시킨다. 그로테스크적인 맥락에서는 전도轉倒와 뒤틀림, 혼합을 이용한 생산물, 즉 뒤집어진 것, 괴물적인 것 그리고 키메라적인 것이 탈안정화에 중심적인 역할을 담당한다. 신체 컨버전스를 통한 그로테스크한 신체는 바로 이와 같은 디오니소스적인 혼돈을 전제한다. 그리고 그것은 아마도 매끈하지 못하거나, 질척질척하거나, 임시방편으로 꿰매진 형태일 것이다. 새것이 돋아나거나 만들어진다는 것은, 언제나 경계면을 뚫고 나오는 것, 덧붙여져 기존의 테두리와 경계를 넘어서는 것을 의미하기 때문이다.

하지만 프랑켄슈타인 박사의 괴물에게 신분증이 없는 것처럼(르세르클, 2004: 101-118) 스텔락이 창조한 존재에게도 아직 신분증은 없다. 이들은 현재의 사회적/문화적/인간학적 합의를 벗어난 존재이기 때문이다. 호명되지 못하는 존재는 저주받은 존재이기 때문에 한편으로 그로테스크하며 공포스럽지만, 다른 한편으로 바로 이 때문에 자유롭고 기존의 담론으로부터 벗어날 수 있는 가능성을 제공한다.

참고 문헌

가타리, 펠릭스, 『카오스모제*Chaosmose*』, 윤수종 옮김, 동문선, 2003.

네그로폰테, 니콜라스, 『디지털이다』, 백욱인 옮김, 커뮤니케이션북스, 1995.

뒤렌마트, 자크, 「조각을 붙여 만든 사탄들」, 질 메네갈도, 『프랑켄슈타인』, 이영목 옮김, 이룸, 2004.

르세르클, 장-자크, 「괴물 프랑켄슈타인에겐 신분증이 없었다」, 질 메네갈도, 이영목 옮김, 『프랑켄슈타인』, 이룸, 2004.

메네갈도, 질, 『프랑켄슈타인』, 이영목 옮김, 이룸, 2004.

볼츠, 노르베르트, 『컨트롤된 카오스』, 윤종석 옮김, 문예출판사, 2000.

셸리, 메리, 『프랑켄슈타인』, 정혜경 · 신경숙 옮김, 파피루스, 1993.

위고, 빅토르, 『파리의 노트르담 1』, 정기수 옮김, 민음사, 2005.

임호준, 「'그로테스크 육체'. 니에바와 알모도바르의 그로테스크 리얼리즘」, 『서어서문연구』 17, 2000.

전혜숙, 「스텔락의 '사이보그 퍼포먼스'를 통해 본 미술 속의 새로운 신체 개념」, 『기초조형학연구』, Vol. 11, No. 2, 2010.

젠킨스, 헨리, 『컨버전스 컬처 : 올드 미디어와 뉴 미디어의 충돌』, 김정희원 · 김동신 옮김, 비즈앤비즈, 2008.

조윤경, 『초현실주의와 몸의 상상력』, 문학과지성사, 2008.

톰슨, 필립, 『그로테스크』, 김영무 옮김, 서울대학교출판부, 1986.

포스터, 할, 『욕망, 죽음 그리고 아름다움』, 전영백과 현대미술연구팀 옮김, 아트북스, 2005.

푸코, 미셸, 『감시와 처벌』, 오생근 옮김, 나남출판, 1995.

프로이트, 지그문트, 「섬뜩함」, 허창운 외 옮김, 『프로이트의 문학예술이론』, 민음사, 1997.

해러웨이, 다너, 「사이보그를 위한 선언문」, 홍성태 엮음, 『사이보그, 사이버컬처』, 문화과학사, 1997.

호프만, 에. 테. 아., 『모래 사나이』, 김현성 옮김, 문학과지성사, 2001.

Assmann, Aleida, "Schrift und Autorschaft im Speigel der Mediengeschichte," in: Wolfgang Müller-Funk (Hg.): *Inszenierte Imagination*, Wien, 1996.

Best, Otto (Hg.), *Das Groteske in der Dichtung*, Darmstadt, 1980.

Clark, Andy, *Natural-Born Cyborgs, Minds, Technologies, and the Future of Human Intelligence*, Oxford University Press, 2003.

Goethe, Tag- und Jahreshefte, *WA* I, Bd. 35.

Hoffmann, E. T. A., *Die Automate*, (hrsg.) v. Herbert Kraft, Insel Bd. 2.

Kayser, Wolfgang, *Das Groteske. Nachdruck der Ausgabe von 1957*, Tübingen, 2004.

La Mettrie, Julien Offray de, "Der Mensch eine Maschine," in: Klaus Völker (Hg.), *Künstliche Menschen*, München, 1976.

Poster, Mark, "High-Tech Frankstein, or Heidegger Meets Stelarc," in: Joanna Zylinska, *The Cyborg Experiments*, London, 2002.

Scheer, Edward, "What Does an Avatar Want? Stelarc's E-motions," in: Joanna Zylinska(ed.), *The Cyborg Experiments. The Extension of the Body in the Media Age*, London, 2002.

기계와 융합된 미술가의 신체:

스텔락의 '사이보그 퍼포먼스'*

전혜숙

1. 20세기 후반의 신체 미술과 스텔락

스텔락Stelarc(본명 Stelios Arcadiou, 1946년생)은 호주 출신의 미술가로, 1970년대 후반에는 금속의 고리가 몸 속으로 들어가거나 로프에 매달리는 등 고통스러운 퍼포먼스로 악명을 높인 바 있으나(그림 1 참조), 1980년대 이후 신체와 기계의 결합을 통한 사이보그 퍼포먼스를 통해 유명해지면서, 초기 디지털 퍼포먼스의 역사에서 유일하고도 강력한 영향을 끼친 인물로 다양한 평가를 끌어내고 있는 작가다. 그는 신체에 대해 대안적이고 친숙하며 무의식적으로 반응하는 인터페이스를 탐구하기 위해 의학 기구, 보철, 로봇, 가상 현실 시스템, 인터넷 등을 이용해 왔다. 그의 작품에서 신체는 기술적으로 부착되거나, 기술에 의해 삽입되고 인터넷으

* 이 글은 『기초조형학연구』 Vol.11. No.2(2010년 2월)에 실린 논문을 수정 · 보완한 것임을 밝혀 둔다.

[그림 1] 〈앉음/흔들림: 매달린 돌 이벤트〉, 1980년 도쿄, 마키화랑.

로 연결되어 다른 사람의 지배를 받기도 하지만, 포스트모던 현상과 더불어 나타난 20세기 말의 신체에 대한 표현들에서 볼 수 있듯이 신체의 해체와 사라짐을 겪는 것이 아니라, 오히려 주체로서 확고한 기능을 하고 있다는 점이 특이하다.

20세기 말의 미술에서는 포스트모던의 문화 현상과 함께 다양한 신체 이미지들이 등장한 바 있다. 근본적으로 욕망을 나타내는 신체 이미지들은 거침없이 절단되고 접합됨으로써 유기적인 통일체로서 몸에 대한 믿음과 숭배를 잃어버리게 되었다. 여기에 기계로 대체된 인간의 몸 혹은 새로운 생물체로서 사이보그가 새로운 의미로 부상된 것은 당연하다 할 것이다. 신체의 구멍, 장기 등 신체 내부를 거대하게 확대함으로써 몸의 미시 세계와 우주와 같은 거시 세계를 합병시키는 것, 신체의 서로 다른 부분들을 충돌시키는 것, 유전자 변형과 기형 인간에 이르는 그로테스크 세기말 현상 비판과, 반인반수半人半獸의 변장을 통한 인간 신체와 심리에 깃든 동물성 표출, 욕망, 환상성 등이 여기에 덧붙여질 수 있을 것이다. 몸을 증식시키고, 분해하고, 몸의 일부분을 고립시키는 포스트모던 미술가의 몸에 대한 다양한 전략과 함께 스텔락의 사이보그 퍼포먼스 또한 신체에 대한 새로운 이해와 퍼포먼스에 대한 지평을 확장하는 방식으로 받아들여질 수 있다. 신체는 작업을 위한 중요한 장소일 뿐 아니라 정보의 중요한 원천이기 때문이다.

아멜리아 존스Amelia Jones는 신체 미술에 대한 책에서 20세기 미술에서 신체는 두 번의 특별한 재평가의 순간을 겪었다고 기술한 바 있다. 하나는 1960~70년대에 신체가 문화적 의미를 고스란히 담고 있는 천연 재료로 사용된 것이었고, 다른 하나는 1990년대에 뉴 미디어 기술을 사용하거나 재현의 정치학이 반영된 신체와 신체 미술에 대한 드라마틱한 회귀였다(Jones, 1998 : 198). 스텔락은 천연 재료로서 신체의 의미뿐 아니라 뉴 미디어 기술을 이용한 퍼포먼스, 즉 사이버 퍼포먼스를 통해 현대 미술사에서 독특한 위치를 차지하고 있으며, 지난 30여 년 동안 진화론과 얽힌 인간의 문제에서 출발해 신체와 기계, 자아와 에이전트agent 사이에 가능한 관계의 복잡한 공간을 신중하게 탐구해 왔다.

현대 사회에서 기술의 두 가지 최전선인 디지털 혁명과 유전자 공학은 생명 공학 관련 문화 속에서 신체에 대한 실제적이면서도 미래 지향적인 수정modification을 가능하게 하고 있다. 우리는 이미 신체의 기계적 이미지에 익숙해 있으며, 현재와 미래의 수정된 신체들로 돌입하고 있다. 스텔락의 수정된 신체를 통한 퍼포먼스는 유전자/기계 같은 신체에 대한 인식으로 우리를 인도하는 역할을 한다. 그는 오늘날 살아 있는 사이버 퍼포먼스 작가들 중 가장 신중하고 멀리 내다보는 실행자로 꼽히고 있다.

이 글에서는 스텔락이 신체와 기계의 결합을 통해 보여 준 퍼포먼스들을 중심으로 그의 신체에 대한 담론의 맥락과 그 역사적 의미, 최근의 사이보그 이론과 접목되는 부분을 살펴본다.

2. 스텔락의 '사이보그': 신체의 기술-생물학적 융합

신체는 진부하다?

스텔락은 "신체는 진부하다"[1]라는 말로 신체를 논한다. "신체의 진부함"과 관련된 스텔락의 주장은 찰스 다윈Charles Darwin 등의 생물학적 진화론에서 연유하지만, 그가 이 말을 사용하는 의미는 신체가 생리학적 한계 때문에 기술의 힘과 속도에 비해 경쟁력이 떨어진다는 것을 의미한다. 다윈의 용어에서 '진부함 혹은 쓸모없음obsolescence'은 멸종extinction, 즉 환경의 변화를 받아들이지 못하는 무능력을 의미한다. 인간의 신체를 둘러싼 '멸종의 방지'라는 개념은 스텔락의 상상력을 사로잡았으며, 그에게 기술-생물학적 융합은 하나의 돌파구였던 것이다.

인간의 진화에 대한 그의 관심은 진화론적으로 볼 때 극단까지 몰고 간다. 바로 순수하게 생물학적 종種으로서 수용될 수 없는 기계적 환경을 끌어들여 진화 이후post-evolution로의 영역으로 확장시킨다는 점이다. 그것을 제인 구달Jane Goodal은 스텔락이 신체를 '위기적 지점crisis point'까지 몰고 갔다고 지적하고 있다(Goodal, 2005 : 4). 그러나 그의 이러한 태도는 리들리 스콧Ridley Scott의 영화 〈블레이드 러너Blade Runner〉(1982)나 스탠리 큐브릭Stanley Kubrick과 스티븐 스필버그Steven Spielberg의 영화 〈AI〉(2001)에서 묘사된 인간과 기계 사이의 진화적 관계에 대한 대중적인 표현과는 다르다. 대부분의 전형적인 공상 과학 서사에서는 기술 발전에 따라 경쟁 관계에 있는 종種들이 발생되고 인간과 기계의 성질이 혼합되어 인간을 지배할 정도로 위협적인 존재가 됨으로써

1 스텔락의 웹사이트인 http://www.stelarc.va.com.au/arcx.html의 첫 화면은 그의 모토인 "The Body is Obsolete"로 시작된다.

인간이 소멸될 위기에 몰린다는 피해 망상적 내용이 주를 이루어 왔다. 이러한 경우에는 인간 집단이 새로운 종들이 유전되기 전에 없애도록 박해하곤 하는데, 다윈 진화의 시나리오에 따라 인간/기계 사이의 경쟁을 다룬 최초의 소설인 새뮤얼 버틀러Samuel Butler의 『에레혼*Erehwon*』(1872)에서 볼 수 있듯이, 느리게 발전하는 자연 및 인간 세계가 지나치게 빨리 진화하는 기계에 의해 멸종할지도 모른다는 불안감이 19세기의 문화에 내재해 있었다. 전자 문명과 가상 현실의 시대에 이러한 서사의 배경은 급속도로 변화하긴 했으나, 그 기저에 깔린 경쟁의 논리는 거의 변하지 않았다. 이러한 서사들은 자연적 질서에 대한 다윈의 견해가 반영된 심리학적으로 불가피한 부수물이었다.

그러나 스텔락은 이질적인 뉴 미디어 기술들을 신체의 생물학적이고 신경학적인 능력보다 우월한 것으로 보았다. 그는 허버트 마셜 매클루언Herbert Marshall McLuhan 같은 어조로 "가장 중요한 것은 더 이상 중력이 아니라 정보를 믿어야 한다는 것이다. 정보는 신체를 그 이상으로 상승시킬 수 있으며, 진화 이후의 신체의 형태와 기능을 만들어낼 것이다"(Ayres, 1998: 188)라고 예견하곤 한다. 그러나 이러한 입장이 그를 탈육체화disembodiment를 지향하는 미술적 표현으로 이끌지는 않았다. 그는 각종 인터넷 사이트의 가상 세계나 초월적인 신체 표현이나 사이버 개념에 냉소적이었다.

그는 기술을 이용해 신체성을 '초월'할 수 있는 방법을 추구하기보다는 신체가 연장되고 수정되어 신체적으로 기술을 통합시키고 효과적으로 전자 세계와 공간 속에서 기능할 수 있도록 만드는 방법 개발에 관심을 가졌다. 이것은 가상 현실 속의 신체가 지닌 탈신체화라는 기존의 메타포를 역전시키는 것이었다. 그의 주장에 따르면, 신체는 사이버 공간에서 고요하게 부유하거나 도약하는 것이 아니다. 오히려 사이버 공간의 매트릭스가 신체 안으로 들어와 몸의 생리학과 존재론을 진척시키고 재구성하게 된다는 것이다(Dixon, 2007: 317). 정보가 바로 무능하게 된 신체를 지탱해 줄 인공 기관 자체가 된다는 것이 그의 주장이다.

그는 곧 사이보그를 상징하는 '살과 금속meat and metal의 만남'에 끌리게 되는데, 이것이 그가 기술에 의한 신체의 수정을 통해 신체의 한계를 극복하고 더 강력한 인간의 모습을 갖게 되는 방식이었다. 현대 문화 속에서 이러한 '살과 금속의 공생'은 이미 대중 영화인 〈로보캅〉이나 〈터미네이터〉 등으로부터 20세기의 트렌드인 피어싱piercing에 이르기까지 많은 영역과 현상들에서 볼 수 있었다.

사이보그는 도나 해러웨이Donna J. Haraway가 "사이보그 선언문"[2]을 발표한 후 20세기 후반 이후 중요한 문화적 아이콘이 되어 왔다. 사이보그는 보통 인간-기계 합성물의 이미지라든가 살과 기계 회로의 물리적인 합성 등으로 그려지지만, 한편으로는 사이보그에 대한 그러한 이미지를 없애고, 인간 자신의 생물학적 본성이 지닌 사이보그를 드러내는 담론도 있다.[3] 스텔락은 후자의 담론을 받아들이기보다는 인간 신체의 불리함을 극복하기 위해 기술을 합병시키는 방식에 대한 믿음을 갖고 있었다. 그는 사이보그가 등장하는 대중 영화 혹은 의학적 이미지들(영화 〈로보캅〉에서처럼 신체를 살리기 위해 금속기계 부분들과 맞추어 수정하는 단순한 사이보그적 이미지)를 넘어서, 신체의 작동적 기능들이 전자적으로 연결

2 1985년에 발표된 해러웨이의 "사이보그 선언문: 20세기 말의 과학, 기술, 그리고 사회주의-페미니즘"은 제목 그대로 1980년대의 페미니즘을 겨냥하고 있었다. 자연과, 모성과 재생산을 언급하면서, 그를 이해하고 받아들이기 위한 전혀 다른 틀로써 사이보그를 제시한다. 해러웨이는 사이보그에 대해 "사이보그란 사이버네틱 유기체이며, 기계와 유기체의 잡종, 허구의 창조물일 뿐 아니라 사회적 현실의 창조물이자 탈젠더post-gender 세상의 창조물이다. 20세기 말 우리 모두는 기계와 유기체의 이론화되고 조직화된 잡종인 키메라들, 즉 사이보그들이다……"라고 정의하고 있다(Haraway, 1991: 149-181 참조).

3 Andy Clark의 *Natural-Born Cyborg, Minds, Technologies, and the Future of Human Intelligence* (Oxford University Press, 2003)과 같은 책들이 대표적이다.

되고 그에 의해 신체 기능이 증강되는 사이보그 시스템을 만들고자 했다.

스텔락의 "신체는 진부하다"라는 반복된 개념의 아이러니는 바로 "그럼에도 불구하고 신체는 그의 퍼포먼스에서 여전히 주체이자 초점이 되고 있으며, 통제의 장치가 되고 있다는 사실이다"(Koplos, 1993: 104). 왜 그는 신체가 사라지도록 하거나 거부하지 않으며 자신의 퍼포먼스의 실행에서 신체의 물질성을 강조함에도 불구하고 계속해서 신체의 무용함을 주장하는 것일까? 분명히 그의 진술들과 퍼포먼스의 효과들 사이에는 어떤 긴장과 모순이 있다. 이는 그의 언어적 수사가 합리주의적이고 데카르트적이며 남근 중심적인 특징hard and dry을 갖고 있음에도 불구하고, 그의 실행은 유동적이며 감정적이고 가변성을 지니고 있음을 알 수 있는 부분이다(Jones, 2005 : 87). 여기에서 우리는 스텔락이 추구하는 사이보그 실행의 개방성과 탈중심성을 엿볼 수 있다.

기계와 경쟁하지 않는다

스텔락은 기계와 경쟁하지 않는다. 스텔락에게 기술은 항상 종種으로서가 아니라 환경적인 것이기 때문이다. 그는 인간 신체가 잠재적으로 궁극적인 부적응의 조건을 따라 진행되어 온 이유는 그렇게 만들어 가는 환경의 변화 때문이라는 것이다. 그렇기 때문에 다윈 진화론의 중심 동인動因인 '경쟁'은 여기에 포함되지 않는다. 그는 초기의 인터뷰에서 "공생적으로 신체에 부착되고 임플란트implant된 기술은 새로운 진화적 종합을 창조하며 새로운 혼성적 인간hybrid human(유기체와 synthetic이 일종의 새로운 진화적 에너지를 만들어냄)을 창조한다"(Stelarc & Paffrath, 1984: 17)라고 말한 바 있다. 새로운 에너지는 기계/살, 딱딱한 것/부드러운 것, 자연적인 것/기술적인 것 등의 융합에서 나오는 것으로, 이것들은 근본적으로 긴장과 모순을 지닌다. 스텔락의 사이보그 퍼포먼스에 진지함과 더불어 유머와 냉소주의 등이 가미되는 것 또한 이러한 문맥에서 읽힐 수 있을 것이다.

인간의 신체에 융합되는 프로스테시스prosthesis(인공 기관 · 보철물)란 단어는 원래 그리스어에 어원을 두고 있으나 1553년부터 영어에 들어와 사용되기 시작했다. 처음엔 한 단어에 다른 음절을 덧붙인다는 의미였다가 1704년경 "신체 일부를 잃었을 경우 인공적인 것으로 대신한다"는 의미로 의학에서 사용되기 시작했다. 이후 문법에서든 의학에서든 이 말은 '덧붙임addition', '대신함replacement'의 의미를 나타내게 되었고 오늘날까지 그러한 뜻으로 사용된다. 보통 의학(의공학), 시각 예술, 인문학에서 인공 기관의 의미가 본래의 의미대로 사용되고 있으며, 더 나아가 인간과 기술 사이에서의 일반적인 상호 작용을 말할 때 실제적으로든 은유적으로든 '덧붙임'과 '대신함' 이외에 '연장extention', '증강augmentation', '향상enhancement' 등의 뜻이 더해져 오늘날의 포스트휴먼 시대의 개념에 이르게 되었다(Will, 1995: 218).

마커드 스미스Marquard Smith와 조안 모라Joanne Morra가 이러한 변화를 가리켜 '인공 기관을 위한 충동prosthetic impulse'이라고 명명했듯이, 이제 이 말은 장애가 있는 신체를 향상시키기 위한 것에만 한정되지 않고 자체의 생명력을 갖기 시작했으며, 인공 기관(보철물, prosthesis)에 대한 논의는 그 기술적인 방식과 효과에 대한 이론들을 넘어서, 이미 철학, 문학 비평, 시각 문화, 정신 분석과 해체 이론, 사이버 이론, 현상학 등으로부터 이론적 방법론을 끌어내고 있다. 인간과 기계의 융합은 은유/물질성, 형상/문학성, 내부화/외부화 등 두 영역 사이의 변증법을 이끌어낸다(Smith & Morra, 2006: 7). 인공 기관에 관심이 있는 예술가들의 공통된 태도는 대개 신체의 변형, 욕망, 에로티시즘, 유전학 등에 의문을 제기하거나 기관으로서의 신체에 집중함으로써 신체의 표현, 살로서의 인간 형태, 이미 인공 기관을 지니고 있는 신체에 대해 논하곤 한다.

스텔락은 종종 "나의 작품에서는 항상 신체의 다이내믹과 기계의 움직임이 연관된다. 그렇기 때문에 인터페이스로서의 피부 또한 쓸모없다. 사이보그의 중요성은 아마도 그것의 '허물을 벗어버리는shedding' 행위 속에 들어 있을 것이다. 대안적인 인터페이스는 생리학적, 기계적, 가상적인 것들을 통합시킨다"[4]라고 했는데, 이러한 허물 벗는 과정이 기계화되고 인공 기관과 통합되는 것을 의미한다고 하겠다. 그러나 이는 탈육화된disembodied 사물과 같은 존재로서의 인간 개념으로 되돌아감을 의미하지는 않는다. 스텔락은 기술 및 기계를 받아들임으로써 오히려 복합적인 다중의 신체화를 탐구하도록 하며, 자아에 대한 주관적인 의미를 확장시키고 풍요롭게 하는 퍼포먼스를 통해 복잡하고 다층적인 신체를 경험할 수 있게 한다.

3. 연장된 신체로서 〈제3의 팔〉

스텔락의 〈제3의 팔〉(그림 2)은 1980년 멜버른에서 열린 〈진부한 신체Obsolete Body〉 이벤트의 첫 부분에 등장했다. 이로써 일본 와세다早稲田 대학과 도쿄東京 기술연구소의 엔지니어들과 공동 작업해 만든 '로봇 팔robotic arm'이 최초로 대중에게 공개된다. 이 로봇 팔의 움직임은 신체 내

4 스텔락은 또한 "기술은 정확성과 힘과 속도 등을 통해 신체의 움직임이 기계 움직임으로 전환되는 동안 통합된다. 그것의 위치/방향은 그것이 차지하고 있는 공간에서 감지될 뿐 아니라, 그것이 작동하는 전자 공간에서도 감지된다. 신체는 좀 더 외부적인 input을 경험하고 통제로서의 내적인 신호를 이용한다. 그것은 전기 자극으로 되어 움직이기도 하고 제3의 손을 활성화시키기 위해 근육 신호를 사용하기도 한다."라고 덧붙인다(스텔락의 웹사이트).

[그림 2] 〈제3의 팔〉, 1980.

부의 복부 근육으로부터 온 EMG(Electromyography: 근전도 검사 기록) 신호에 의해 결정된다. 그는 당시의 퍼포먼스에 대해 말하면서 로봇 팔과 진짜 팔을 비교하고 있다. "20여 분 동안 진짜 팔은 인공의 제3의 팔의 움직임을 흉내내려고 애썼지만 어색하고 변덕스러웠다. 그런데다 270도 회전할 수 있는 인공 팔의 손목을 도저히 따라갈 수가 없었다"(Stelarc & Paffrath, 1984: 61-62).

신체는 공간 속에서 움직이는 사물처럼 되었고, 신체 내부 기관의 활동은 EMG의 신호를 전달하는 전극봉들에 의해 모니터되는데, 이 때 소리도 발생되었다. 이렇게 스텔락은 1980년대 초에 이미 전극봉의 발전에 중요한 역할을 하게 된다. 그는 이와 더불어 나노 기술, 가상성, 내부성, 정보 등을 환경으로 받아들이면서 관심을 갖게 된다. 이러한 실험에서 우리가 볼 수 있는 것은 다양하고 미묘한 방식으로 유기체(신체)와 기술적 구성물들을 조화시키려는 노력이다. 유머러스한 그의 퍼포먼스에는 신체와 기계적 타자 사이에 있음직한 드라마틱한 대면이 없이 조화를 이루고 있다. 그러한 점에서 스텔락은 "미디어는 우리 자신의 확장이며, 또한 그것들은 상호 작용과 진보를 위해 우리에게 의존한다. 인간 또한 기술에 의존해 행동하며, 따라서 인간과 기술의 관계는 역동적인 공생 관계를 이룬다"(McLuhan, 1964: 5)라고 말한 매클루언의 주장을 실행하고 있는

[그림 3] 〈Evolution〉, 1982, 도쿄, 마키화랑.

것처럼 보인다.[5]

하이테크의 방탄 유리와 금속으로 만든 팔뚝 및 손은 그의 왼팔에 부착되어 그의 몸의 다른 부분들의 근육의 움직임을 통해 통제되어 로봇 팔의 다른 부분들에 연결된 전극봉을 자극하게 된다.

1982년 도쿄의 마키Maki화랑에서, 스텔락은 마커펜을 3개의 손(두 개의 진짜 손과 한 개의 로봇 손)으로 잡고 유리 위에 'EVOLUTION'이라는 단어를 썼다. 역시 신체 내부의 소리와 움직임이 스피커와 스크린을 통해 밖으로 투사되었고, 촉각적인 피드백 시스템이 〈제3의 손〉에 '터치

5 그러나 매클루언의 전자적인 것에 대한 강조는 기계 총체에 대한 관심이라기보다는 미디어로서 기술에 대한 관심이라고 할 수 있다. 시스템, 회로, 정보 등은 환경적 요소들이고 그것들을 통해 결정적인 지위를 차지하는 특정 형태들이다. 그는 기술적 발전 과정에 대해 진보적으로 생각했지만 인간을 도약 속에서 발전할 수 있는 역할을 하는 존재로 보았다. 진화론적 생물학의 교의와는 정반대의 노선을 택하고 있는 매클루언의 세계에서 공생 관계는 너무 포괄적이어서 개인the individual과 같은 그런 것은 아예 존재하지 않는다는 데 이른다. 의식 그 자체는 집단적이고 통합적으로 사회의 전체로 확장된다는 것이다.

감각'을 제공해 주었다(그림 3). 움직임은 다리와 복근으로부터 온 신호들에 의해 제공됨으로써 서로 '접촉할 수 없는' 신체 속 영역들 간의 매개 작용을 활성화시킨 것이다. 매클루언이 미디어 확장으로 인해 감각들 간에 창조된 '새로운 비율ratio'을 본 것과 달리, 스텔락은 매클루언이 예견한 것보다 훨씬 더 깊이 있게 매개mediation[6]에 의한 신체의 접근 방식을 실행하고 있었다.

로봇 팔은 1994년의 〈스팀보드Stimbod〉와 1995년의 〈스캐닝 로봇/자동팔Scanning Robot/Automatic Arm〉(그림 4)에서도 사용되었는데, 다시 한 번 그는 카메라를 든 크고 노란색의 인공팔과 함께 전기 자극에 반응해 듀엣으로 춤을 추었다. 그 카메라는 소용돌이치는 움직임의 영상을 그 공간의 비디오와 컴퓨터 모니터로 다시 보내 관람자들이 볼 수 있게 했다. 네온과 조명으로 극적인 분위기를 연출하고, 그는 옷을 입지 않은 채 오직 사이보그를 연상시키는 부속물들—구부러진 새장 같은 장치, 간헐적으로 움직이는 헤드 고글, 몸에 부착된 전극봉, 전선줄들—만을 착용하고 있었다.

이러한 사이보그로서의 스텔락은 1970년대의 매달린 상태의 스텔락과 전혀 다른 모습과 의미를 나타낸다. 정적이고 상처받기 쉬운 살로서 신체의 의미는 이제 시각적으로나 청각적으로나 스펙터클한 힘의 발생적 중심인 사이보그 신체의 의미로 전환되었다.

이렇게 스텔락의 신체는 이미 융합된 기계 및 인공 기관들에 의해 사이

6 신체가 미디어로서의 특성을 갖게 되면서 매개mediation하기도 하고 재매개re-mediation되기도 한다. 볼터와 그루신은 뉴 미디어가 회화, 사진, 영화, TV와 같은 기존의 미디어들을 이용하거나 그것들과 병행, 혹은 개량하면서 스스로의 문화적 가치와 의미를 획득한다고 주장했다. 그들은 이러한 과정을 '재매개remediation'라고 부르면서 여기에는 투명성의 비매개immediacy와 불투명성의 하이퍼매개hypermediacy가 동시에 작용하고 있다고 설명한다. 그들에 의하면, 비매개와 하이퍼매개는 서로 모순된 것처럼 보이지만 항상 함께 하는 재매개를 위한 이중 논리다(Bolter & Grusin, 2000: 3-15).

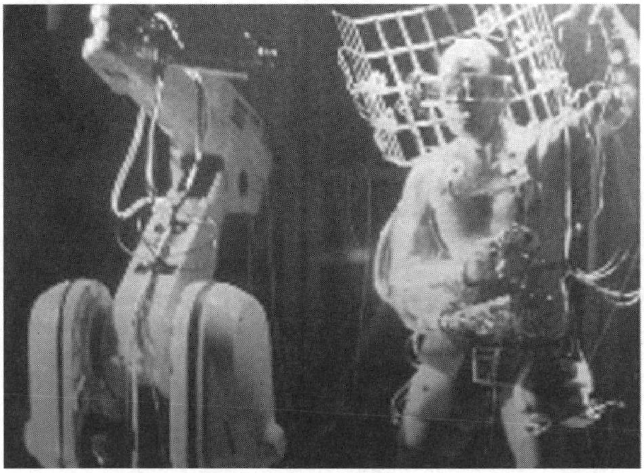

[그림 4] 〈스캐닝 로봇/자동팔〉, 1995.

보그로 진화되었다. 즉 스텔락에게 신체는 항상 프로스테틱prosthetic한 것이었는데, 그의 예술을 통해 그의 신체는 대상화되고 매달리며 로봇화化되는 극단적인 실험의 장소이자 대상이었다. 완성된 기술을 추구하는 형이상학자인 그는 '체현된' 정체성, 의식, 자아 등에 대한 모더니즘적 수사학을 지닌 미래주의자이기도 하지만, 경계와 표면을 부유하는 의식의 포스트모던 드라마에 매혹되는 20세기 말의 담론가이기도 했다(Smith, 2005: 68).

최근 인공 기관의 담론 속에서 인간과 기계의 융합이 은유/물질성, 형상/문학성, 내부화/외부화 등 두 영역 사이의 변증법으로 논의되듯이, 스텔락의 사이보그 개념 또한 휴먼/포스트휴먼, 유기체/기계, 진화/진화 이후, 살/금속 사이의 미묘한 변증법적 상황으로 설명될 수 있을 것이다.

스텔락은 신체와 로봇이 효과적으로 하나의 운영 체계가 되는 지점까지 피드백 루프를 증가시킴으로써 인간/기계에 종속되었던 주인/노예의 관계를 혼동시켜 버린다(Goodall, 2005: 13). 즉 스텔락에게서 인간/

로봇의 경쟁은 제거되었고 그의 행동은 조작과 구별이 불가능한 것이 되었다.

4. 신체 작용의 분열: 에이전트와 모바타

에이전트로서 신체

스텔락은 자신의 신체를 연장하고 자신의 신체 내부 근육이 전극봉을 통해 전달하는 움직임을 수용했던 〈제3의 팔〉과는 반대로, 1990년대에는 자신의 몸을 전선으로 컴퓨터에 연결해 서로 다른 인터페이스 시스템과 인터넷을 통해 전달된 신호들이 그의 몸 각 부분의 근육에 전달되어 행위하게 만드는 방식의 작품, 즉 다른 에이전트agent(대리인, 동작주, 동인, 행위자) 혹은 멀리 있는 에이전트가 그의 생물학적 신체를 통제하도록

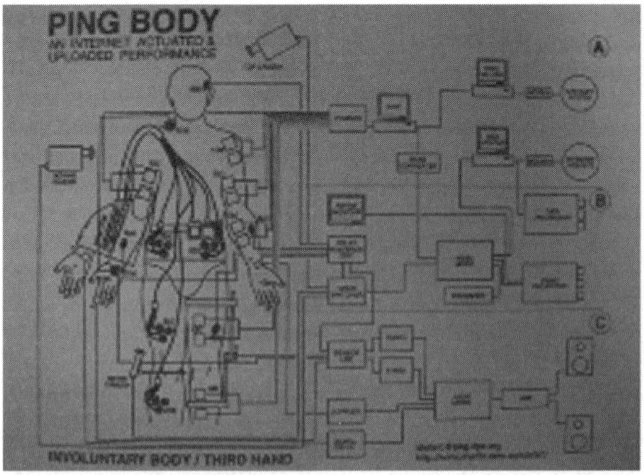

[그림 5] 〈핑 보디를 위한 도해: 인터넷에 의해 실현된 퍼포먼스, 디지털 미학, 예술 공간〉, 1996년, 시드니.

하는 작품을 실행했다. 그는 그것을 '비자발적 신체(자기도 모르게 행동하는 신체Involuntary Body)'라고 명명했다.

1995년 퐁피두센터에서 〈Ping Body/Proto-Parasite〉를 실행하는 동안, 룩셈부르크에 있던 스텔락은 6개의 채널로 된 터치 스크린 인터페이스 근육 자극 시스템six-channel touch screen interfaced muscle simulation system의 전선들에 둘러싸여 있었는데, 이 시스템은 0~60볼트를 특정한 근육으로 전달해 그의 왼쪽 신체만을 통제함으로써 신경 체계 자체를 둘로 분리시키는 것이었다. 높은 전압에 의한 자극은 신체의 '비자발적인involuntary' 움직임의 원인이 된다. 파리의 관람자들이 만진 터치 스크린을 통해 들어온 신호들은 센서와 자극봉, 변환기 등의 배열에 의해 선별되어 그의 신체가 효과적으로 비디오 스위치와 혼합될 수 있게 만들었으며, 다시 소리와 이미지들을 파리에 있는 스튜디오로 전송했다. 이러한 전략은 연속된 퍼포먼스에서 계속 발전되었으나, 신체는 여전히 임의적인 인터넷 상호 작용을 통해 안무되었다. 인터넷은 신체의 사라짐과 자아의 해체를 촉진시킨 것이 아니라 오히려 신체에 대한 새로운 집합적 만남과 주체에 대한 텔레마틱telematic 교류를 가능하게 해 주었다(그림 5 참조).

이와 유사하게 〈프랙탈 신체Fractal Flesh〉(그림 6)에서도 파리와 헬싱키, 암스테르담에 있는 청중들이 동시에 터치 스크린 컴퓨터를 이용해 그의 신체가 움직이도록 만들었다. 퍼포먼스가 일어나고 있는 동안 스텔락의 움직임은 VRMLVirtual Reality Modeling Language의 공간으로 전달되어 웹사이트 상에도 나타나게 된다. 이러한 방식에 대해 스텔락은 다음과 같이 설명한 바 있다.

> 사이보그가 된 신체는 정보와 함께 상징적/기생적 관계로 들어간다. 신체는 연장된 가상의 신경 체계 속에서 반응하는 노드node가 된다. 신체는 정보

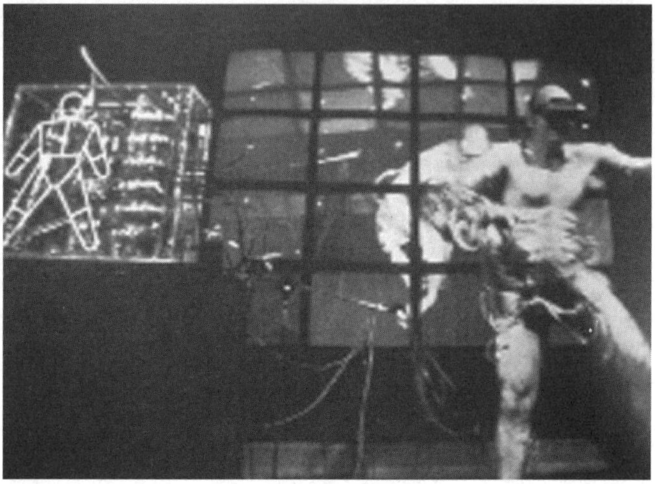

[그림 6] 〈프랙탈 신체Fractal Flesh〉, 1996.

의 홍수에 의해 소비되고 또 소비되면서 그 탐색 인공 기관Search Prosthetics에 의해 조종되고 움직이면서 연장된, 상징적 사이보그 시스템 속으로 들어가게 된다(Stelarc, "Parasite: Events for Invaded and Involuntary Body," Dixon, 2007: 314).

1999년 그는 노팅엄의 트렌트대학 강의 도중, 청중 가운데 네 명의 학생을 불러내 어떻게 원격의 전자 신호들이 그의 움직임을 작동하게 되는지 시연했다. 각 학생들의 팔 근육에 전극봉을 부착해 낮은 전류를 흐르게 하면 학생들은 자기도 모르는 사이에 손이 반쯤 돌아간다든지, 몸을 떤다든지, 팔뚝 전체를 들어올려 포물선 모양의 곡선을 그리는 등 원치 않은 움직임을 보였다. 이러한 식으로 스텔락의 퍼포먼스에서는, 퍼포먼스를 하는 동안 그가 사용하는 전극봉들이 계속 인터넷 자극들에 반응하면서 상호 작용하는 것이 특징이다.

이러한 실험을 통해 나타난 '신체 분열split physicality' 실행은 한 사람 안에서 일어나는 신체 작용의 분리 현상을 초래하게 된다. 절반은 실제 신체이고, 다른 절반은 네트워크 상의 신체로서 데이터의 흐름에 종속되고 디지털 원격 측정에 의해 영향을 받으며 막대한 데이터베이스와 정보에 의해 풍부해진 신체다. 전자 환경 속에서 진화를 위해 재구성된 이러한 신체는 더 이상 자아 혹은 정신을 담을 수 있는 컨테이너로 이해하기 어려워진다. 그러나 그가 퍼포먼스에서 실행한 육체 분리는 정신 분석에서 다루는 '인격 분열a split personality', 혹은 언캐니uncanny 및 더블double과는 거리가 있다.

1990년대 말에 행해진 일련의 인터넷 자극 작품들에서, 그의 신체에 대한 탈인간화 혹은 기계화는 극단에 이르게 되어, 스텔락의 신체는 마치 빈 껍질처럼 되어버린다. 스텔락은 이러한 작품들에 대해 "텅 빈 신체가 기술적 구성물들을 위해서는 더 나은 주인일지도 모른다"(Stelarc의 Web Site)는 극단적인 선언을 하거나, 자신의 신체를 객관화 혹은 사물화해 언급하면서 신체는 재구성redesign되어야 한다고 주장하기도 한다. 즉 상상적이고 과도 자극된 신체 능력 및 형태는 정보에 의해 발생되고 쓸모없는 신체는 재구성된다는 것이다. 그러나 그는 점차로 인간 신체를 의학 및 기술의 영역 아래서 그 무능력함을 수정하기보다는, 대안적이며 친숙하고 자기도 모르는 사이에 반응할 수 있는 신체 능력의 잠재성에 관심을 갖게 되었다. "신체는 기계가 단순히 삽입되는 장소site가 아니라, 재구성, 재생성, 복제를 위한 장소이며, 욕망과 타협을 위한 에이전트(대행자)이다"(Smith, 2005: 197)라는 그의 주장은 기술이 종종 개인들이 신체를 다른 방식으로 개념화하고 에이전트의 개념을 재고할 수 있게 한다는 의미로 읽을 수 있다. 즉 신체는 '나와 우리'의 인터페이스로서의 에이전트인 것이다.

아바타 / 모바타

신체가 분리 작용한다는 개념은 1990년대 말부터 스텔락의 퍼포먼스에서 제공된 '아바타/모바타Avatar/Movatar' 이미지로 한 단계 더 발전하기 시작한다. 이전까지의 작품에서 신체는 인공 기관의 부속물들 혹은 임플란트를 수용했으나, 이제 그와는 반대로, 모바타의 제안과 함께 신체는 지능을 가진 아바타의 행동을 실제 세계에서 나타내기 위한 인공 기관이 되어버린다. 퍼포먼스에서는 컴퓨터 속의 아바타에 따라서 실제 신체가 실행하게 되며 거기에 안무에 사용되는 기술이 뒤따르게 된다. 이렇게 함으로써 기관이 없는 가상의 신체인 아바타는 실제 공간 안에서 실제 신체에 전달됨으로써 효과적으로 기관을 얻게 된다. 즉 컴퓨터에 의해 발생된 아바타는 적당한 시각적 소프트웨어 인터페이스와 근육 자극을 통해 모바타가 되는 것이다(그림 7 참조).

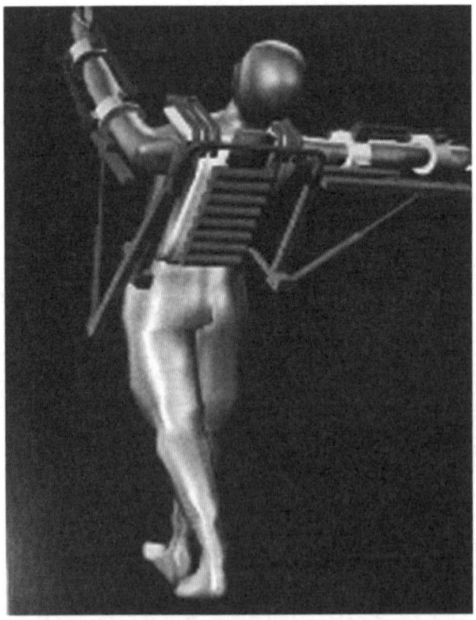

[그림 7] 〈모바타를 위한 모션 프로스테시스Motion prosthesis for Movatar〉, 멜버른, 2000.

'모바타'는 모션 캡처를 역逆으로 만든 시스템이다. 컴퓨터 개체(독립체entity)가 신체를 그려내는 것이 아바타라면, 모바타(그림 8)는 거꾸로 실제 세계 안에서 아바타에 따라 퍼포먼스를 수행하게 하는 실제의 물리적인 신체를 말한다. 아바타의 상체 부분을 감싸고 있는 모션 프로스테시스Motion Prosthesis 인터페이스는 단지

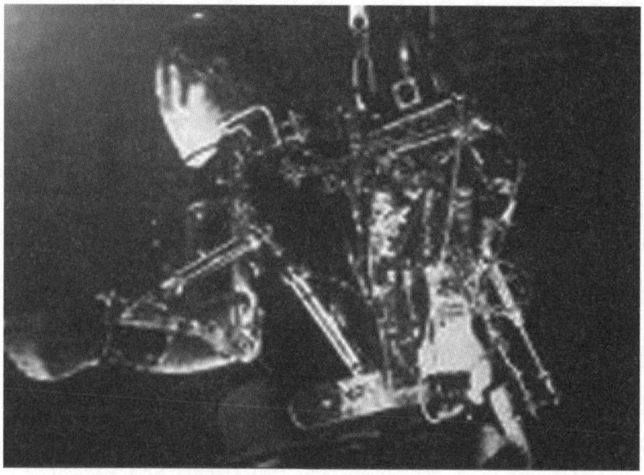

[그림 8] 〈모바타, 사이버컬처Movatar, Cybercultures〉, 2000, Casula.

각 팔이 3단계로만 움직일 수 있지만, 그를 통해 64개의 조합을 만들어낼 수 있도록 되어 있다. 신체는 좌, 우로 분리되는 것이 아니라 토르소와 다리 부분으로 나뉜다. 팔이 아바타의 코드에 의해 실행되는 동안, 다리들은 자유롭게 움직여 바닥의 센서를 밟음으로써 아바타의 행동을 조정할 수 있어 리듬과 변형, 복잡한 자세들에 영향을 줄 수 있다. 모션 프로스테시스는 실제 세계에서는 근육으로 보여진다. 여기가 바로 가상과 실제의 대화가 발생되는 가상/실제 인터페이스다.

〈프랙탈 신체〉에서는 신체가 멀리 떨어져 있는 소외된 에이전트(다른 장소에 있는 사람)를 위한 주인host이었던 반면, 여기에서는 신체와 에이전트는 가상의 실체를 공유하게 된다. 공전하는 행동을 가능하게 하는 가상의 신체다. 그것은 컴퓨터 안의 실체로서는 유순하고 수동적이지만, 그것이 신체를 갖게 되면 행동에 영향을 줄 수 있다. 그것은 형태는 물론이고 팔다리의 움직임에서 마치 도플갱어처럼 인간으로 시각화된다.

퍼포먼스에서 그의 신체는 컴퓨터를 통해 생성된 알고리듬과 그의 이미지 사이의 피드백 루프feedback loop의 일부가 되고, 그것은 그의 앞에 있는 스크린에 투사된다. 스크린은 기술이 신체를 일루전illusion의 가상 영역으로 확장시키는 것을 보여 주며, 아바타는 모션 프로스테시스를 통해 스텔락의 신체를 움직여 에이전트에 의해 조종된 존재의 경험을 창출하게 된다. 즉 이러한 피드백 루프 속에서 그의 신체는 아바타의 프로스테시스가 되며 신체의 제한된 영역을 확장시킬 수 있게 된다.

만약 아바타를 초월적 세계로부터 온 일종의 사절처럼 신화적인 의미에서 언캐니 및 더블을 가장한 것으로 본다거나, 물리적 세계가 만질 수 없는 다른 것을 갖게 되는 이중의 질서 속에 속해 있는 것으로 본다면, 그것은 〈매트릭스〉로부터 최근의 〈아바타〉에 이르는 각종 영화들에서처럼 자아의 경계를 방어하려는 시도로 이해될지도 모른다. 그러나 스텔락의 아바타에 대한 관계에는 투쟁도 히스테리도 없다. 중요한 것은 상호 작용하는 이미지들이 곧 작동하는 에이전트가 된다는 것이다. 오히려 지능과 에이전트라는 개념이 시스템 안으로 들어오면서, 그의 작품은 심각하든 유머러스하든 악마나 괴물, 파라노이아, 언캐니, 사도마조히즘 혹은 어떤 종류의 사이코드라마와 전혀 아무런 관계를 갖지 않는다.

5. 인간과 기술의 융합에 대한 전망

앞서 살펴보았듯이, 신체 연장으로서의 〈제3의 팔〉을 비롯해 인터넷을 이용해 멀리 떨어져 있는 에이전트들에 통제된 움직임으로 퍼포먼스를 보여 주거나 알고리듬에 의한 컴퓨터 아바타의 행동을 신체로 보여 주는 스텔락의 행위들은 이미 항상 인공 기관이어 왔으며 극단적 실험의 장소로서 항상 열려 있는 그의 신체 관념을 강조하는 것이었다.

그는 〈1/4 크기 여분의 귀〉(2003)와 같은 작품들을 통해 자신의 신체에 외부의 낯선 기관을 영구히 부착하는 실험을 하기도 한다. 이것은 외부 요소와의 상호 작용과 공생symbiosis을 포함하는 행위로서, 주인으로서 신체와 기생자로서 인공 기관 사이에 형성되는 적응력을 나타내거나 자아와 다른 사람 사이에 놓인 장벽을 무너뜨리는 자극이 되기도 한다.

이러한 방식은 그가 자신의 신체와 인공 기관으로 외부 요소들을 융합시키는 태도에 항상 반영되어 왔다. 그것은 기계와 생명체 혹은 신체 사이의 경계선을 통합하고 인간적인 에이전트와 시스템 사이의 구분선을 없애려는 시도이기도 했다. 정보의 조건들이 대행적인 생명으로 바뀌고, 코드들과 알고리듬, 네트워크, 재현 등 인간과 시스템의 형태를 구별하던 경계선의 개념을 흐리게 만들었다. 우리는 이러한 상호 타자화의 상태가 전자 문화의 회로 속에서 점차적으로 모호해지고 있음을 목도한다. 스텔락은 비평가들에 의해 극단적인 호평과 혹평을 동시에 받고 있는 미술가다. 그러나 그가 미래주의적인 관점에서 신체의 진부함을 극복하기 위해 기계를 끌어들인다고 할지라도, 결국은 연약하고 그러면서도 정교한 신체에 의존한다는 사실이 중요하다. 조안나 자이린스카Joanna Zylinska는 그의 퍼포먼스가 보여 주는 신체와 미술과 기술의 강력하고도 공생적인 이러한 접합을 에마누엘 레비나스Emmanuel Levinas의 이론을 빌려 설명하기도 했다. 스텔락의 퍼포먼스들은 항상 "예상치 못하고 잘 알지 못하는 것에 대한 개방성과 환영"이라는 개념에 의해 영감을 얻어 왔다는 것이다(Zylinska, 2002: 217). 여기에서 우리가 끌어낼 수 있는 개념, 즉 낯선 것을 받아들이고 적응한다는 의미의 '환대hospitality의 개념'은 이는 21세기를 살아가는 우리가 이 시대의 상황에서 불가피하게 마주하고 있는 기술과 인간의 융합의 개념을 어떻게 받아들일 것에 대한 사유에 기여를 할 것이라는 점에서 큰 의미를 지닌다고 할 수 있겠다. 신체와 기술의 융합과 관련된 스텔락에 대한 연구가 앞으로 더 심화되어 그의 신체성이 지닌 기술적 · 철학적 함의 및 의미에 대한 고찰로 이어질 것을 기대한다.

참고 문헌

Ayres, Robert, "Obsolete Body/Alternate Strategies—Listening to Stelarc," *Live Art Letters*, 3(Feb. 1998), Nottingham: Live Art Letter.

Bolter, Jay David & Richard Grusin, *Remediation: Understanding New Media*, MIT Press, 2000.

Clark, Andy, *Natural-Born Cyborgs, Minds, Technologies, and the Future of Human Intelligence*, Oxford University Press, 2003.

Dixon, Steve, *Digital Performance*, The MIT Press, 2007.

Goodal, Jane, "The Will To Evolve," *Stelarc, The Monograph*, ed. Marquard Smith, MIT Press, 2005.

Haraway, Donna, "A Cyborg Manifoesto: Science, Technology, and Socialist-Feminism in the Late Twentieth Century," in *Simians, Cuborgs and Women: The Reinvention of Nature*, Routledge, 1991.

Jones, Amelia, *Body Art, Performing the Subject*, Mineapolis: University of Minesota Press, 1998.

Jones, Caroline A., *Sensorium, Embodied Experience, Tecnbology, and Contemporary Art*, The MIT Press, 2006.

Koplos, Janet, "Stelarc at the Kitchen," *Art in America*, 81, no.12, December 1993.

McLuhan, Marshall, *Understanding Media*, Routledge, 1964.

Smith, Marquard (ed.), *Stelarc, The Monograph*, MIT Press, 2005.

Smith, Marquard & Joanne Morra(ed.), *The Prosthetic Impulse, From a Posthuman Present To a Biocultural Future*, The MIT Press, 2006.

Stelac & Paffrath, James D., *Obsolete Body: Suspensions : Stelarc*, Jp Pubns, 1984.

Stelarc의 Web Site: www.Stelarc.va.com.au.

Will, David, *Prosthesis*, Stanford University Press, 1995.

Zylinska, Joanna (ed.), *The Cyborg Experiments: The Extension of the Body in the Media Age*, Continuum, 2002.

영상 매체의 판소리 끌어안기:
임권택의 〈춘향뎐〉을 중심으로*

이수진

1. 들어가는 말

한국영상자료원 기록에 의하면 1999년까지 애니메이션을 포함해서 20여 편의 춘향 이야기를 다룬 영화가 존재한다고 한다. 그러나 대부분의 작품은 원전 판소리를 살리기보다는 이야기와 내용에 더 초점을 맞추고 있어 영화화되기 전 공연 예술로서 판소리가 지닌 멋과 아름다움은 거의 사라졌다고 해도 과언이 아니다.

이러한 이유로 임권택은 각색 과정에서 상실된 부분을 안타깝게 여기게 되었고, 판소리 공연을 영화적으로 되살려내는 새로운 춘향전 영화를 만들고자 했다고 언급한다.

* 이 글은 「기호학연구」 제29집(2011년 6월)에 실린 논문을 수정 · 보완한 것임을 밝혀 둔다.

> 판소리를 들어보니까 예전 감독들이 한 번이라도 '춘향전'을 판소리로 들어보고 영화를 찍었는지 의심하기 시작한 거요. 이거는 아니야. 판소리가 갖는 맛을 가지고 볼 때는 그동안의 〈춘향전〉들이 엉터리인 거요. 그런 느낌을 받으면서, 그럼 내가 할 수 있는 일이 뭐이겠느냐. 영상으로 이 판소리가 갖는 맛을 좀 더 극대화시키는 쪽으로 그림으로 받쳐 주는 것 말고는 더 이상할 일이 없을 것 같았다고. 영상으로 판소리가 갖는 맛과 감흥을 더 확연하게 드러나게 해 주는 것 말고는 감독이 해야 될 일이 없다는 생각을 했다고 (정성일, 2003: 413).

그렇다면 과연 어떻게 임권택의 〈춘향뎐〉은 판소리 그 자체가 갖는 아름다움을 고스란히 영상 매체 속에 담고 있는 것일까? 이 글에서는 그 답을 찾기 위해 작품에서 가장 중요하다고 여겨지는 '구조'와 '구성 요소들의 조화'에 주목하려 한다. 영화 속에 판소리를 담는 액자 구조, 판소리 명창의 아니리 부분이 영화의 보이스 오버 내레이션이 되는 구조, 판소리 공연 현실과 평행적으로 춘향과 몽룡이 살았던 숙종 시대가 영화 랑가주 langage로 재현되는 구조는 정치한 분석을 요구하는 다층적이고 복합적인 시스템이다. 그뿐만 아니라 '시각적인 이미지와 청각적인 사운드의 조화'는 서구에서 온 근대 예술 장르인 영화적 표현 수단으로 한국 전통 공연 예술을 담아내기 위한 방법론, 즉 형식적 시도라 하겠다.

요컨대 임권택의 〈춘향뎐〉은 판소리와 영화 두 예술 장르 간의 넘나듦, 21세기 공연 극장을 배경으로 한 현재와 18세기 이야기의 주인공들이 살고 있는 과거 사이의 넘나듦을 근간으로 하는 탈경계적이고, 트랜스trans-적인 작품이다. 특히 시각적 리듬과 청각적 리듬의 만남을 통해 새로운 의미가 창발創發, emergence되는 과정은 영상에 부응하기 위한 소리의 사용 또는 서사적 상황에 감정 이입시키기 위한 음악의 사용이라는 '관습을 뛰어넘는 시도'이며, 시각과 청각이 서로 소통하면서 이루어내는 조화에 새로운 가치를 부여하고, 그 힘을 배가시키는 창의적인 시도다. 이러한 맥락에서 이 글은 구체적인 분석을 통해 〈춘향뎐〉의 미학과 정신을 풀어내 보고자 한다.

2. 판소리 영화 〈춘향뎐〉

임권택 감독은 판소리 소리꾼의 이야기를 영화화한 〈서편제〉(1993)를 준비하면서부터 이미 판소리 자체에 집중한 영화를 만들고자 하는 바람이 있었다고 한다.

> 〈서편제〉 촬영을 시작하기 전에 판소리 완창完唱을 한 번도 들어보지 않고 어떻게 내가 판소리 영화를 찍는다고 하겠느냐 하는 생각이 들어 조상현 씨의 '춘향전'을 장소를 물색하러 다니면서 들었소. 우리가 춘향전의 스토리를 너무 잘 알잖아요. 근데 그 판소리를 딱 듣고 있는데 그 뻔한 스토리를 판소리로 엮어내니까 엄청난 감동으로 와 닿는 거요. 이제 속으로, 아! 내가 이 판소리를 깊이 알지도 못하고 섣부르게 덤볐다는 생각이 들었소. [……] 그 때부터 춘향전을 들으면서 이걸 만약에 영화로 하면 어떨 것인가 생각을 시작한 거요. 영화로 우리의 맛을 어떻게 낼 것인가 [……] 그 때 내가 적어도 저 소리에 깊이 들어가서 영화를 한다면 10년 이상 걸려야 될 것 같다는 막연한 생각을 했소. 단지 내가 죽기 전에 한번 해봤으면 하는 생각을 했지(정성일, 2003: 273).

그의 고백처럼 십 년은 아니지만 칠 년여의 시간 후 〈춘향뎐〉(2000)이 발표되었고, 이 영화가 한국 영화 역사상 최초로 프랑스 칸 영화제 장편 경쟁 부문에 진출하면서 세간의 주목을 받게 된다. 특히 프랑스를 비롯해 유럽 영화 평단은 당시까지만 해도 거의 알려지지 않았던 임권택과 한국 영화에 관심을 보이기 시작했다. 변방의 영화, 어쩌다 몇몇 작품을 만든 나라가 아니라 엄연한 영화 생산국으로서 인정받는 첫 번째 계기이자, 관객 대상 폭을 전문가층에서 일반인으로 좀 더 다각화한 계기라 하겠다. 프랑스 주요 일간지 『르몽드』, 『리베라시옹』, 미디어 잡지 『텔레라마』, 영화 잡지 『카이에 뒤 시네마』 등 당시 칸 영화제를 보도하는 대부분의 프랑스 언론에는 임권택에 관한 언급이 빠지지 않았고, 그 영화가 주제로 삼고 있는 판소리라는 한국의 전통 문화에 관한 설명이 반드시 덧붙여졌다.

> '춘향'은 한국에서 전설처럼 내려오는, 현재까지도 소설, 시, 노래, 판소리, 영화 등으로 끊임없이 되살아나는 이야기다. 〈춘향뎐〉은 2개의 전설이 만난 영화라 할 수 있다. '춘향'이란 전통적인 전설과 임권택이라는, 불행히도 프랑스에는 아직 알려지지 않은, 한국 영화계의 전설적인 인물. [……] 영화는 드라마보다는 그 형식미를 추구하는데, 등장 인물보다는 반복되고 보완되면서 기묘하게 조화를 이루는 내레이션 구조를 견고하게 하는 데 초점을 맞추고 있다. 한국의 전통과 관습에 뿌리를 두고 판소리라는 문화는 여기서 아주 결정적 역할을 한다. [……] 서양 관객들에게 판소리라는 낯선 예술은 미장센, 촬영 기술, 미술 연출, 편집 등으로 이루어낸 아름다운 영상미 덕분에 더할 나위 없이 매력적으로 다가선다(Mandelbaum, 2000).

인용한 기사는 〈춘향뎐〉의 극장 개봉에 맞추어 『르몽드』 일간지에 실린 글로서, 이 작품의 형식미에 관해 언급하고 있는데, 영화라는 예술 장르 내부에 또 다른 예술, 한국 전통 공연 예술이 내포된 점을 중요한 특성으로 꼽고 있다. 임권택은 본인 스스로 자주 밝히듯이 한국 전통 문화에 관심이 많고 한국의 고전미를 세계에 알리는 일에 사명감을 느낀 작가다. 그의 필모그래피filmography에서 중요한 작품으로 꼽히는 〈씨받이〉(1987), 〈아제 아제 바라아제〉(1989), 〈서편제〉(1993), 〈축제〉(1996), 〈춘향뎐〉(2000), 〈취화선〉(2002) 등은 모두 한국의 고유한 미를 영화 스크린에 형상화시키고자 노력한 결실이라고 할 수 있다. 그 중에서도 특히 〈춘향뎐〉은 이야기보다 한국의 고유한 무엇, 전통적인 무엇에 더 심혈을 기울인 작품이라 하겠는데, 어쩌면 이러한 이유 때문에 한국에서는 관객에게 외면당한 반면 프랑스를 중심으로 한 유럽에서는 더 많은 사랑을 받았다고 풀이해 볼 수 있다.

사실 개봉 당시 100만 이상의 관객 동원이라는 기록을 세우면서 한국 최대 흥행작이 되었던 〈서편제〉는 판소리라는 동일한 소재이지만 서사 측면에서도 대중의 관심을 끌었다. 물론 이야기뿐만 아니라 공간을 다루는 새로운 방식과 내용을 아우르는 상징적인 이미지, 그에 조화되는 음악이 돋보인 작품이기도 하다. 혹자의 평에 의하면 〈서편제〉의 "독창성은 판소리 사용이나 롱테이크보다 오히려 '풍경 소리'라는 용어가 어울릴 만큼 감정을 머금은 공간에 있다."[1] 다시 말해 소리꾼 가족의 가장 유봉과 그의 딸 송화, 아들 동호 세 식구가 진도 아리랑을 구성지게 부르면서 덩실덩실 춤을 추며 걷는 구불구불 밭길은 그 자체로도 빛깔이 고운 들녘이지만 가족의 한 많은 인생과 어울려 더 가치를 발한다는 것이다. 분명 〈서편제〉의 주인공은 풍파 많은 세월을 산 송화의 가족과 한국의 전통적 정취라고 주저없이 말할 수 있다.

1 Sous la direction d'Adriano Aprà, "Im Kwon Taek, 1962–1963 : le réalisme sous le système et contre le mensonge," in *Le cinéma coréen*, Paris, Editions du Centre Pompidou, 1993, p. 76.

그런데 〈춘향뎐〉의 경우, 주인공을 선뜻 이야기와 결부시켜 춘향과 몽룡이라고 단정짓기가 쉽지 않다. 왜냐하면 우리에게 너무나도 익숙한 아니 식상해져 버린 사랑 이야기보다는, 즉 스토리 자체보다 더 형식이 눈에 들어오기 때문이다. 서사 자체에 새로운 해석과 가치 부여가 이루어져 임권택의 작품으로 탄생했다는 평가보다는 새로운 서사 구조와 형태에 더 주목하게 된다.

3. '영화 속의 판소리' 액자 구조

영화가 시작되면 검정 화면을 배경으로 익숙한 노래 한 가락, 가장 유명한 판소리 대목인 '사랑가'가 들린다. "이리 오너라. 업고 놀자. 이리 오너라. 업고 놀자. 사랑 사랑 사랑 내 사랑이야. 사랑이로구나! 내 사랑이야. 이이이이 내 사랑이로다." 노래가 지속되는 동안 제목 자막(한자로 크게 春香傳, 그 밑에 작은 글씨 춘향뎐, 더 작은 글씨 chunhyang)이 페이드인 되었다가 다시 검은 화면으로 페이드아웃 된다. 이윽고 무대 위에서 공연을 하고 있는 노래의 주인공, 즉 소리의 발원지인 판소리 명창의 모습이 나타난다. 잠시 후 춘향과 몽룡의 사랑을 다룬 '춘향 이야기'가 본격적으로 시작된다. 방금 전 무대에서 보았던 명창의 목소리가 보이스 오버 즉 화면 밖에서 화자話者 역할을 하며 관객에게 서술을 시작하는데, "[……] 숙종대왕 즉위 초에 남원 사또 자제 도련님 한 분이 계셨는데 연광은 16세요. [……] 하루 일기 화창하여 방자 불러 물으시되……" 명창의 목소리를 받는 것은 몽룡을 실제 연기하는 배우의 목소리다. "얘, 방자야 [……] 내가 아버님 따라 이 고을에 내려온 지 수삼 삭이 지났으나 지금까지 놀 만한 경치를 모르니 어디가 좋으냐?" 이어서 방자의 대답이 이어지고 이제부터 관객은 보통 관습적으로 보는 영화적 재현 방식을 접하게 된다. 다시 말해 움직이는 이미지와 소리로 형상화되는 인물과 행위, 풍경과 장식 등에 몰입하게 된다.

이 때(00 : 02 : 46)[2]부터 처음 도입부에서 다큐멘터리적으로 촬영되어 소개된 공연 무대와는 다른 허구fictif 세상을 지각하게 되는 것이다. 허구 세상에 관해 모든 서사물에 공통적으로 적용할 수 있는 개념으로 그 독립성을 강조하기 위해 '디제시스diégèse'란 용어를 도입하고자 한다. 디제시스란 서사학에서 '이야기가 전개되는 허구 세계'를 지칭하는 말로, 인물, 시간적 배경, 장소적 특성 등 서사를 가능하게 하는 모든 요소가 그들의 질서와 법칙을 따라 존재하는 공간을 규정하는 것이다.[3] 〈춘향뎐〉의 디제시스는 근간이 되는 춘향 이야기가 전개되는 세상에 해당한다. 다시 말해 조선 시대 숙종 때라는 시간적 배경, 남원이라는 공간적 배경을 포함, 인물들의 품성이나 정서, 그들이 즐기는 노래며 춤, 놀이, 입고 있는

2 이 글에서 언급하는 영화의 시간적 지표는 2000년 출시된 DVD 판본을 따른다. 시간, 분, 초 순서대로 00:00:00 방식으로 표시하고자 한다.

3 "디제시스 개념은 영화학자 에티엔 수리오Etienne Souriau가 아리스토텔레스와 플라톤의 개념을 현대적으로 재해석하면서, 이후 영화 연구에 널리 사용되었다. 간단히 설명하자면 이야기의 화법을 디제시스와 미메시스mimèsis로 구분하여, 그 서술 방법에서 설명 측면이 강조될 경우 디제시스, 재현 측면이 강조될 경우 미메시스라 한 것이다. 따라서 디제시스는 '상술된 이야기'란 개념으로 영화에 적용되면 보이는 이야기의 외연적 요소(연기, 대사, 배우, 의상, 장소 등)에 의해 구성되는 허구의 세계를 의미하게 된다. 디제시스는 영화의 서사가 진행되는 동안 서서히 구축되며, 그 내부 요소들은 모두 고유한 질서와 법칙을 따라 존재한다"(메츠, 2009: 56). "영화 이론이 아리스토텔레스와 플라톤에게서 빌려온 것은 일반적인 생각과 단어다. 물론 그 도입은 왜곡 없이 이루어졌다. 그리스어로 diègèsis(그 상관어 mimèsis처럼)는 언어 표현lexis의 한 양태였다. 다시 말해 허구를 재현하는 여러 방법 중의 하나, 일종의 관계 맺기 기술(동시에 그것을 구술하는 행위)인 것이다. 이는 형태적 혹은 양태적 개념이다. 반면 현대 실질적 연구 작업에서 '디제시스'는 이야기된 것, 지시하고 있는 세계, 유사 현실을 공시하는 것을 포함한 신체로서의 허구 자체를 지칭하는 경향이 더 강하다. 이러한 맥락에서 오늘날 통용되는 '디제시스'는 (그 정확한 범위를 고려할 때) 영화 이론가들이 일반적 미학을 위해 소개한 새로운 개념처럼 간주될 수 있을 것이다. 더 자세히 말하자면 기호학 흐름에 10년에서 15년 앞서 영화학자들이 도입했다는 사실을 상기시키고 싶다. 특히 수리오는 디제시스가 영화 분석에 있어 필수불가결한 기술적 용어라고 판단했다"(메츠, 2009: 386).

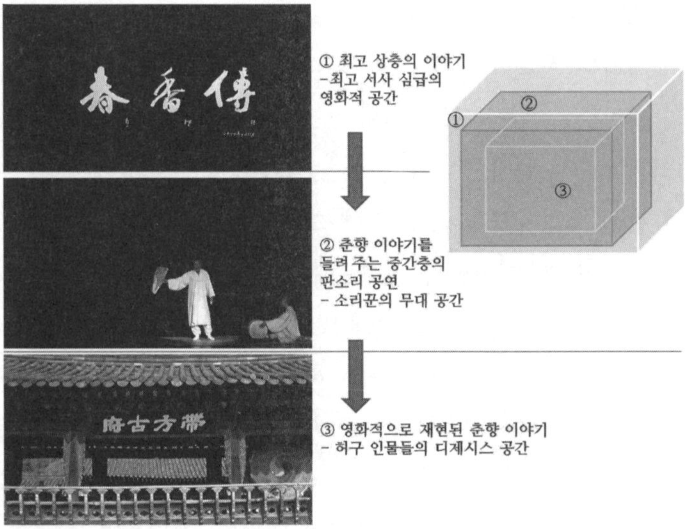

[도표 1] 〈춘향뎐〉의 액자 구조

의상, 먹을거리, 볼거리 등 우리가 살고 있는 세상과 거의 유사한 세상을 지칭한다. 단지 관객의 공간(=극장)과 분리되어 스크린 너머에서 혹은 스크린 사각형 안으로 끝없이 펼쳐질 뿐이다.

도입부[4]는 종결부와 더불어 작품의 전체 구조를 압축적으로 제시하고 있어 대단히 흥미롭다. 즉 4분 정도의 짧은 시간 동안, (좀 전에 설명한) '허구 인물들의 디제시스 공간', '판소리 소리꾼의 무대 공간', '최고 서사 심급의 영화 고유 공간'이라는 세 가지 다른 형태의 공간들이 공존하고 있기 때문이다. 사실 임권택의 〈춘향뎐〉 가장 초반에 등장하는 제목은 영화를 만든 절대적 존재가 앞으로 영화라는 이야기를 들려 줄 것을 암시하는 약호에 해당한다. 그렇게 가장 상층에 있는 이야기가 시작되면, 판소리 무대 위의 소리꾼이 공연장을 찾은 관객들에게 자신의 춘향 이야기

4 이 글에서는 제목, 무대 그리고 몽룡의 서재로 이어지는 부분까지를 도입부로 정의하려 한다.

를 들려 주는 중간층의 이야기가 시작되고, 이어서 배우들이 직접 연기하면서 전달하는 춘향 이야기가 시작된다. 요컨대 다층의 구조 혹은 액자 구조라 정리할 수 있다. 이를 앞의 [도표 1]에서와 같이 영화 화면과 함께 정리해 보고자 한다.

이와 같은 액자 구조를 '스펙터클 속에 내재된 중복 구조' 혹은 '영화 속의 판소리'라고도 지칭할 수 있겠는데, 이는 '연극 속의 연극', '영화 속의 영화'와 같은 표현을 〈춘향뎐〉에 맞게 약간 변용한 것이다. 연극 비평가 파트리스 파비스Patrice Pavis에 의하면 "연극 속의 연극이란 연극 작품의 공연이 핵심 주제가 되는 형태로서, 관객이 외부 공연을 보는 것과 동시에 이 공연 속에 포함된 내부 공연을 본다는 생각에 기반을 둔다"(Pavis, 1980: 415). 임권택의 〈춘향뎐〉 역시 우리는 영화를 보는 것과 동시에 작품에 포함된 판소리 공연을 본다는 생각을 하게 된다. 이는 특히 영화가 진행되는 동안, 허구 인물들의 디제시스 공간과 소리꾼이 공연하는 무대를 교차하면서 왔다 갔다 하는 전환의 효과로 인해 더 강조된다.

종결부는 도입부와 유사한 방식, 하지만 순서는 역방향으로, 즉 ③디제시스 공간→②무대→①영화 고유 공간으로 마무리된다(그림 1 참조). 다만 이 나오기의 과정 중간에 디제시스 공간과 소리꾼의 무대를 디졸브로 연결하는 부분이 있는데, 무대에서 허구 세상으로, 허구 세상에서 다시 무대로 왕복 이동하는 그 움직임은 디졸브라는 기법으로 인해 더 부드럽고 유연하게 느껴진다.

이제 도입부와 종결부를 통해 살펴본 '영화 속의 판소리' 구조를 작품 전체에 적용해 보기로 하자(도표 2 참조).

작품 전체적으로 공간 사이의 왕복 이동은 총 6회 반복된다. 도입부, 영화 고유 공간으로부터 무대로 '들어가는' 이동과 거꾸로 종결부에서 무대로부터 영화 고유 공간으로 '나오는' 이동이 있다. 이를 제외하고는 모두 디제시스 공간과 무대 공간 사이를 서로 이동하면서 왕복 움직임을 보인다(관습적인 재현 방식 즉 이야기를 따라 등장 인물과 사건을 보여 주는 방식에 가장 많은 시간을 할애한다). 디제시스 공간에서 무대로 전환

[그림 1] 영화 속의 전환 효과

<table>
<tr><td rowspan="2">6번의 들어가기 & 6번의 나오기</td><td colspan="4">3 종류의 공간</td></tr>
<tr><td>최고 서사 심급의 영화적 고유 공간</td><td>허구 인물들의 디제시스 공간</td><td>왕복 움직임
← - - - - - - - - - - - - →
전환</td><td>소리꾼의 무대 공간</td></tr>
<tr><td>①
들어가기</td><td>제목</td><td colspan="2">- - - - - - - - - - - - →
페이드아웃 & 노래 지속</td><td rowspan="2">도입부 자막: 사랑가
(00:00:50~00:02:45)
1분 55초 지속</td></tr>
<tr><td>①
나오기</td><td rowspan="10"></td><td rowspan="2">약 16분 지속</td><td>← - - - - - - - - - - - -
페이드아웃 & 노래 종료</td></tr>
<tr><td>②
들어가기</td><td>- - - - - - - - - - - - →
스트레이트 컷 & 노래 지속</td><td rowspan="2">천자문 시퀀스
(00:18:50~00:19:33)
1분 59초 지속</td></tr>
<tr><td>②
나오기</td><td rowspan="2">약 50분 지속</td><td>← - - - - - - - - - - - -
스트레이트 컷 & 노래 종료</td></tr>
<tr><td>③
들어가기</td><td>- - - - - - - - - - - - →
스트레이트 컷 & 노래 지속</td><td rowspan="2">십장가 시퀀스
(01:09:24~01:11:31)
2분 07초 지속</td></tr>
<tr><td>③
나오기</td><td rowspan="2">약 5분 지속</td><td>← - - - - - - - - - - - -
스트레이트 컷 & 노래 종료</td></tr>
<tr><td>④
들어가기</td><td>- - - - - - - - - - - - →
스트레이트 컷 & 노래 지속</td><td rowspan="2">몽룡의 과거 급제 시퀀스
(01:16:06~01:16:40)
34초 지속</td></tr>
<tr><td>④
나오기</td><td rowspan="2">약 36분 지속</td><td>← - - - - - - - - - - - -
스트레이트 컷 & 노래 종료</td></tr>
<tr><td>⑤
들어가기</td><td>- - - - - - - - - - - - →
스트레이트 컷 & 노래 지속</td><td rowspan="4">종결부
(01:52:32~01:54:10)
1분 24초 지속</td></tr>
<tr><td>⑤
나오기</td><td rowspan="2">약 20초 지속</td><td>← - - - - - - - - - - - -
디졸브 & 노래 지속</td></tr>
<tr><td>⑥
들어가기</td><td>- - - - - - - - - - - - →
디졸브 & 노래 지속</td></tr>
<tr><td>⑥
나오기</td><td>종결부 자막</td><td colspan="2">← - - - - - - - - - - - -
페이드아웃 & 노래 종료</td></tr>
</table>

[도표 2] 영화 속의 판소리

되는 원칙은 비교적 동일한 편이다. 노래 한 대목이 먼저 시작되고 그 다음 부분으로 이어지는 가운데 같은 대목을 무대 위에서 실제 부르고 있는 소리꾼의 모습을 보여 주는 방식을 따른다. 반면 무대에서 허구 인물들의 세상으로 옮겨오는 전환 과정은 거의 모두 노래 한 대목이 끝남과 동시에 스트레이트 컷으로 좀 더 단절된 느낌을 더한다(앞서 설명한 것처럼 종결부의 전환은 예외적이다).

세 종류의 공간들이 한 작품에서 공존하는 독창적인 구조, 이 공간들이 각각 서로 얽히면서 '스펙터클 속에 또 다른 스펙터클을 담아내는 구조'는 판소리의 본질, 즉 관객을 대상으로 펼쳐지는 공연 예술이라는 면모를 간접적으로 담아낸다고 할 수 있다. 이 액자 구조에는 한국 고유의 장르 판소리가 악보로 전해 오는 혹은 이야기로 전해 오는 예술이 아니라, 실제 현장에서 관객과 호흡하고, 추임새로 흥을 돋우고, 소리꾼의 숨결이 느껴지는 살아 있는 현장 예술이며 춘향과 몽룡이 살아 있던 18세기에서 300년이 지난 21세기에도 여전히 존재하는 예술이란 의미가 내포되어 있다고 하겠다. 그뿐만 아니라 작품 전체에서 보이스 오버로서 내레이션을 도맡아 하는 소리꾼의 아니리 혹은 창 대목들은 화면에서 직접 현존하지는 않지만 어딘가에서 계속되고 있는 판소리 공연을 연상시키면서 단절감을 없애 준다. 사실 드라마를 따라 진행되는 허구 세상 속 일들에 몰입하다 보면 소리꾼의 무대로 갑자기 전환되는 순간이 굉장히 낯설게 느껴질 수도 있다. 그러나 작품 전체에서 지속적으로 유지되는 판소리 덕분에 관객은 어렵지 않게 일관성을 유지하게 되는 것이다. 게다가 조상현이라는 명창 한 명의 소리만을 사용함으로써 작품 전체의 축을 세운다.

종결부 마지막 장면, 판소리가 멈추면서 조상현 명창이 고수와 함께 관객을 향해 머리 숙여 감사의 인사를 전한다. 무대 공간에 울려 퍼지는 박수 소리가 계속 이어지고 영화를 보던 관객도 더불어 박수를 쳐야 할 것만 같은 감정에 휩싸이게 된다. 왜냐하면 이제 영화의 엔딩 크레딧과 동시에 최상위층의 이야기이자 스펙터클도 함께 끝이 났기 때문이다. 판소리 공연의 무대가 마무리되면서 임권택의 〈춘향뎐〉도 마무리된다. 말 그대로 무대를 옮겨 왔음을 보여 주는 대목이며, 작품 전체 구조를 하나의 기표로 상정했을 때, 구조의 내포가 빛을 발하는 순간이라 하지 않을 수 없다.

4. 소리, 이미지, 인물 움직임의 삼위일체: 구성 요소들의 조화

그렇다면 액자 구조 속에서 가장 많은 시간을 차지하는 디제시스 공간에서는 어떤 형태로 판소리의 멋과 매력이 드러나는 것일까? 임권택 감독은 "〈춘향뎐〉에서는 소리가 갖는 리듬, 영상이 갖는 리듬, 배우가 갖는 리듬, 이것을 일체화시키면서 소리가 갖는 감동, 얘기가 갖는 감동, 또 영상이 갖는 감동을 한꺼번에 모아서 극대화시켜 보자는 목적이 있었다"고 밝힌다(정성일, 2003: 417). 이제 구체적으로 '사랑가' 시퀀스(00 : 32 : 02-00 : 38 : 22)[5]와 '십장가'(01 : 06 : 18-01 : 11 : 51) 시퀀스를 살펴보면서 그 답을 찾아보기로 하자. '사랑가'와 '십장가' 두 대목은 춘향 이야기라는 서사 차원에서 내용적으로도 중요한 의미를 갖는데, 젊은 여인 춘향의 가장 행복한 시간과 가장 고통스러운 시간을 함축적으로 표현하고 있기 때문이다.

'사랑가'는 이미 영화 도입부에서 접했던 대목이지만, 제일 처음 들었던 때와 다르게 이번에는 무대에서 소리를 하는 명창이 화면에서 사라지고 대신 보이스 오버로 그의 노래만이 들린다. 여기에 좀 더 영화적으로 표현하는 이미지가 소리와 어우러진다. 영화에서 사랑가 시퀀스는 서로 다른 두 종류의 음악적 리듬으로 구성되어 있는데, 판소리 장단[6]으로 '중

5 6분 정도의 사랑가 시퀀스는 사건을 말하듯 서술하는 '아니리'와 두 가지 장단의 창, 그리고 창 사이에 삽입된 노래가 없는 부분으로 구성되어 있다. 편의상 중중모리와 진양조 각각을 시퀀스 안에 포함되어 있는 작은 시퀀스라고 부르기로 한다.

6 '장단'이라는 말은 여러 의미를 지닌 복합적인 개념인데 우선 서양 음악의 박자에 해당하여, 가령 중모리 장단은 12/4박자, 중중모리 장단은 12/8박자라 할 수 있다. 또 장단은 속도를 나타낸다. 같은 12박자라도 1/4 속도이면 중모리 장단이 되고 1/8속도이면 중중모리 장단이 된다. 그리고 같은 박자, 같은 속도라도 강약이 다르면 장단의 종류가 달라진다. 따라서 장단은 블루스, 탱고, 왈츠 등과 같은 서양 무용 음악과 비슷한 개념을 지닌 말이다. 진양조 장단은 가장 느린 장단으로 보통 슬픈 기운이 깃들어 있어 애절한 느낌을 주는 반면, 중모리 장단은 판소리에서 가장 많이 쓰이는

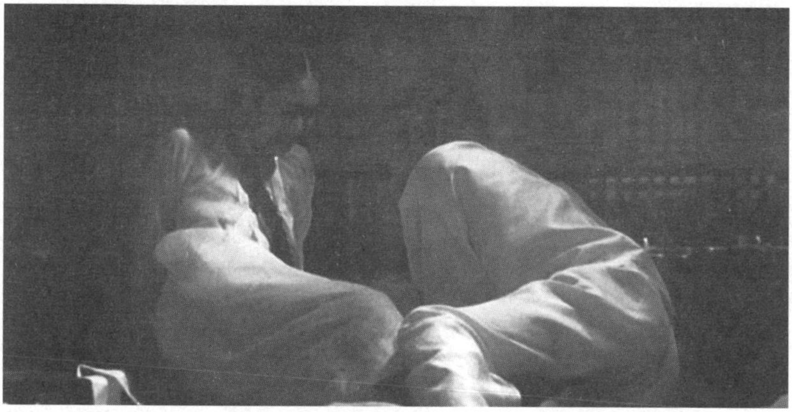

[그림 2] 〈춘향뎐〉에서 '사랑가'의 한 장면.

중모리'와 느린 '진양조'에 해당한다(원래 동편제 춘향전에서는 진양조 대목 후에 중중모리 대목이 이어지는 순서이지만 〈춘향뎐〉에서는 빠른 장단이 먼저 나온다).

"이리 오너라 업고 놀자 ……." 사랑가 노래 소리가 시작됨과 동시에 몽룡과 춘향이 가사처럼 업어 주는 몸동작을 시작한다.[7] 몽룡이 춘향을 업고 문지방을 넘어 방 더 깊숙한 곳, 이불이 깔린 쪽으로 옮겨간다. 흰색 속옷 차림으로 소리 높여 웃는 소리가 들리는 가운데 기쁨에 겨워 몸을 살짝살짝 움직이는 생기 있는 모습이 느껴진다. 이 때 북 장단으로 흥취를 더하는 소리의 대목은 "이리 오너라. 업고 놀자. 사랑 사랑 사랑 내 사

장단으로 담담한 맛과 안정감을 준다. 중중모리 장단은 중모리 장단을 약간 빨리 하는 것으로 춤추는 듯 흥겹고 경쾌하며, 빠르게 몰아가는 자진모리 장단은 명랑하고 상쾌하다(참조: 이성재, 『재미있는 우리 국악 이야기』, 서해문집, 2006, 154쪽).

7 이 글에서는 제한된 지면과 논지 전개상 판소리 대목을 모두 상세하게 설명할 수 없는 관계로 그 사례를 제시하는 차원에서 '사랑가'의 중중모리 연출에 관해서만 자세히 묘사하는 것으로 대신한다. 작품 전체적으로 판소리 대목에서는 판소리 장단, 카메라 움직임, 가사와 인물들의 움직임 등이 비교적 동일한 방식으로 미장센되어 있기 때문에 상세한 방식을 설명하기보다는 그 함의와 연출의 멋을 유추하는 데 더 집중하고자 한다.

랑이야. 사랑이로구나! 내 사랑이야. 이이이이 내 사랑이로다. 아마도 내 사랑아"다. 몽룡이 이불에 누워 있는 춘향의 입술에 자신의 입술에 머금은 술을 살포시 흘러내리게 하는 장난을 치는데 잠시 후 이를 피해 춘향이 몸을 일으킨다. 지금까지 인물들의 움직임(+카메라 움직임[8])은 화면 왼쪽에서 오른쪽으로 즉 수평적으로, 그리고 연인이 서로 입술을 맞추는 부분에서는 화면 중앙, 바스트 숏(+카메라 고정)으로 얼굴을 제법 가까이서 지켜보는 방식이다. 이윽고 "네가 무엇을 먹으라느냐? 니가 무엇을 먹으라느냐?" 대목에서 살짝 몸을 뒤로 밀며 조금씩 물러가는 춘향을 몽룡이 엎드려 따라간다. 이 때 인물들의 움직임(+카메라 움직임)은 화면 하단에서 상단으로 즉 수직적으로 이동한다.

다시 카메라가 멈추고 인물들도 몸을 움직이는 데서 손과 발을 움직이는 더 미세한 움직임으로 바뀌는 대목은 "둥글둥글 수박 웃봉지 떼떠리고"다. (둥글둥글 수박, 이 가사에 맞춰 몽룡이 춘향의 젖가슴에 손을 올리는 동작은 가사를 새롭게 해석하는 감독의 재치라 하지 않을 수 없다.) 이어서 춘향은 몽룡의 상체를 밀쳐내면서 문지방을 넘어 다시 달아나고 몽룡은 그녀를 쫓아 바닥을 밀며 살짝 움직인다. "강능 백청을 다르르 부어 씰랑 발라 버리고 붉은 점 흡벅 떠 반간진수로 먹으라느냐? 아니 그것도 나는 싫소 그러면 무엇을 먹으라느냐? 니가 무엇을 먹으라느냐?" 이 대목에서 카메라는 움직이지 않지만 인물들의 움직임은 서로 밀쳐내고 따라가고 넘어지고 일어나고 하면서 미세한 동적 분위기를 만들고 있다. 그러다가 "당동지 지루지 허니 외가지 단참외 먹으라느냐? ……" 부분에서는 다시 카메라가 천천히 조금씩 이동하면서 인물들의 움직임과 함께 보조를 맞추고 결국 사랑가 중중모리 대목의 마지막 부분 "그러면 무엇을

8 이 작은 시퀀스 내내 카메라가 거의 바닥에 놓여 있다는 느낌을 받는다. 인물들 역시 서 있기보다는 바닥에 누워 있거나 앉아 있는 자세가 대부분이다.

먹으라느냐? 니가 무엇을 먹을래?"에서는 병풍 뒤로 숨어들어간 두 남녀의 나체가 화면 오른쪽 약간의 빈틈으로 보이고 몽룡의 바지가 바닥으로 떨어지는 순간, '먹을래?'라는 맺는 어조로 마무리된다.

이상에서 설명한 장면(00 : 32 : 18-00 : 34 : 05)은 총 1분 47초 길이이며, 이 시간 동안 편집은 한 번도 되지 않았다. 다시 말해 숏 하나가 (작은) 시퀀스를 구성하는 (넓은 의미에서) 일종의 '플랑-세캉스plan-sequence'라고 부를 수 있겠다. 편집으로 숏들이 연결되지 않기 때문에 노래가 지속되는 동안 화면 역시 자연스러운 연속성을 얻게 된다. 여기에 노래의 리듬에 상응하는 이미지의 리듬은 카메라의 움직임과 인물들의 움직임으로 얻어진다. 비교적 빠른 리듬에 해당하는 중중모리 장단은 이 대목에서 더할 나위 없이 달콤한 젊은 부부의 사랑놀이를 노래한다.

남녀가 밀고 당기는 사랑놀이는 아마도 인간의 보편적인 감정으로서 유혹하려는 욕망과 정복하려는 욕망이 미묘하게 얽힌 가운데, 감정적 열망뿐만 아니라 신체적 열망과 더불어 우리의 몸을 뜨겁게 달구는 에너지일 것이다. 이와 같은 욕망의 차원을 판소리 사랑가에서는 먹는 행위로 은유하고 있는 듯하다. "무엇을 먹으라느냐? 수박? 싫어. 포도? 아니. 앵두? 아니……" 각 과일은 어쩌면 수박이 여인의 젖가슴을, 앵두가 여인의 입술을 은유하는 것처럼 갖고 싶은, 탐하고 싶은 신체 부위를 가리키는 것일지도 모른다.

산해진미에도 불구하고 여인은 언제나 싫다고, 아니라고 말하니 남자는 그녀가 원하는 것을 반드시 찾아 가져다 주고 싶고 결국 그녀에게 자신의 은밀한 신체 부위를 안기면서 사랑놀이가 마무리된다. 그리하여 '사랑가'는 처음 도입부에서 명창의 공연으로만 접했던 것보다 훨씬 더 표현적인 대목이 되며, 단지 노래가 아닌 두 남녀의 즐거운 웃음소리와 장난스러운 애무가 더해진 행복한 이미지로 그 가치가 배가된다.

약 50초 정도 몽룡이 부모에게 꾸중을 듣는 장면 후에, 다시 사랑가의 진양조 장단이 이어진다. 중중모리 장단의 가볍고 경쾌한 분위기와 비교해 이 두 번째 장면은 차분하고 훨씬 더 관능적이다. 모든 청각적 요소와 시각적 요소를 통해 둘 사이의 차이가 확연히 드러나게 되는데, 우선 서로 다른 장단, 비교적 빠른 리듬의 중중모리와 판소리 장단에서 가장 느린 진양조, 웃음소리와 숨소리, 밝은 색(조명)과 어두운 색, 인물의 동적인 움직임과 정적인 움직임, 편집 없는 카메라 이동과 편집으로 연결된 고정 화면 등에 의해서다.

약 2분 20초의 관능적 정사 장면 후에 스트레이트 컷으로 다음 화면이 이어진다. 분위기는 완전히 전환되어 춘향과 몽룡은 조랑말을 타고 산책을 나와 있다. 너른 갈대밭 사이로 '띠링띠링' 방울 소리와 함께 남녀의 웃음소리가 들리고, 화면은 이전에 결코 볼 수 없었던 화면 넓이(=롱숏)로 푸른 하늘과 따사로운 햇빛, 커다란 나무 등 자연을 담아낸다. 이 대목의 판소리는 "그러면 죽어 될 거 있다. 너는 죽어서 글자가 되돼 따지 따곤 그느름 안해처 계집녀가 글자가 되고 나도 죽어 글자가 되돼 하날 천하날 건 날일 볕냥 지아비부 사나이남 아들자 글자가 되어……"다.

스트레이트 컷으로 이제는 빨간 단풍잎이 소복이 쌓인 들에 함께 누워 있는 춘향과 몽룡을 풀숏으로 보여 준다. "계집녀 변에 똑같이 붙어서 좋을 호好자로만 놀아보자." 표의 문자인 한자를 인물의 자세로 풀어낸 것처럼 왼쪽에는 춘향이 오른쪽에는 몽룡이 누워 있다(그림 3 참조). 이 역시 사랑가 전 대목에서 여인의 가슴을 수박에 은유한 것과 같이 재치 있는 연출이라 하겠다.

앞서 임권택의 〈춘향뎐〉이 소리가 갖는 맛을 최대한 돋보이게 하기 위해 청각적인 리듬과 시각적인 리듬의 조화를 제일 중요한 원칙으로 삼았다고 설명한 바 있다. 이상에서 살펴본 '사랑가' 대목은 특히 인물의 움

[그림 3] 은유를 통한 재치 있는 연출의 한 장면.

직임과 카메라의 움직임이 소리의 장단에 혼연일체되어 그 느낌과 맛이 잘 살아난 경우라 할 수 있다. 소리의 가사 내용을 인물들의 자세나 몸동작을 통해 풀어내고, 흥이 나는 가락 혹은 차분한 가락을 카메라를 천천히 움직이거나 고정시키거나 하면서 풀어내고, 혹은 편집 연결 방식을 통해 심지어 한 숏을 끊는 순간을 통해 소리가 이어지고 맺는 순간과 일치시킨다. 요컨대 판소리의 정서를 총체적으로 살려내는 데 성공한 단락이라 할 수 있다.

소리의 흐름에 맞춘 카메라의 이동과 인물의 이동 사이의 관계는 어떻게 맺으셨나요?—그거는 공식이 없어요. 어떤 부분에서는 소리의 흐름을 인물에 같이 따라 보내면서 이동할 수도 있고, 또 어떤 데서는 인물이 이동하기에 무리다 싶은 부분은 그림 자체가 따라가는 형식이었을 거요. 그거를 앞에는 그런 형식을 썼으니까 뒤에도 그렇게 고집을 할 이유가 없는 거요. 왜냐면 프레임 안에 들어 있는 인물도 아무렇게나 움직이는 것은 아니잖아요. 그것도 목적을 향해서 움직여야 되기 때문에 그랬을 때에 움직일 수가 없는데

소리 때문에 움직이게 해서는 안 되잖아요. 그런데 뭐인가 흐름이 필요하면 카메라가 먼저 해 주던가 그런 것이 있어야 되는 거지(정성일, 2003: 425).

동일한 관점에서 '십장가' 시퀀스를 살펴보면, 비단 가사 내용을 중복해서 인물의 제스처로 표현하는 방식이 아니더라도 전체적인 의미를 연출에 내포하는 방식을 발견하게 된다.

약 5분 33초의 십장가 시퀀스는 비천한 신분의 춘향이 고을의 최고 권력 변 사또 앞에 저항하는 상황을 단적으로 묘사한다. 과거를 보러 한양으로 떠난 몽룡을 기다리면서 변 사또의 명령에 불복종하던 춘향은 잡혀와 관아 마당에 포박되어 있다. 매우 치라는 사또의 명령에 집장사령이 춘향의 가녀린 정강이 위로 나무 몽둥이를 내리친다. 딱! 부러지는 몽둥이를 가까이 보여 주다가, 춘향이 헉 하는 소리와 함께 앞으로 고꾸라졌다 몸을 겨우 일으키는 부분에서는 그녀의 얼굴을 클로즈업한다. "춘향이 기가 막혀 온몸에 소름이 지고 정신이 막막하나 아프단 말은 죽어도 아니하고 고개만 빙빙 두르면서 사또 앞에 일자로 포악을 하는데(아니리 끝, 창 시작) 일자로 아뢰도다." 소리꾼의 노래가 전면에서 크게 들리는 것과 동시에 조금 뒤에서 춘향의 한 서린 목소리(일자로 아뢰도다)가 겹쳐진다. 사실 이미지 화면에 근경, 원경이 있듯, 소리의 공간(사운드 트랙보다는 좀 더 추상적인 의미로)에도 가장 가까이 잘 들리는 소리와 거리가 멀어 옅게 들리거나 혹은 작게 들리거나 하는 입체감을 생각해 볼 수 있다. 십장가 부분은 소리를 겹쳐 사용하는데, 소리의 근경에 판소리를 배치하고 원경에 춘향의 목소리와 배경 소리를 배치하면서 동일한 내용을 다른 거리에서, 다른 음색의 소리로 연출하고 있다.

스트레이트 컷으로 연결된 다음 화면은 춘향의 얼굴 대신 관아를 넓게 롱숏으로 보여 준다. 춘향은 땅바닥에 놓인 의자 위에 묶여 있고, 그 높이

[그림 4] 춘향의 고통이 가장 극대화된 '십장가' 시퀀스.

에서 한참 위쪽으로 사또가 춘향을 내려보며 앉아 있다. 카메라는 느린 트래킹으로 아주 천천히 사또가 앉아 있는 상단 쪽으로 움직이는데, 그 사이 춘향의 목소리 위로 소리꾼의 비장한 어조를 띠는 진양조의 창이 지속된다. "일편단심 먹은 마음 일부종사 하려는디 일개형장이 웬 말이오 어서 바삐 죽여 주요. '매우 쳐라', '예-이' 딱! 이자로 아뢰로다. 이부불경 이 내 마음 이군불사 다르리까 두 낭군을 섬기리까 가망없고 무가내요. 삼자 낱을 딱 부쳐놓니 삼생가약 맺은 마음 삼종지법을 알았거든 삼월하루 하지 마오 어서 바삐 죽여 주오. 사자 낱을 딱 부쳐놓니 사대부 사또님이 사기를 모르시오 사지를 쫙쫙 찢어 사대문에다 걸더라도……." 약 2분 동안 천천히 화면 넓이를 좁히면서 사또 쪽으로 이동하던 카메라는 '사대문에다' 가사에서는 사또의 분노한 얼굴을 가까이서 보여 준다.

그리고 이어지는 노랫소리 "……가망 없고 무가내요"에 스트레이트 컷으로 무대에서 있는 힘껏 목청을 높여 노래하고 있는 소리꾼의 모습으로 연결된다. 카메라는 고정되어 있고 매우 정적인 분위기 속에서 소리에만 집중시키는 장면이라 하겠다. 이후 소리꾼의 얼굴이 클로즈업되고, 몇 소

[그림 5] 디제시스 공간에서 무대 공간으로의 이동.

절 뒤에는 이 공연장 관객들이 애통해 하는 모습을 보여 준 뒤 다시 소리꾼의 모습으로 돌아왔다가 "십자 낱을 딱 부쳐놓니 십장가로 아뢰리다" 하는 창 마지막 부분 소리가 점점 약해지면서 마무리된다. 디제시스 공간에서 무대 공간으로 옮겨오고 나서는 춘향의 목소리는 아예 사라지고, 오직 소리꾼의 노래 소리와 처절한 표정만이 남는다.

'십장가' 대목은 춘향의 고통이 가장 극대화된 부분인데, 사실 우리는 춘향의 모습을 정말로 보지 못한다. 관습적으로 이런 장면에서는 주인공의 비극적 상황을 부각시켜 관객의 감정을 몰입시키기 위한 수단으로 얼굴을 클로즈업하는 형태가 많이 취해진다. 즉 힘없고 가녀린 여주인공의 고통을 구체적으로 잡아내서 관객의 감정을 좀 더 자극하는 방식인 것이다. 하지만 임권택의 〈춘향뎐〉에서는 클로즈업 대신 트래킹이라는 기법을 채택한다. 현실적으로 이 장면은 2분여의 시간 동안 지속되지만 관객의 느낌은 그보다 훨씬 더디고 고통스럽다. 느린 장단 진양조의 리듬에 카메라의 리듬이 완전히 일치해 만들어낸 감정이라 하겠다. 이 장면의 외연적 내용은 '춘향이 고문당하고 있다'에 해당하지만, 그 내포는 훨씬 복잡하다. 권력의 횡포, 그에 대항하는 약한 민초의 모습, 춘향의 열녀다움, 기품과 의지 등, 서사적 주제와 관련된 부분이 있고, 이 내용을 전달하는 판소리 소리꾼의 열창하는 모습을 보고 진양조 장단 재현의 기술적 난이도, 판소리 공연에서 슬픔을 표현하는 전달 방식, 이야기 및 소리에 몰입해 함께 울며 교감을 나누는 관객 등 판소리 자체와 관련된 부분이 있고, 이 모두를 합해 총체적으로 임권택의 〈춘향뎐〉이 갖는 영화적 문체와 관련된 부분이 있다.

5. 〈춘향뎐〉의 독창적 문체와 융합

임권택의 〈춘향뎐〉은 18세기부터 오늘날까지 만들어져 온 춘향전의 무수한 판본 중 하나에 해당할 것이다. 춘향 이야기를 영화로 각색한 작품이 아니라, 판소리 춘향전의 임권택 판본이라는 뜻에서다. 이는 좀 전에 언급한 영화적 문체와도 통한다고 볼 수 있는데, 임권택의 〈춘향뎐〉이 갖는 고유한 무엇에 관한 부분이다. 감독 스스로 재차 강조하듯, 바로 '영화와 판소리의 어울림'이 녹아든 문체다. 이는 한국의 전통 문화와 서구 세계에서 발명되고 진화해 온 영화라는 매체가 처음으로 조우하는 지점이기도 할 것이다. "언어는 노래가 되고, 노래는 카메라의 움직임과 편집을 이끄는 길이 되며, 이야기는 화면에서 멋을 얻는다. 소리는 귀에 휘감기고, 화면은 눈앞에 구구절절이 살아난다. 그 안에서 임권택은 혼신의 힘을 기울여 우리들의 이 위대한 유산을 담기 위해 영화라는 서구의 기계장치의 고전적인 배치를 구부러뜨리고(카메라의 움직임들), 소리에 맞추어 다시 배치하고(미장센의 재구성), 굴곡을 펼치고(소리를 따르는 편집), 다시 접은 다음(저 대담한 생략들) 한 마당으로 펼쳐낸다(이야기와 소리마당)" (정성일, 2003: 408).

〈춘향뎐〉의 영화적 문체는 새롭다. 영화라고 단정짓기에는 판소리가 너무 두드러져 낯설게 하는 순간이 있고, 이야기에 완전히 몰입하기에는 디제시스적 환상을 깨우는 순간이 곳곳에 숨겨져 있고, 그렇다고 판소리라고 하자니 영화만의 고유한 표현 방법인 이미지가 너무 아름답다. 그 이미지로 재현된 그 시절 우리 고유의 색이 너무나 영롱하다. 임권택의 〈춘향뎐〉은 판소리와 영화, 그 사이 어디쯤에 있거나 혹은 작품 안에 판소리와 영화를 모두 품고 있다고 말하는 편이 맞다.

일반적으로 '탈脫', '트랜스trans'의 개념을 논하면서, 단순한 적용이나 이접移接이 아니라 변화와 초월을 말한다. 횡단하고 초월하고 변화하는 과정은 작품을 만드는 주체 심급instance이 고민하고, 시도하고, 실패하고 그러면서 전에 없던 새로운 결과물을 창조하는 여정을 내포한다. 이를 통과의례initiation라 지칭할 수도 있겠다. "통과의례는 결핍된 존재가 길을 떠나는 과정에서 낯선 사람들, 낯선 풍경들을 만나고 위기를 겪고 '죽을 고비'를 넘기게 됨으로써 새로운 존재로 거듭나는 과정을 의미한다. 이는 그냥 한 번 떠나보는 것이 아니라 돌이킬 수 없는 모험을 떠나는 것, 자신을 찾기 위해 자신을 송두리째 잃는 모험을 하는 것이다. 그리하여 이러한 횡단과 통과의례의 과정에서 새로운 문화, 새로운 정체성이 생겨난다" (조윤경, 2010: 9). 임권택의 〈춘향뎐〉은 바로 이러한 통과의례를 거치면서 새롭게 거듭난 작품이다.

> 엄청난 위험이었어요. 도무지 이게 실제로 결과가 내가 생각하고 있는 그런 결과와 결국 만나게 되는 일을 하고 있는지, 만날 수 없는 짓을 내가 저지르고 있는지, 처음에는 된다고 생각하고 대들었는데 두어 달간 찍고 나서 그 미세한 부조화, 영화의 리듬과 소리의 리듬이 현장에서 다 그만하면 됐다고

생각을 했는데, 그 미세한 오차나 부조화 때문에 두 달 동안 찍은 것을 편집실에서 다 버리면서 큰일났구나 했다고……(정성일, 2003: 415).

임권택 감독이 7년을 준비한 뒤 도전한 형태이자, 두 달여 동안의 작업 분량을 모두 버리면서 아픈 깨달음을 통해 얻은 치열한 싸움의 결과다. 이야말로 그동안 쌓아온 자신을 버리면서 새롭게 태어나는 진정한 의미의 탈경계적 시도라 하겠으며, 시각적 리듬과 청각적 리듬의 만남을 통해 새로운 의미를 창발시키면서 판소리와 영화의 경계를 뛰어넘어 새로운 형태를 성공적으로 탄생시킨 작업이라 하겠다.

참고 문헌

김종철, 『판소리사 연구』, 역사비평사, 1996.

메츠, 크리스티앙, 『상상적 기표: 영화 · 정신분석 · 기호학』, 이수진 옮김, 문학과지성사, 2009.

이성재, 『재미있는 우리 국악이야기』, 서해문집, 2006.

전경욱, 『한국의 전통연희』, 학고재, 2004.

정성일 대담, 『임권택이 임권택을 말하다 2』, 이지은 자료 정리, 현문서가, 2003.

조윤경, 「접두어 'trans-'의 인문학적 함의」, 『탈경계인문학』 제3권 3호, 2010.

Apra, Adriano(ed.), "Im Kwon Taek, 1962-1963: le réalisme sous le système et contre le mensonge," in *Le cinéma coréen*, Paris, Editions du Centre Pompidou, 1993.

Frodon, Jean-Michel, "Im Kwon-taek et ses guerres," in *Le Monde*, 2000.

5. 11.

Lee, Soojin, *Une lecture du film d' Im Kwon-Taek : Le chant de la fidèle Chunhyang*, Paris, L'Harmattan, 2005.

Mandelbaum, Jacques, "Roméo et Juliette au pays du Matin-Calme," in *Le Monde*, 2000. 11. 22.

Pavis, Patrice, *Dictionnaire du Théâtre: Termes et concepts de l'analyse théâtrale*, Paris, Editions Sociales, 1980.

문화적 기억과 매체의 고고학:

흔적에서 네트까지*

김수환

1. 기억의 문제화: 문화학적 주제로서 기억

'기억의 터lieux' 개념으로 유명한 프랑스의 역사학자 피에르 노라 Pierre Nora의 지적처럼, 오늘날 기억에 대한 강박적인 몰두는 동시대를 수식하는 가장 특징적인 현상들 중 하나가 되었다. 이 "맹렬하고 전투적인, 때로는 거의 물신에 가까운 기억주의memorialism의 경향"(Nora, 2002: Nr. 22.; **Пьер Нора**, 2005: No. 2-3) 속에서, 기억은 이제 확실히 우리 시대의 문제적 대상이 되었다.

하지만 언제나 그렇듯이, 강박적인 몰두는 그 자체로 위기의 징후다. 혹은 반대로, 전자는 후자의 상황에 대처하는 나름의 방어 기제가 된다. 오늘날, 기억을 둘러싼 각종 담론들이 처해 있는 본질적인 역설은 전방위

* 이 글은 『기호학연구』 제28집(2010년)에 실린 논문을 수정 · 보완한 것임을 밝혀 둔다.

적인 해체의 시대를 맞아 (전통적인 의미에서) 기억이 현저하게 위협받고 있는 반면('기억의 위기'라는 낯익은 구호!), 오히려 그것의 역할과 기능, 즉 기억이 지니는 '문화적인' 의미는 점점 더 커지고 있다는 점에 있다('기억 정체성' 혹은 '기억 정치'와 같은 개념들은 우리에게 더 이상 낯설지 않다). 그러니까, 바야흐로 소멸해 가는 것처럼 보이는 기억에 관해, 이제 우리는 더 자주 생각하고 더 깊게 성찰하지 않을 수 없게 되었고, 바로 그것이 우리 시대가 기억을 기억하는 방식이 되었다.

한편, 오늘날 기억에 관한 담론은 하나의 학문 분야가 독점할 수 없는 모종의 메타 주제, 다시 말해 상이한 학제적 관심사와 문제들이 상호 교차하는 일종의 담론적 접합부junction board로 기능하고 있는 것처럼 보인다. 즉 오늘날, '기억'이라는 문화학적 주제는 하나의 새로운 문제 영역이기보다는 차라리 기존의 많은 문제를 함께 다루어 볼 수 있게 하는 어떤 특별한 방식, 비유컨대, 간間학제적 문화론을 위한 유용한 통사론syntax에 해당한다.

기억의 문제와 관련된 다양한 학제적 접근의 갈래들 중 이 글의 원칙적인 관심은 (문화적) 기억이 뿌리를 내리고 있는 물질적 기반이자 보조 수단이라 할 '기억 매체media'의 변천 과정에 놓여 있다. 기억과 관련된 매체 환경의 변화, 좀 더 정확하게는 그러한 변화가 수반하는 '문화사적 의미'에 집중된 관심은, 물론 디지털 테크놀로지의 전면적인 도입과 활용이라는 동시대의 정황과 깊게 관련된 것이다. 디지털 매체 시대의 도래는 진정 기억에 관한 관념, 나아가 기억 그 자체의 혁신적인 변모를 불러오게 될 것인가? 과연 디지털 매체는 앞으로도 여전히 기억의 매체로서 남아 있을 수 있을까?

"이것이 저것을 죽일 것이다"[1]로 요약될 수 있는 거친 미래학을 피할 수 있는 좋은 방법은 우리의 조급한 시선을 디지털 매체의 미래를 향해 던지는 대신, 거꾸로 오래된 '과거'로 차분히 되돌려보는 것이다. 새롭고 혁신적인 매체 환경이 갖는 진정한 문제성이 찾아져야 할 곳이 있다면, 그것은 밀랍판과 양피지에서 사진, 영화, 컴퓨터로 이어지는 매체의 역사적 변천 과정 자체, 그리고 그 과정에서 발견되는 의미심장한 차이와 중첩의 결들 사이 사이일 것이다.

그러나 미디어 '고고학archeology'의 길을 따르는 이런 성찰을 기억의 문제 틀 안에서 재점검해 보기 위해서는 무엇보다도 먼저 기억을 문화적으로 문제삼는 일, 요컨대 문화적 기억의 주제화가 필요하다. 문화적 기억의 특징과 메커니즘에 관한 이해가 기억 매체의 고고학과 생산적으로 교차 대면하는 지점에서, 우리는 비로소 '디지털 매체 시대의 문화적 기억'이 처한 현주소와 그 자리의 의미에 대해 성찰해 볼 수 있게 될 것이다.

2. 문화적 기억: 기억의 심층과 표면

기억이 지니는 '사회적' 성격, 즉 특정 집단의 정체성을 형성하는 데 공통 기억이 행하는 역할과 의미를 처음으로 강조했던 이가 프랑스의 사회학자 모리스 알바쉬Morris Halbwachs[2]였다면, 기억의 '문화적' 차원 혹

1 플라톤의 『파이드로스*Phaidros*』에서, 문자의 발명이 인간의 선천적인 기억 능력을 쇠퇴시킬 것이라 예견하는 이집트의 왕 타무스는 "이것이 저것을 죽일 것이다(This will kill that)"라는 구절로 이 두려움을 표현한다. 새로운 기술적 성취가 과거의 소중했던 가치를 파괴하거나 말살하게 될 것이라는 이런 근원적인 공포는 일정한 간격을 두고 주기적으로 '반복'된다. 움베르토 에코Umberto Eco에 따르면, 천 년이 흐른 후 빅토르 위고Victor M. Hugo의 『파리의 노트르담*Notre Dame de Paris*』에서, 플로로 신부는 손가락으로 책과 성당을 차례로 가리키고는 "이것(책)이 저것(성당)을 죽일 것"이라고 말한다. 그에게 책과 알파벳은 성당과 이미지의 살해자였던 것(Эко, 1998: No. 32, c. 5.).

2 모리스 알바쉬(1877–1945)는 '기억'의 철학자 앙리 베르그송Henri Louis Bergson의 제자이자 뒤르켐 학파의 대표자였다. 『기억의 사회적 구성틀*Les cadres de la memoire*』(1925), 『집단적 기억*La memoire collective*』(1950)과 같은 기념비적인 저작을 발표한 그는 사회심리학자로서 기억의 사회적 틀을 부각시키고 기억과 정체성의 관계를 밝혔지만 이러한 문제 의식을 문화이론으로 일반화하지는 못했다(Морис Хальбвакс, 2005: No. 2–3).

은 기억으로서 문화 자체에 관한 최초의 진지한 접근과 성찰을 보여 준 사람 중 한 명은 러시아의 문화 기호학자 유리 로트만Yuri M. Lotman이었다. 문화는 로트만에 의해 "비유전적 정보의 총체, 즉 전 인류 혹은 그보다 제한된 어떤 집단의 공통 기억"(**Лотман**, 2000: 400)으로 정의된 바, 그런 의미에서 문화의 공간은 곧 '공통 기억의 공간'과 다르지 않다.

문화를 일종의 창조적인 기억 메커니즘으로 간주하는 그의 관점에서 가장 핵심이 되는 것은 문화와 기억이 공유하는 하나의 특별한 자질이다. '저장(보관)'하면서 동시에 '(재)창조'할 수 있는 능력이 바로 그것이다(문화/기억은 의미의 '축전기'인 동시에 '발전기'이기도 하다(**Лотман**, 2000: 675)). 어떻게 문화는 의미를 축적하면서 동시에 창조하는가? 그것은 체계적인 망각과 재생의 법칙이라는 내적 원리를 통해 가능해진다. 모든 문화는 '기억되어야 할 것'과 '망각되어야 할 것'의 고유한 계열체paradigm를 결정한다. 그런데 이 때 망각의 영역에 할당되어 역사적 존재성을 박탈당하는 텍스트들은 다만 한시적으로 잊혀질 뿐, 결코 완전히 '삭제'되지 않는다. 한마디로, 한시적으로 망각되는 텍스트들은 사라지는 대신에 '비축'된다. 문화적 기억은 보존적 망각의 영역에 비축된 이 텍스트들을 반드시 '재생'시키며, 바로 이런 재생의 메커니즘이 과거에 속하는 다양한 텍스트와 현재 문화 사이의 끊임없는 '대화'를 추동한다. "문화의 기억 속에는 단지 하나의 메타 체계만 보존되는 것이 아니라 행위를 조정하는 메타 체계의 집합 전체가 보존되기 때문"에 "텍스트를 금지시키는 체계의 기억은 체계 조정 장치의 주변부에 보존될 뿐 결코 사라지는 것이 아니다"(로트만, 2008: 197).

문화적 기억의 저장 능력과 함께 그것의 창조 능력을 뚜렷하게 부각시키는 로트만의 입장은 시간을 되돌릴 수 있는(즉, 잃어버린 것을 되찾게끔 하는) 기억의 역설적인 힘과 더불어 '잠재적 심층'이라는 기억 작용의 본질적인 차원을 강조한다. 부재하던 것을 되살리는 신비는 눈에 보이지 않는 더 깊은 심층의 존재, 즉 퇴적, 깊이, 배경 등의 개념을 아우르는 심층과 표면의 역동적인 자리바꿈 현상에 기대고 있다. 문화의 현 시점에서 볼 때 불필요하거나, 혹은 아예 존재하지 않는 것으로 치부되는 텍스트들이, 그럼에도 불구하고 문화적 기억의 '심층'에 보존될 수 있다는 생각, 또 그렇기 때문에 언제라도 문화의 '표면'으로 재등장할 수 있다는 생각은 문화적 기억의 메커니즘을 바라보는 로트만의 시각의 핵심을 이룬다(그의 표현을 빌자면, 망각되는 텍스트들은 마치 "잠시 동안 불이 꺼지듯이 잠재성의 영역으로 자리를 옮길 뿐이다"(**Лотмна**, 2000: 618).

'기억의 위기'라는 동시대의 담론을 배경으로, 디지털 매체 시대의 문화적 기억이 갖는 의미심장한 문제성을 논의하기에 적당한 첫 번째 지점은 바로 이 기억의 '심층'과 관련된 부분이다. 엄청난 저장 능력을 지니는 디지털 매체가 결정적으로 '깊이'의 차원을 결여하고 있다는 것, 이것은 흔히 지적되는 디지털 문자의 '비질료성'의 또 다른, 어쩌면 더욱 문제적인 측면이다. 디지털 매체 세계를 규정짓는 가장 뚜렷한 특징 중 하나는 그것이 심층을 상실한 '절대적 표면'의 세계, 즉 표면이 지배하는 단차원적 공간이라는 점이다. 말하자면 거기에는 깊이도 배경도 저장소도 없이, 오로지 (깜박거리는) 표면만이 존재하는데, 이 표면의 뒤편에는 기억의 퇴적물 대신에 수數에 기초한 특정한 구조, 즉 0과 1의 이진법 체계로 이루어진 알고리듬만이 존재한다. 디지털 이미지의 현란한 '표면적' 외양 뒤에서 발견할 수 있는 것은, 가령 픽셀 값, 수리함수, HTML 코드 따위의 (심층 아닌) '심층'뿐이다. 디지털 이미지는 안과 밖, 표면과 깊이, 현행적 심급과 잠재적 심급 간의 끊임없는 교호 관계라는 (창조적 재생의 메커니즘을 보장하는) 문화적 기억의 본래적 자질을 상실한 것처럼 보인다. 그것은 오직 '신호를 띠는 것'과 '그렇지 않은 것', 다시 말해

'앞면'과 '뒷면'만을 갖고 있다.

그렇다면, 심층을 상실한 이 순수 표면에서는 대체 무슨 일이 벌어지고 있는 걸까? 의미가 고착되고, 심층으로 하강해 그곳에 축적되는 대신, 이 표면에서는 정보들이 빠른 속도로 '교체'되고 있다. 어떤 면에서는 이 교체의 '속도' 자체가 이미 의미의 고착과 축적을 허용하지 않는다. 하나의 표면은 또 다른 (새로운) 표면으로 재빠르게 교체되며, 주지하다시피 이러한 교체 속도는 점점 더 빨라지고 있다.[3]

심층을 상실한 이런 속도전의 양상은 디지털 정보 사회의 전형적 상황인 '기억의 마비paralysis'(드보르, 1996: 131) 현상 또는 현대 문화의 전면적 '기억 부재증picnolepsie'[4]의 대표적 징후로서 진단할 수 있다. 아니면 이와 반대로, 그와 같은 표면의 '피상성' 자체를 새로운 기술 매체의 잠재성으로 간주, 그것이 내포한 전복적 가능성을 예찬할 수도 있을 것이다.[5] 하지만 기억에 관한 매체 고고학의 관점에 입각했을 때, 그러한 진단보다 훨씬 더 중요한 일은 이와 같은 '변화'가 시사하는 본질적 의미를 문화사적 지평 위에서 성찰하는 작업일 것이다. 즉 이러한 변화가 수

3 디지털 매체로서 인터넷이 기억의 보존이 아닌 망각을 부추기고 있다는 진단은 이제 일반적인 것이 되었다. '조직적 망각'의 세계인 현대 디지털 대중 매체의 공간에서 기억은 점점 더 빠른 주기로 생산, 유통, 소비되는 가운데 '저절로' 소멸된다. 그리고 바로 이런 점에서, 인터넷 매체 속의 '정보'는 후기자본주의 사회의 '상품'과 유사해진다. 주지하다시피, 자본주의 시장 경제에서 상품의 생산, 유통, 소비의 과정을 최대한 단축시키는 것, 즉 속도의 증진은 이윤과 직결되는 핵심적인 과제다. 고도로 발달한 인터넷 사회에서 '사건'은 말 그대로 순식간에 알려지고, 또 그만큼 순식간에 잊혀진다(어제 만인의 화제였던 '그것'은 이미 다음날이면 또 다른 화제에 묻혀 쉽게 망각된다). 최근 유행하는 트위터를 비롯한 다양한 '소셜 네트워크' 형태들은 정보의 유통 속도를 더욱 급격하게 증대시켰다. 이 엄청난 '속도'의 세계에서는 사실상 '이전 페이지'라는 개념이 존재하기 어렵다.

4 폴 비릴리오Paul Virilio는 점점 빠른 속도로 질주하는 기술문명 사회의 병리학적 현상들을 일컫는 용어로 '발작으로 인한 의식과 기억의 공백 상태'를 의미하는 피크노렙시picnolepsie를 사용한다(비릴리오, 2004: 28).

5 가령, 빌렘 플루서Vilem Flusser의 경우가 이에 해당한다. 그에게 컴퓨터 그림의 현상은 곧 '피상성'을 의미하는바, 그는 "그림 매체의 표면, 즉 피상성을 반신반의하는 태도로 예찬함으로써 미래 정보사회의 세계상을 극적으로 제시한다"(플루서, 2004: 364).

반하는 현상적 결과들을 열거하기보다는 그것이 문화적 기억의 심층 구조 자체에 불러일으킨 결정적 '차이'를 좀 더 명료하게 정식화하는 작업이 필요하다. 이를 위해 무엇보다도 먼저 해야 할 일은 그 결정적 '다름'의 지점, 디지털 매체를 통한 기억 현상을 이전의 과정과 구별짓는 핵심적 '변별성'을 추출해내는 일이다. 만일 디지털 매체 시대의 기억이 이전의 기억과 다르다면, 그것은 대체 어떤 점에서 어떻게 다른가?

3. 디지털 기억: 흔적 비유의 시작과 끝

디지털 매체가 절대적 표면의 공간이라는 것, 그것이 아무것도 숨기고 있지 않은 순수 표면의 세계라는 말은 정확하게 무엇을 뜻하는가? 가장 상식적인 차원에서, 디지털 매체의 기억이 심층을 상실했다는 말은 그것이 자신의 '흔적'을 잃게 되었다는 말과 다르지 않다. 디지털화된 기억은 흔적을 지니지 않는다. 그러나 이 말은 정보가 '흔적 없이' 삭제된다는 것만을 가리키지 않는다. 오히려 그것은 덧쓰기 혹은 다시 쓰기의 불가능성을 의미하는 것으로, 가령 디지털 문자의 세계에서 저명한 '재록 양피지'의 마술은 전적으로 불가능한 것이 된다. 디지털 문자의 세계에서 우리는 결코 과거의 글자들, 그 흔적들 '위에' 겹쳐 쓸 수 없다. 오직 깨끗하게 삭제된 '표면' 위에 새로 쓸 수 있을 뿐이다.

결국 흔적을 남길 심층을 잃었다는 것, 바꿔 말해 심층에 남길 흔적이 없어졌다는 말은 이제 우리가 더 이상 기억이라는 현상을 무엇인가를 쓰거나writing 혹은 새겨넣는 행위inscription와 관련짓지 않게 되었다는 것을 의미한다. 대신 기억이라는 현상은 이제 (아무런 물리적 자취도 남기지 않는) 전기 자극의 조작과 흐름으로 이해된다. 디지털 매체의 기억이 과거의 기억과 결정적으로 단절하는 지점은 바로 이 '흔적 비유'의 종말이다. 문화적 기억과 매체의 관계를 연구해온 대표적 연구가인 알라이다 아스만Aleida Assmann에 따르면, "전자적인 디지털 글쓰기는 문자의 발명 이래로 문화사의 각 단계를 거치면서 놀랄 만큼 지속적으로 유지되어 왔던 기억에 관한 모종의 '기본 비유'를 그 극한 지점까지 몰고 갔으며, 결국 오늘날 이 기본 비유는 더 이상 궁극적인 영향력을 행사할 수 없게 되었다"(아스만, 2003: 227). 그동안 각인, 기록, 흔적과 같은 이미지를 지녔던 매체가 물질에서 전자로 넘어가면서, 이제 '문자/흔적 비유'는 새로운 '네트워크 비유'에 자신의 자리를 내주게 된 것이다.

그렇다면 디지털 매체 '이전'의 기억 유형을 대표하는 일종의 메타 비유라 할 흔적trace의 개념[6]은 처음부터 기억의 유일한 개념적 모델로 군림해 온 것일까? 문화적 기억의 담당자로 기능하는 매체의 역사적 변환 과정을 크게 '텍스트', '흔적', 그리고 '쓰레기'의 3단계로 구분하는 아스만에 따르면, 흔적은 이러한 변화 과정의 두 번째 단계에 해당한다. 좀 더 정확하게 말해, '흔적'이라는 개념은 19세기 초반경에 기억에 관한 과거의 지배적인 패러다임인 '텍스트'를 대체했으며, 그렇게 함으로써 문자 기억과 디지털 기억을 잇는 고리의 역할을 맡게 되었다.

고리라는 말이 말해 주듯이, 흔적이라는 이 개념이 갖는 의미심장한 이중성은 주목할 만하다. 문자(/텍스트) '이후'이면서 동시에 디지털 '이전'인 그것은, 한편으로 문자적인 것과 단절하면서 그것을 연장하는 것이면서, 다른 한편으로는, 디지털적인 것을 예고하며 동시에 그것으로부터 원칙적으로 구별되는 어떤 것으로 이해될 수 있다. 결국 흔적은 문자 언

6 흔적의 비유가 기억의 가장 보편적인 모델로 간주되어 온 것은 분명해 보인다. 플라톤은 『테아이테토스*Theaitetos*』에서 기억 이미지를 밀랍 서판에 새긴 각인에 비유했으며 아리스토텔레스는 『영혼론』에서 지각을 밀랍에 금이나 청동 반지를 찍었을 때 남게 되는 흔적으로 설명했다.

어와 디지털 언어 '사이'의 넓은 중간 지대를 점유하면서 양자 모두에 관여하고 있는 어떤 것, 비유하자면, 책과 인터넷 '사이'에 걸쳐 있는 그 무엇(들)에 해당하는 것이다.

흔적 개념을 둘러싼 문제 의식이 원칙적으로 문자 '이전'이 아니라 문자 '이후'를 겨냥하고 있다는 점, 즉 그것이 문자/활자 언어와 디지털 언어 사이에 가로놓인 넓은 지대를 '흔적'이라는 개념적 비유를 통해 '문제화'하고 있다는 사실은 강조될 필요가 있다. 왜냐하면 흔적으로서 기억이라는 문제 의식은 문자 '이후'의 문제를 문자 '이전'의 구술성口述性, orality의 망실이라는 관점에서 접근하기보다는 오히려 새로운 테크놀로지의 첨가라는 관점에서 파악하게 해 주기 때문이다.

주지하다시피, 기억과 매체의 상관 관계를 탐구했던 대부분의 기존 연구들은 대개 문자 '이전'의 단계, 즉 구술 문화의 잃어버린 잠재력에 관심을 집중해 왔다. 우리가 근대 문화의 자식들로서 문자성文字性, literacy을 얻은 대신에 구술성을 잃어버렸다는 생각, 되찾아야 할 것은 문자 '이전'과의 근원적인 유대 관계이며, 어쩌면 문자 '이후'가 그러한 회복 가능성이 될지도 모른다는 생각은, 월터 옹Walter J. Ong에서 허버트 마셜 매클루언Herbert Marshall McLuhan, 그리고 로트만에 이르기까지 대부분의 매체 이론가들이 공유했던 기본적인 사유의 패턴이었다. 이 사유의 패턴을 따라, 흔히 촉각성(통감각) 대對 시각성(단일 감각), 집단성 대對 고립성, 구체성 대對 추상성, 연속성 대對 분절성, 수행성 대對 서사성 따위의 대립들이 각기 구술 문화와 문자 문화를 수식하는 기본적인 특징들로서 분별되고, 다시 전자의 특성들은 문자 문화의 '이후'에 해당하는 디지털 문화(인터넷)에서 새롭게 '재생되는' 자질들로서 유표화된다. 디지털 매체에서 확인되는 이른바 '구술성의 귀환'은 이런 식으로 언제부터인가 이미 상식에 가까운 어떤 것이 되었다.

반면, 흔적을 둘러싼 문제 의식의 벡터는 원칙상 (문자) 이전이 아니라 이후를 향한다. 즉 새로운 테크놀로지의 첨가가 핵심적인 계기로서 사유되는 것이다. 여기서 새로운 테크놀로지란 기계를 통한 시각 이미지의 재현 기술, 곧 사진의 발명을 말한다. 이런 관점이 기대고 있는 중대한 전제는 인터넷으로 대변되는 오늘날의 디지털 매체 환경이, 엄밀하게 말해 1455년 금속활자의 발명이 아니라 1839년 사진의 발명이 촉발한 변화의 자장 속에 놓여 있다는 것이다. 즉 그것은 미디어의 변천 과정을 '언어'(구어/문자/활자)를 축으로 해 파악하는 전통적인 접근법을 언어가 아닌 이미지, 그 중에서도 특히 사진을 비롯한 기술적 영상映像 일반에 관한 '현상학적' 고찰에 의해 보충할 것을 요청한다.[7]

요컨대, 기억에 대한 유효한 비유로서 '흔적'의 개념을 과거의 '텍스트' 개념과 구별하는 가장 커다란 특징은 그것이 원칙적으로 기억의 '비언어적인' 양태들을 포괄할 수 있다는 점이다. 그것은 '(글)쓰기'뿐 아니라 '사진판의 은염 위에 기입되는(/새겨지는) 실제 현상의 흔적', 곧 사진적 기억을 포함할 수 있다. 수전 손탁Susan Sontag의 말처럼, "사진이란[……] 하나의 이미지, 곧 현실의 해석이기도 하지만, 죽은 사람의 얼굴을 본뜬 마스크나 발자국처럼 현실을 직접 등사한 그 무엇, 즉 현실의 흔적"[8]이기도 한 것이다.

7 이 점에서, 매체의 고고학을 문자의 관점이 아닌 이미지의 관점에서 접근하고자 하는 레지 드브레이Regis Debray가 이전의 로고스페르logosphere와 그래포스페르graphosphere를 대체하는 비디오스페르videosphere 단계의 시작점을 '사진술의 등장'으로 꼽고 있다는 점은 매우 시사적이다. 그에 따르면, 비디오스페르는 사진술의 등장에서 시작되었던 기계의 효과에 의한 시각 예술의 전반적인 재편성 과정의 최종 단계에 해당한다(드브레이, 1994).

8 사진의 발달사의 관점에서 볼 때, 사진이 '현실의 직접적인 자국'이라는 관념은 생각보다 훨씬 더 축자적인 의미를 지니는 것이었다. 예컨대 그것은 실제 현상의 흔적이 두뇌의 물질에 기록되는 것과 똑같이 사진판의 은염에도 기입된다고 가정했던 19세기 기억심리학의 추론(엔그램engram 이론)과 관련이 있다. 한편, 발터 벤야민Walter Benjamin은 『사진의 작은 역사』에서 긴 노출 시간을 요구했던 다게레오타입daguerreotype으로 만들어진 초창기 사진에서 어떻게 사진 이미지 자체 속에 (지속되는) '시간의 흔적'이 새겨져 있는지에 관해 지적한 바 있다(손탁, 2005: 220).

이와 더불어 반드시 언급해야 할 또 하나의 중대한 특징은 흔적으로서 기억이 강조하고 있는 '무의식적'이고 '비의도적인' 성격이다. 흔적을 통한 기억은 의식의 검열이나 왜곡을 경험하지 않은 직접성의 감각을 지시한다. 흔적은 대상이 남긴 직접적인 자국이나 인상으로서, 대상에 대한 주체의 해석적 재현의 과정이 아니다. 그러므로 흔적이 텍스트를 대체하는 역사적 과정은 (사진술의 발명이라는 기술적 혁신의 결과일 뿐만 아니라) 이미 18세기 중엽부터 서서히 나타나기 시작한 모종의 변모된 역사 의식의 결과이기도 하다. 그것은 더 이상 텍스트적인 기억 양태의 진실성을 믿지 않으려는 태도, 그것의 의도된 간접성을 불신하는 경향이다. 사람들은 누군가에 의해 '편집된' 텍스트보다는 있는 그대로 주어진 유물과 흔적이 훨씬 더 '직접적인' 진실에 가깝다고 여기기 시작했다. 그리고 바로 이와 같은 경향 속에서 해석적 선택과 배치의 결과인 아카이브archive 대신에 의도의 부재를 특징으로 하는 무의식적인 흔적인 도큐먼트document가 좀 더 진실한 '기억'의 수단으로 대두된다.[9]

요컨대, 문화적 기억의 중심 매체가 텍스트에서 흔적으로 변모되는 과정은 의도적인 언어 기호에서 (사진에 의한 영상을 포함하는) 비의도적인 물리적 각인 현상 전반으로 확대되는 과정으로 요약될 수 있다. 디지털 매체를 통한 기억은 바로 이런 흔적 기억의 끝, 다시 말해 그 비유의 시효성이 말소되는 지점에 해당한다. 이렇게 보자면, (심층의 상실을 통한) 흔적 비유의 '끝'이라는 디지털 기억의 존재론적 상황은 몹시 이중적인

9 자기 기만의 위험이 내재한 문자화된 의식적 표현(텍스트) 대신에 말 없는 간접 증언(흔적)을 선호하는 이와 같은 역사 의식의 전환은 분명 역사 기술에서 규범적인 서사성narrativity을 탈피하고자 하는 지향, 즉 인쇄술의 보급에 따른 시간성의 절대화에 기초한 과거의 대문자 역사History를 벗어나려는 지향과 관련된 것이다. 이러한 지향의 20세기적 대안으로 소위 '아날Annales 학파' 혹은 '장기 지속의 역사' 학파의 신역사학 운동을 들 수 있다. 주지하다시피, 그들의 목표는 실제 역사의 과정을 위인과 통치자들의 정치사가 아니라 대중들의 무의식적인 사생활, 말하자면 '일상의 흔적' 속에서 찾고자 하는 것이었다.

것이 된다. 즉 기억의 물질성을 전기 자극으로 바꾼 디지털 매체는 분명 흔적 비유의 '끝'이지만, 다른 한편으로 그것은 19세기 초반경 텍스트를 대체하며 등장했던 흔적 기억을 통해 비로소 개시된 새로운 경향의 연장 선상에 자리하는 것이기도 하다. 바꿔 말해, 흔적 비유의 '끝'으로서 디지털은 역설적이게도 흔적 기억으로부터 '시작'된 어떤 것의 영향권 내에 놓여 있다고 말해야 한다. 어째서 그러한가?

주지하다시피, 디지털 매체의 대표적 형식인 인터넷에서 정보의 기억은 무엇보다 먼저 (사진을 포함한) 영상 이미지의 형태를 취하며, 그것이 매체 사용자에게 부여하는 감각은 매개되지 않은 '현전presence'의 느낌, 곧 도큐먼트적인 직접성의 감각이다. 흔적의 끝으로서의 디지털 매체는 역설적이게도 흔적 기억과 더불어 시작된 특정한 경향을 오히려 '강화'하고 있는 것처럼 보인다. 그럼 디지털 기억은 여전히 흔적일까? 아니면 다만 흔적의 시뮬라크르simulacre에 불과한 걸까?

4. 디지털: 가상적 지표성 혹은 '간격'의 상실

결국 디지털 매체를 통한 기억을 이전의 흔적 기억 단계와 구별하는 결정적 '차이'를 이해하려면 그 차이의 본질적 '성격'을 묻지 않을 수 없다. 가령, 디지털 기억이 흔적을 상실했다는 말은 정확히 무엇을 뜻하는가? 만일, 그게 상실이 맞다면, 그 상실이 지니는 문화적 의미는 무엇인가?

이런 질문에 답하는 한 방식은 디지털 이미지를 아날로그 이미지와 구별하는 차이를 살펴보는 것이다. 디지털 매체를 통한 이미지를 필름 사진과 구분하는 가장 대표적인 특징은 무엇인가? 그것은 이른바 '실재의 흔적'의 결여다. 사진은 실재의 흔적을 간직한 이미지를 대변한다. 일찍이 롤랑 바르트Roland Barthes는 사진의 이런 측면을 사진의 본질(노에마)로 간주하고 이를 "그것이-존재-했었음"이라는 용어로 지칭한 바 있다.[10] 어떤 것이 참으로 존재했었음에 대한 증언, 만일 그것이 사진이라면, 디지털 이미지가 결여하고 있는 것은 바로 그런 실재의 흔적, 더 정확하게는 존재론적인 실재의 기억이다(이 점에서 '실재'라는 말을 '과거'로 바꿔 써도 무방하다. 사진은 과거의 흔적(기억)을 담고 있는 이미지를 대변하는 것이다[11]). 주지하다시피, 기호학에서 대상과의 닮음이나 혹은 상징적 규약에 의해서가 아니라 대상과의 존재론적인 인접성이나 논리적 인과 관계에 의해 생겨난 기호는 지표index라는 용어로 지칭된다. 지시 대상과의 존재론적인 연결을 지니는 지표 기호는 비록 의도적으로 코드화되지는 않았지만 이후에 일종의 기호로서 해독될 수 있는 (잠재적인) 기호이며, 바로 그런 점에서 지표 기호는 '사진적'이면서 동시에 '도큐먼트적'이라고 할 수 있다. 찰스 샌더스 퍼스Charles Sanders Peirce에 따르면, "사진, 특히 즉석 사진은 매우 지시적이다. 왜냐하면 우리는 어떤 점에서 이 사진이 자신이 재현하고 있는 대상과 완전히 똑같다는 것을 알고 있기 때문이다. 그러나 이 닮음은 다음과 같은 조건, 그러니까 물리적으로 자연에 일대일로 대응되도록 강제된 조건 하에 생겨난 것이다. 이런 면에서 그것은 물리적 연결에 의한(……)기호 유형[즉, 지표적 유형](……)에 속한다"(Peirce, 1931-58: 281).

이른바 디지털 이미지가 결정적으로 탈각한 것, 그럼으로써 과거의 아

10 바르트에게 사진은 현존에 관한 증명서다. "사진이 나에게 일으키는 효과는 사라진 것(시간에 의해, 거리에 의해)을 되돌려 주는 것이 아니라, 내가 지금 보고 있는 것이 참으로 존재했음을 증언하는 데에 있다"(바르트, 1986: 84).

11 이 점은 소위 '기억을 지니지 않는' 기계 인간들을 다루는 영화들에서 잘 드러난다. 종종 그들에게 자신의 과거가 '실제로 존재했었음'을 증명하는 수단은 과거를 담은 '사진들'이다(심은진, 2006: 107).

날로그 이미지와 구별된 것은 바로 이런 지표적 실재성이다. 잘 알려진 것처럼, '가상성virtuality'이라 불리는 디지털 매체의 가능 지평은 존재하지 않은 것에 대한 이미지를 가능하게 만듦으로써, 실재와의 물리적인 접촉을 기초로 삼는 흔적 이미지의 본래적 양태, 즉 '지표성indexicality'과 대립하게 되었다. 지표성을 상실한 디지털 이미지는 본질상 일종의 명령어들, 즉 수학적 알고리듬의 결과이지 결코 실재가 남긴 흔적이 아니다. 결국 디지털 기억이 잃어버린 흔적이란 사진으로 대표되는 지표성의 상실에 해당한다.

그런데 여기서 재차 강조해야만 할 것은 실재, 즉 과거와의 생생하고 직접적인 연결을 함축하는 '지표성'의 개념이 문화적 기억의 핵심적인 자질로서 등장하게 된 것은 흔적 기억이 등장한 이후의 일, 말하자면 '포스트아카이브적' 역사 의식의 결과라는 점이다. 그리고 이런 의식의 전환은, 앞서 지적했듯이, 과거의 역사적 사건을 대할 때 직접적인 현전을 향한 요구, 다시 말해 텍스트적인 해석의 '중계'를 거치지 않으려는 특정한 경향을 가속화했다.

디지털 매체 시대의 문화적 기억이 처해 있는 가장 흥미로운 역설은 지표성을 상실한 가상적 세계인 인터넷에서 바로 이와 같은 압도적인 현전성의 요구, 즉 역사적 사건을 매개되지 않은 직접적인 현존으로서 제시(/경험)하려는 경향이 극단적으로 강화되고 있다는 사실이다.[12] 우리가 인터넷의 세계에서 경험하게 되는 것은 엄밀하게 말해 지표성에 대립되는 가상성 자체라기보다는 오히려 '가상적인 지표성'에 더 가깝다. 더 이상 실재의 직접적인 흔적을 지니지 않는 디지털 이미지를 통해 우리는 이전

12 "이른바 가상 현실 소통 기술은 매체 사용자에게 매개된 현존 경험이 매개되지 않은 현존 경험으로 정의되는 환상을 제공할 수 있도록 설계되었다." 즉 그것이 부여하는 경험은 일종의 "무매개 착각(perceptual illusion of nonmediation)"이다(와이만, 2003: 424).

보다 더욱더 생생하고 직접적인 (가상적) 지표성을 체험하고자 한다.

중요한 것은 이와 같은 모순된 요구의 근저에는 과거에 흔적 기억이 촉발시킨 바 있는 특정한 경향, 즉 텍스트적 해석의 중계 과정을 생략하려는 지표성의 극단화 경향이 자리한다는 점이다. 흔히 지적되는 인터넷 정보의 가공할 속도전의 배후에는 역사적 사건의 '체험'의 시간과 그것의 '기록'의 시간을 최대한 단축시키려는 경향, 즉 사건의 발생 시간과 그에 대한 해석의 시간을 하나로 합치려는 경향이 놓여 있다. 흔히 광속光速, light speed'으로 표현되는 인터넷 정보 순환의 기형적인 속도는 어떤 점에서 그것을 추동하는 '실시간realtime'의 논리의 결과로 볼 수 있는 바, 다름 아닌 실시간의 요구가 광속을 강제하는 것이다. 그리고 이와 같은 광속과 실시간의 논리에 따라 결정적으로 소멸되고 있는 것은 다큐먼트(정보)를 '선별'하고 '해석'할 수 있는 해석적 거리, 즉 사건과 아카이브 사이에 가로놓인 시간적 '간격interval'이다.[13]

모든 종류의 가능한 도큐먼트들의 집산물이자 선별 과정을 거치지 않은 자료들의 아카이브인 인터넷은, 말하자면 원하는 '모든' 사람에게 '즉각적으로' 제공되는 아카이브, 즉 생중계 시대의 아카이브에 해당한다(전통적인 아카이브를 규정하는 특징은 원본과의 '시간적' 거리뿐 아니라 그에 대한 '선택적인' 접근 가능성이었다). 한편, 이와 같은 즉각적인 현전의 요구, 즉각적인 제출과 이해의 요구가 수반하는 피치 못할 결과 중 하나는 전반적인 통속화, 즉 '현재 다루어지고 있는 문제가 간단하다'는 착각이다. '사용자 위주user friendly'의 평준화된 체계인 이 아카이브에서

13 물론 이런 간격의 소멸 현상은 인터넷 이전에 이미 CNN과 같은 24시간 TV 뉴스에서 시작되었다고 볼 수 있다. 그러나 24시간 뉴스가 촉발한 직접적이고 즉각적인 '현장성'의 감각이 상호작용성interactivity이 가미된 인터넷 매체를 통해 폭발적으로 확대 보급되었음은 의심할 여지가 없다.

세밀한 분석과 해석을 위한 '전문가적' 거리는 허용되기 어렵고, 이는 중요한 것과 그렇지 않은 것 사이의 구분을 무화함으로써 결국 역사적 가치의 위계 질서를 파괴하게 된다. 그뿐만 아니라 해석적 분별과 선택의 과정을 허용하지 않는 이 실시간 아카이브에서, 검증되지 않은 정보들, 예를 들어 각종 소문과 거짓 정보의 유입은 피할 수 없는 현상이 된다. 종종 이런 거짓 정보는 실제 사건의 진행에 실질적인 영향을 미치기도 하는데, 가령, 어떤 경우에는 정보 이미지의 속도가 현실적인 사건의 전개의 속도를 추월해 '가상적인' 것을 진짜 '현실'로 만들어 버릴 수도 있다.[14]

당연하게도 이 새로운 아카이브에서 기억과 망각의 교체는 그 어느 때보다도 빠르게 진행된다. 사실상 모든 사건이 발생의 순간에 이미 곧바로 아카이브가 된다는 점에서 기억과 망각의 구분 자체가 불분명해진다. 실시간의 속도로 생산, 소비되는 기억은 마찬가지의 빠른 속도로 자연히 망각된다. 점점 더 많은 정보들이 기억(/기록)되고 있지만 또 그만큼 많은 것들이 대규모로 망각되어 가고 있다.

하지만 정말 망각의 속도나 규모가 근본적인 문제일까? 서두에서 살펴보았듯이, 문화적 기억의 메커니즘이 지니는 창조력의 본질은 망각 자체를 피하거나 늦추는 데에 있는 것이 아니라 망각되는 것들을 체계적으로 보존하고 재생시킬 가능성에 놓여 있다. 기억할 것은 한때 문화적 기억이 닻을 내렸던 아카이브적인 기억은 언제나 기이할 정도로 인간적 의식의 기억 양태를 모방해 왔다는 사실이다. 그것은 마치 인간의 기억이 그런 것처럼, 언제나 접근이 금지된 닫힌 영역, 즉 나름의 (아카이브적) '무의식'의 공간을 상정해 왔으며, 망각되는 텍스트들은 바로 이 무의식적 심

14 하루가 다르게 쏟아져 나오는 각종 기사들(소문, 추측, 증언들)과 그에 대한 네티즌들의 '상호 작용적'인 반응들과 더불어 온 국민은 일종의 '실시간'적인 공동 체험을 하게 되지만, 거기서 결정적으로 부재하는 것은 해석적 거리를 통한 전문가적 분석이다. 흔히 이 과정에서 복잡하고 미묘한 사건 자체는 간단한 이분법으로 축소되어 버린다.

층에 보존될 수 있었다.

심층을 지니지 않는 무한 현전의 세계, 기억의 영역 전체가 완벽하게 침투 가능해진 절대적 표면 공간인 디지털 매체에서, 이제 마침내 기억은 이 집요한 '의인화'의 메타포와 결별한 것처럼 보인다. 인터넷이라는 새로운 아카이브의 기억은 이제 진정 인간에게 '외부적인' 어떤 것이 되면서, 더 이상 기억이 되기를 멈춘 것일까?

깊이의 차원을 상실한 기억, 오직 순환과 대체라는 유일 회로만을 지니는 이 새로운 기억 체제를 단순히 비판하는 것은 의미가 없을 것이다. 그것은 전통주의자들의 극단적인 주변화로 이끌 뿐이다. 분명한 사실은 상황이 빠르게 변화하고 있다는 것, 그리고 만일 우리가 희망 없이 뒤처지기를 원하지 않는다면 이 변화를 명확하게 인식할 필요가 있다는 것이다.

5. 소셜 미디어 시대: 네트워크와 기억

지금껏 살펴본 매체 고고학의 관점에서 볼 때, 최근 활발히 논의되고 있는 소셜 미디어social media의 문제는 대단히 흥미로운 시사점들을 제공하는 것처럼 보인다. 기존 형식과 전혀 다른 이 새로운 매체가 수반하게 될 엄청난 변화의 스펙트럼 전반을 온전히 예측하는 것은 현 단계에서 불가능하다. 다만 '기억'과 관련해 그것이 가져온(오게 될) 일련의 변화를 대략적이나마 가늠해 보는 일은 가능할지 모른다.

무엇보다 눈에 띄는 것은 기억의 '외재화' 측면이다. 디지털 매체의 도입과 함께 상실될 것처럼 보였던 기억에 관한 오랜 '의인화'의 메타포는, 각종 사회적 네트워킹 서비스SNS들의 창궐과 더불어 결정적으로 부활한 듯하다. 이제 기억은 인간 외부의 모종의 매체, 이를테면 USB나 (외장)

하드 디스크 같은 곳에 보존되는게 아니라 인간과 인간들 '사이', 곧 '네트'에 보존되게 되었다. 네트워킹의 폭과 강도에 따른 기억 '용량'의 폭발적 증가는 변화의 한 측면에 불과하다. 더욱 중요한 것은 그것의 '질적 변화', 즉 개체적 차원의 기억이 집단화되는 방식과 속도의 근본적 변화에 있다. 트위터twitter와 같은 새로운 유형의 SNS가 지니는 중요한 특징은 특정 정보가 개체의 차원을 벗어나 일단 네트워크에 진입하는 순간, 그것의 확산과 분포는 이미 제어 가능성의 범위를 넘어서는 바, 그것을 예측하거나 통제하는 것이 불가능하다는 점이다.[15]

이제 바야흐로 기억은 표층과 심층 혹은 의식과 무의식이라는 '개체적' 차원의 오래된 메타포에서 벗어나 전혀 새로운 비유에 근접한 것처럼 보인다. '복잡계적인' 네트워크의 차원이 바로 그것이다. 네트의 기억은 인간 정신의 심층과 표층 사이의 (수직적) 관계보다는 오히려 뇌의 (사용되거나 사용되지 않는) 여러 부분들 사이의 복잡한 (수평적) 연결 및 교차의 이미지를 떠올리게 한다. 기억이 본질상 인간적 '지능'의 메커니즘과 관련된다는 점을 상기해 보면, 이른바 '스마트 월드'의 새로운 지능 메커니즘(소위 '집단 지성의 혁명')이 문화적 기억의 형태와 내용에 미칠 거대한 영향력은 말할 나위가 없는 명제다.[16]

과연 이 모든 상황은 지표성과 가상성 간의 앞선 대립을 완전히 새롭게 사유하도록 만드는 근본적인 변화를 가리키는 것일까? 그에 따라 이제는

15 가령, 트위터의 경우, 구독자들follower에게 트윗을 한꺼번에 리트윗retweet하는 기능이 존재하는데, 일종의 '폭발적인 퍼트리기' 기능이라 할 이것은, 통계에 따르면 약 92.4%가 본 트윗이 발생한 지 1시간 이내에 이루어진다.

16 리처드 오글Richard Ogle에 따르면 소위 '혁신적 창조성'은 몇몇 천재들의 뇌에서 이루어지는게 아니라 사회적 아이디어의 네트워크와의 통합에서 나온다. 그는 창조의 원리를 최근 뇌 과학, 네트워크 연구 및 복잡계 이론과 접목시켜, 창조의 주인공들이 자신의 두뇌뿐 아니라 사회 곳곳에 존재하는 지식 및 아이디어, 즉 '배태 지능embedded intelligence'과의 접속에 달려 있다는 점을 설득력 있게 제시한다(오글, 2008).

지표성을 상실한 기억의 '가상성'이 (보드리야르Jean Baudrillard적인 의미에서) 시뮬라크르를 넘어 (들뢰즈Gilles Deleuze가 말하는) 무한 변용과 생성을 낳는 '잠재적 가상virtualilite'으로 바뀌어갈 수 있을까?[17] 섣부른 기대와 낙관은 거친 비관론('이것이 저것을 죽일 것이다')만큼이나 상황 이해에 도움이 되지 않는다. 다만 필요한 것은 매체 발달사를 향한 더 깊고 진지한 성찰, 그리고 그에 따른 섬세한 대응일 것이다.

참고 문헌

드보르, 기, 『스펙터클의 사회』, 이경숙 옮김, 현실문화연구, 1996.

드브레이, 레지, 『이미지의 삶과 죽음』, 정진국 옮김, 시각과 언어, 1994.

레비, 피에르, 『디지털 시대의 가상현실』, 전재연 옮김, 궁리, 2002.

로트만, 유리, 『기호계』, 김수환 옮김, 문학과지성사, 2008.

바르트, 롤랑, 『카메라 루시다*Camera Lucida*』, 조광희 · 한정식 옮김, 열화당, 1986.

비릴리오, 폴, 『소멸의 미학』, 김경온 옮김, 연세대학교출판부, 2004.

손택, 수잔, 『사진에 관하여』, 이재원 옮김, 시울, 2005.

심은진, 「디지털 이미지의 시간성」, 『기호, 텍스트 그리고 삶』, 박인철 엮음, 월인, 2006.

아스만, 알라이다, 『기억의 공간』, 변학수 옮김, 경북대학교출판부, 2003.

17 단순한 '현존의 부재'가 아니라 아직 현행화되지 않은 '잠재성'을 뜻하는 가상성의 개념에 관해서는 레비, 2002: 20-24 참조.

오글, 리처드, 『스마트 월드 : 혁신적 창조성과 아이디어의 신과학』, 손정숙 옮김, 리더스북, 2008.

와이만, 가브리엘, 『매체의 현실구성론』, 김용호 옮김, 커뮤니케이션북스, 2003.

플루서, 빌렘, 『피상성 예찬(매체 현상학을 위하여)』, 김성재 옮김, 커뮤니케이션북스, 2004.

Nora, P., "The Reasons for the Current Upsurge in Memory," *Tr@nsit online*, 2002, Nr. 22.

Peirce, Charles Sanders, *Collected Writings 8 Vols*, ed. Charles Hartshorne, Paul Weiss & Arthur W. Burks, Cambridge, MA: Harvard University Press, 1931-58.

Лотман, Ю. М., "Проблема знака и знаковой системы и типология русской культуры XI-XIX векос," *Семиосфера*, СПб, 2000.

Нора, Пьер, "Всемирное торжество памяти," *Неприкосновенный запас*, 2005.

Хальбвакс, Морис, "Коллективная и историческая память," *Неприкосновенный запас*, 2005.

Эко, Y., "От интернета к гутенбергу", *Новое Литературное Обозрение*, 1998, No. 32. с. 5.

| 찾아보기 |

가상 세계 48, 74, 84, 86, 128, 134, 16

가상 신체 85, 88, 90

가상 현실 67-9, 73-8, 80-1, 83-7, 90-1, 131-3, 135, 161, 16

가상성virtuality 68-73, 76, 92, 170, 222-33

가상적 이미지 70

가상적 지표성 220, 223

가타리Felix Guattari 153

간격interval 220, 223

개념 범주 27

게이츠Bill H. Gates 127

경험적 층위 19

구달Jane Goodal 164, 174

구문론 37

구술성口述性 30, 127

규정 기술 17

그라스만Joachim Graßmann 106

그라우Oliver Grau 67, 87

그랑자크François Grandjacques 132

그로스Elizabeth Grosz 70, 72, 74

그로테스크 142, 148-150, 152-5, 157-8, 162

그루신Richard Grusin 130, 135, 172

기계화 39, 53, 123, 153, 169, 177

기술적 상상력 120-8, 136-7

기억 부재증 214

기억 정체성 210

기억의 마비 214

기억의 위기 210, 213

기차 효과 75-6

기크 신드롬Geek syndrome 126

내러티브 자아 40

내용 층위 19-27

네그로폰테Nicholas Negropnote 24, 35, 74

네트워크 35, 42, 46, 67, 76, 89, 127, 141, 177, 181, 216, 226

노라Pierre Nora 209

노이만Hanns Neumann 107

누벨바그 영화 63-5
뉴 미디어new media 22, 30, 54, 68, 74, 99-102, 104, 115, 121, 140, 163, 165, 172
뉴 미디어 아트 68-9, 75-6, 88, 90, 92
니콜레리스Miguel Nicolelis 36

다이치Jeffrey Deitch 128
데이비스Charlotte Davies 78, 88
도큐먼트document 219-223
드브레이Regis Debray 218
들뢰즈Gilles Deleuze 72-3, 227
디제시스diégèse 190-3, 196, 204
디지털 기억 216, 220, 222
디지털 층위 19, 23-5, 33-4, 36-8, 51
디지털 컨버전스 17, 20, 22, 25, 30, 34, 43
디지털화digitalization 19, 22, 24-5, 46-7, 51, 58-63, 65, 215

라 메트리Julien Offray de La Mettrie 142-3, 152
라투어Bruno Latour 38
랑가주langage 49, 52, 56-7, 63, 65, 185
레비나스Emmanuel Levinas 181
레비Pierre Lévy 29
레식Lawrence Lessig 19, 49
로트만Yuri M. Lotman 212-3, 217
롤링Joanne Rowling 104
루카스George W. Lucas 104
르쿠르Dominique Lecourt 125
리스퇼Gunnar Liestøl 48
링쿠스Florian Linckus 114

마노비치Lev Manovich 24, 47, 59-60, 63
마레Etienne Jules Marey 54
매클루언Herbert M. McLuhan 30, 53-4, 165, 171-2, 217
머이브리지Edward Muybridge 54
멀티미디어 24, 77, 97-98
메츠Christian Metz 50, 52, 57, 64
모라Joanne Morra 168
모바타Movatar 155, 178
모스바흐Kurt Morsbach 106
몽타주montage 49, 55-6, 61
무라Leonel Moura 120
문자성文字性 217
문화적 기억 211-3, 215-7, 222, 224, 226
문화적 층위 19, 37
물리적 층위 19-26, 28, 37, 42, 61-63
미뇨노Laurent Mignonneau 90
미디어 컨버전스 48, 97-9, 102-3, 109, 113

바르트Roland Barthes 84, 221
바뱅Dominique Babin 126-7, 135
바슐라르Gaston Bachelard 122
바이라이스Gottfried Beireis 143-4
바흐친Mihail M. Bahtin 153
반응적 환경 134

버틀러Samuel Butler 165
베나윤Maurice Benayoun 83-5
베르그송Henri Louis Bergson 71-3, 211
벤야민Walter Benjamin 218
벤클러Yochai Benkler 19, 48
벨머Hans Bellmer 153
보드리야르Jean Baudrillard 73, 227
보스Heiermymus Bosch 154-5
보캉송Jacques de Vaucancon 143-4, 147
복셀voxel 59
볼터Jay David Bolter 17, 130, 135, 172
볼프Friedrich Wolf 143
브레히트Bertolt Brecht 99-102
비르바우머Niels Birbaumer 36
비릴리오Paul Virllio 214

사고 통제thought countrol 36, 141
사용자 경험 25, 34-5, 141
사이보그cyborg 39, 122, 129-130, 157, 162, 166, 172-3, 175-6
사이보그 퍼포먼스 161, 163, 168
사이-층위 20, 22-3
상호 작용 18, 26, 29, 31, 46, 48, 63, 68, 76, 80-1, 83, 86-9, 101, 103, 140, 168, 170, 175-6, 180-1
서먼Paul Sermon 89
서사학 50, 190
셸리Mary W. Shelley 149, 151, 156
소셜 네트워크social network 214
소셜 미디어social media 225
손탁Susan Sontag 218-9
솜머러Christa Sommerer 90
쇼Jeffrey Shaw 77
수리오Etienne Souriau 190
슈그뤼Chris Sugrue 83
슈타인뮐러Angela Schteinmüler 131, 137
슈타인뮐러Karl Heinz Schteinmüler 131, 137
슈포르스트Thecla Schiphorst 88
스마트폰 10, 32, 34, 37, 42, 45, 122, 141
스미스Marquard Smith 168
스콧Ridley Scott 164
스텔락Stelarc 13, 154-9, 161-82
스토설Tanja Storsul 46
스튜달Dagny Stuedahl 46
스필버그Steven Spielberg 164
신체 미술 161, 163
신체 분열 177
실제 이미지 71

아리스토텔레스Aristoteles 190, 216
아바타 62, 131, 134, 155, 178-80
아스만Aleida Assmann 216
아이폰 10, 20, 31, 34
아카이브archive 219, 223-5
아키튜브Romy Achituv 82
알바쉬Morris Halbwachs 211

알베르티Leon Battista Alberti 70
애니메이션 영화 109, 111, 114
액자 구조 185, 189, 191, 195
약호 11, 47-8, 50-2, 56-65, 191
에이전트agent 36, 163, 174, 177, 179-81
에코Umberto Eco 211
엔첸스베르거Hans Magnus Enzensberger 99, 101-3
영상 문화 45-6, 62
영화 11, 13, 17, 21, 23, 31, 45-65, 68, 70, 74-7, 97, 101, 103-15, 121, 130, 164, 166, 172, 180, 184-96, 205-7, 211
옐름슬레우Louis Hjelmslev 50
오글Richard Ogle 226
옹Walter J. Ong 27, 30, 217
우터백Camille Utterback 82
웹web 영화 63
위고Victor Marie Hugo 150-1, 211
위기적 지점 164
유비쿼터스ubiquitous 35, 67, 89
융합 10-3, 18, 22, 25, 33, 45, 54, 65, 73, 83, 86, 96-8, 115, 125, 131, 140, 142, 149, 152, 157, 164, 167, 172, 180, 205
의미론 37, 48, 50
의미 층위 11, 47, 50-2, 55, 59-63
인간-기계 인터페이스 36, 128
인터페이스 34-8, 68, 74, 85-7, 128, 134, 141, 161, 169, 174, 177-9
일루전illusion 11, 68, 75, 77, 87-8, 180

자동 기계 인형 130, 144-5, 148, 150, 155
자아 개념 39, 135
자이린스카Joanna Zylinska 181
자크 드로Pierre Jacquet-Droz 143, 155
잠재적 심층 212
젠킨스Henry Jenkins 18, 46, 96, 99, 102-5, 113, 140
존스Amelia Jones 163
좀비 프로젝트 155
증강 현실 12, 81, 86, 123, 127, 132-4
증강된 인간 132, 137
지표성indexcality 220, 222-3, 227

참여 문화 18, 46, 96-7, 102-3, 114
채플린Sarah Chaplin 130
초이크Thomas Zeug 109, 111-2

카우프만Friedrich Kaufmann 143
카우프만Johann Gottfried Kaufmann 143
카이저Wolfgang Kayser 154
커스텀 프로세서custom processor 134
컨버전스 현상 14, 17-8, 30, 46, 96
켐펠렌Wolfgang von Kempelen 143, 145
코드-논리 층위 19, 21-2, 24, 26-8
코젤Susan Kozel 89
쿨만Wilhelm Kuhlmann 106

큐브릭Stanley Kubrick 164
클라크Andy Clark 40, 141, 166
키틀러Freidrich A. Kitter 28

탈육체화 165
텔레-프레젠스 68, 88-9, 90-1
톰슨Phillip Thomson 148-9
튜링Alan Turing 147
트랜스미디어 스토리텔링 103
트랜스휴먼transhuman 129, 138
트뤼포François Truffaut 56
트위터twitter 214, 226
티스롱Serge Tisseron 124-5

파비스Patrice Pavis 192
팬 영화Fan film 97, 104, 109, 111-3, 115
팬 픽션Fan fiction 104
퍼스Charles Sanders Peirce 221
포스터Mark Poster 73, 153, 156
포스트네이처postnature 120, 136
포스트보디postbody 128, 130
포스트휴먼posthuman 10, 12, 119-120, 123, 128-130, 135-6, 155, 173
폴리곤polygon 59
푸코Michel Foucault 152-3
프랑켄슈타인 12, 148-52, 154-8
프로스테시스prosthesis 168
프로젝트 나탈project natal 134
프리드버스Anne Friedberg 70
플라톤Platon 11, 68, 71, 190, 211, 216
플랑-세캉스plan-sequence 49, 55, 199
플루서Vilem Plusser 121, 126, 214
픽셀pixel 57-9, 87, 90, 213

하이테크 프랑켄슈타인 152, 155-6
하이데거Martin Heidegger 87
하이퍼미디어hypermedia 29
하이퍼텍스트hypertext 29
해러웨이Donna J. Haraway 129, 157, 166
헤일스Katherine Hayles 19, 73
헨레Hermann Hähnle 106
현상학 50, 168
호프만E. T. A. Hoffmann 144-5, 147
혼합 현실 67, 69, 76, 81-3, 85-6, 132
환영 사실주의 63
후쿠야마Francis Fukuyama 131
휴머니즘 12, 142, 148, 150, 156
흔적trace 215-6

3D 영화 74
CAVE 69, 76, 79-81, 83-4
HMD 69, 78-9, 86, 133
RGB 58, 134
SCP 36
TTD 36
VRML 175

| 저자 소개 |

신상규 : 서강대 경영학과와 철학과를 졸업했으며, 미국의 University of Texas at Austin에서 「의미와 규범성」으로 철학 박사학위를 받았다. 심리철학과 언어철학에 주된 관심이 있으며, 『비트겐슈타인 : 철학적 탐구』, 『인간 본성에 관한 철학이야기』(공저), 『김재권과 물리주의』(공저), 『푸른 요정을 찾아서 : 인공지능과 미래 인간의 조건』 등의 저작이 있고, 『새로운 종의 진화 로보 사피엔스』, 『라마찬드란 박사의 두뇌 실험실』, 『의식 (하룻밤의 지식여행 37)』을 우리말로 옮겼다. 「표시와 기능」, 「상상가능성, 우연성, 그리고 동일성」, 「의미에 대한 진화론적 설명과 연언문제」 등 심리철학과 언어철학에 관한 다수의 논문이 있다. 숙명여대 의사소통센터 교수를 거쳐 현재 이화여대 이화인문과학원 HK교수로 다매체 관련 연구를 하고 있다.

이수진 : 서강대 불문과를 졸업했으며, 프랑스 파리 8대학 불문과에서 「한국적 담화 상황에 적용된 기호학 : 임권택 영화 〈춘향뎐〉 읽기」로 박사학위를 받았다. 저서로 『만화기호학』, *Une lecture du film d'Im Kwon-Taek : Le chant de la fidèle Chunhyang*(프랑스), 역서로 『이미지, 모험을 떠나다』, 『상상적 기표－영화 · 정신분석 · 기호학』 등이 있다. 논문으로는 디지털 이미지, 만화, 영화에 적용된 기호학 분야의 「이미지와 상징의 배열」, 「감각의 시뮬레이션」, 「인터페이스와 은유의 상상력」 등이 있다. 그 밖에 서울국제만화애니메이션페스티벌(SICAF)에서 〈박찬욱 & 뫼비우스 대담〉, 〈봉준호 & 설국열차 작가 대담〉, 〈유럽 만화 특별전 : 다색느낌〉 등을 기획, 운영한 큐

레이터로 활동했으며, 현재 이화여대 인문과학원 HK연구교수로 다매체 관련 연구를 하고 있다.

전혜숙: 이화여대 영문과를 졸업했으며, 대학원 미술사학과에서 현대미술사를 전공하고 「과정 개념을 통해 본 로버트 모리스의 작품연구」로 박사학위를 받았다. 저서로 『한국현대미술 1970-80』, 『한국현대미술 1980-90』, 『제국미술학교와 조선인 유학생들, 1929-1945』, 『현대미술의 동향 I, II』(공저) 등이 있으며, 역서로는 『몬드리안의 방: 신조형주의, 새로운 삶을 위한 예술』, 『19세기의 미술』, 『20세기 추상미술의 역사』, 『위대한 실험, 러시아미술 1863-1922』, 『개념미술』, 『옥스포드 20세기 미술』(공역) 등이 있고, 그 밖에 개념미술과 포스트모더니즘 미술, 미디어 아트에 관한 다수의 논문을 발표해 왔다. 현재 이화여대 인문과학원 HK교수로 다매체 관련 연구를 하고 있다.

천현순: 이화여대 독어독문학과 및 동 대학원을 졸업하고, 독일 쾰른대학교에서 상호매체성 이론으로 문학 박사학위를 받았다. 저서로 『알렉산더 클루게의 작품에 나타난 이미지와 텍스트 사이의 상호매체성』(독문), 『물의 요정의 매혹』(공역) 등이 있고, 논문으로 「탈활자 문화의 전개 양상에 대한 연구」, 「사진과 텍스트의 혼종화 현상」, 「영상매체에서 문자매체로의 전이 현상」 등이 있다. 현재 이화여대 이화인문과학원 HK연구교수로 다매체 관련 연구를 하고 있다.

조윤경: 이화여대 불문과 및 대학원을 졸업하고, 프랑스 파리 3대학에서 「초현실주의 시에 나타난 몸의 글쓰기」로 박사학위를 받았으며, 파리 고등 통번역대학교ESIT에서 번역사 자격증을 취득했다. 현재 이화여대 이화인문과학원 HK교수로 재직하면서 이미지와 텍스트 이론, 매체 및 몸 담론, 상상력 이론에 관한 연구를 진행하고 있으며, 경기디지로그 창조학교 '창조 이론과 교육' 멘토로 활동하고 있다. 저서로 『미래를 만드는 새로운 문화 새로운 상상력』, 『초현실주의와 몸의 상상력』, 『몸의 위기』(공저) 등이 있고, 역서로 『Made in USA: 미국 문명에 대한 새로운 시선』, 『스물한 편의 연애편지』가 있으

며, 논문으로는 「언어와 형상의 전이와 확장」, 「매체로서의 몸과 에로스의 글쓰기」, 「포스트휴먼과 기술적 상상력」 등이 있다.

정현규 : 서울대 독문과를 졸업했으며, 독일 베를린 공대(TU Berlin)에서 「괴테의 문학작품에 나타난 베일모티프 연구」로 박사학위를 받았다. 독일 문학과 은유에 관심이 있으며, 『생각하며 읽는 과학교양』 (공역), 『생각하며 읽는 문화교양』 (공역), 『웃는 암소들의 여름』, 『젊은 베르터의 고통』 등을 우리말로 옮겼다. 「그네의 유형학」, 「번역가와 돌아온 탕자」, 「손님, 경계넘기의 현상 형식」, 「팰림프세스트, 매체전이와 기억의 방법론」 등 독문학과 은유에 관한 다수의 논문이 있다. 원광대 인문학연구소와 성신여대 인문과학연구소의 전임연구원을 거쳐, 현재 이화여대 인문과학원 HK교수로 다매체 관련 연구를 하고 있다.

김수환 : 서울대 노어노문학과 및 같은 대학원을 졸업하고, 러시아 과학아카데미(학술원) 문학연구소에서 『유리 로트만Yuri Lotman의 문화기호학 이론』으로 박사학위를 받았다. 러시아 문학과 문화, 문화 연구 및 이론에 관심이 있다. 저역서로 『기호계』, 『기호, 텍스트 그리고 삶』(공저) 등이, 논문으로 「전체성과 그 잉여들」, 「러시아형식주의 영화이론 다시 읽기」 등이 있다. 이화여대 HK교수를 거쳐, 현재 한국외대 노어과 조교수로 재직중이다.